U0828089

中央高校基本科研业务费专项资金资助项目「金融化的产业控制与内在机制研究」（20YJ050003）
中央高校基本科研业务费专项资金资助项目「地方政府债务与经济高质量发展的阈值效应研究」（19YBB20）

经济金融化对中国区域产业发展的影响及对策研究

Research on the Influence and Countermeasures of Financialization on the Regional Industry Development in China

徐云松／著

经济管理出版社
ECONOMY & MANAGEMENT PUBLISHING HOUSE

图书在版编目（CIP）数据

经济金融化对中国区域产业发展的影响及对策研究/徐云松著．—北京：经济管理出版社，2020.9

ISBN 978-7-5096-7491-8

Ⅰ.①经…　Ⅱ.①徐…　Ⅲ.①金融—影响—区域经济发展—产业发展—研究—中国　Ⅳ.①F269.27

中国版本图书馆CIP数据核字(2020)第163613号

组稿编辑：申桂萍
责任编辑：魏晨红
责任印制：黄章平
责任校对：王淑卿

出版发行：经济管理出版社
（北京市海淀区北蜂窝8号中雅大厦A座11层　100038）
网　　址：www.E-mp.com.cn
电　　话：（010）51915602
印　　刷：唐山昊达印刷有限公司
经　　销：新华书店
开　　本：720mm×1000mm/16
印　　张：21
字　　数：312千字
版　　次：2020年10月第1版　2020年10月第1次印刷
书　　号：ISBN 978-7-5096-7491-8
定　　价：98.00元

·版权所有　翻印必究·
凡购本社图书，如有印装错误，由本社读者服务部负责调换。
联系地址：北京阜外月坛北小街2号
电话：（010）68022974　　邮编：100836

序　一

徐云松博士撰写的《经济金融化对中国区域产业发展的影响及对策研究》一书，是在他的博士后研究报告基础上修改而成的。徐云松博士勤于思考，思维开阔，受到过良好的金融和经济理论基础训练，学科与专业知识功底扎实，进入博士后流动站之后，一直围绕该研究选题展开研究，在站期间他发表了多篇核心期刊论文，取得了颇多的科研成果。出站答辩时，答辩委员会专家一致给予了高度评价，并勉励他进一步研究，不断丰富和发展该领域的研究成果。现在该研究报告出版成书，作为他的博士后流动站的合作指导老师，我很乐意为此书作序。

经济金融化对一国产业发展影响的问题是当今经济理论和经济实践重点研究和急需解决的重大问题，也是目前中国经济改革、发展和开放所面临的一个全新的重大问题，因此将经济金融化对一国产业发展影响问题作为选题进行专门研究，具有重大的理论意义和现实意义。徐云松博士撰写的这本书正是在这样一个时代背景下，对经济金融化对我国产业发展影响问题进行了系统研究，并根据研究得出的结论提出了相应的政策建议。

我认为这本书在以下三个方面颇具特色和新意：

第一，研究视角独特。迄今为止，对金融化与产业发展的关系的研究，国内外众多学者分别从金融深化、金融约束、金融功能等角度进行研究，形成了多种观点的研究成果，而该书选择新的视角即“总量—结构”视角，并沿着“提出问题—分析问题—

解决问题”的逻辑思路，对金融总量与产业总量、金融结构与产业结构两个方面展开了系统、全面的分析。

第二，理论构架较为系统。金融化与产业发展的理论问题，其实质是金融与实体经济的关系问题。当研究进入我国四大经济区域的产业发展具体层面时，一系列的异质性、不平衡性的显性和隐性因素等必须加以考虑，否则理论研究就缺乏解释力度。因此，该书力图构建并研究金融化与产业发展关系的理论框架，这个理论框架主要内容包括：一是探究现代经济条件下经济金融化与产业发展的内在联系和一般运行规律；二是确立经济金融化与一国或地区产业发展的目标和核心价值理念；三是分析经济金融化与产业发展关系时将一国或一个区域的有关经济社会因素尤其是政府因素、制度因素纳入分析范畴之中。

第三，分析论证严谨。独特的研究视角和较为系统的理论构架，若没有科学严谨的研究方法及相应的数理模型与计量检验予以支撑，就缺乏科学性和精确性。该书将静态空间层面统计比较与动态时间层面实证检验相结合，实证分析了金融化与产业发展的影响关系及效应。同时，将我国地方特有的制度禀赋（总体制度禀赋与制度子环境）纳入实证分析框架，运用系统 GMM 动态面板的中介效应模型，验证并清晰展示了制度禀赋多维度作用于经济金融化演进，进而影响区域产业发展这种间接效应的传导路径及贡献水平。

由此可见，本书的研究视角、理论构架、分析论证以及相应的观点结论和政策建议等具有创新性，具有重要的学术价值和应用价值。全书结构合理、条理清晰、资料充分、内容翔实，是一部有分量的关于经济金融化对一国或区域产业发展影响问题研究的学术著作。

当然，本书中提出的一些观点和结论还有待实践进一步检验，同时书中有关经济金融化对一国或区域产业发展影响的深层原因还可进一步探究，关于经济金融化对我国四大区域产业发展影响的一般共性和各自特性的研究也可进一步深入细化。

经济金融化对一国产业发展乃至对全球产业发展的影响问题至今仍是一个很具挑战性的理论问题和现实问题，还需继续加强这方面的研究力度，相信这本书的出版，对于推动学界和业界更深入地研究与探讨当今时代条件下经济金融化与产业发展关系问题，对于有效制定并实施相应的政策措施等均具有积极作用。同时也希望徐云松博士在今后的学术研究道路上继续努力，不断取得更大的成绩！

齐 兰

中央财经大学学术委员会副主任委员

中央财经大学经济学院教授

2019 年 11 月 5 日

序　二

金融是促进经济发展的催化剂，金融发展的程度代表了经济发展的程度。随着经济国际化发展，经济金融化已经成为世界经济发展的重要趋势。

但是，金融的发展要与经济的发展相匹配，一个国家的经济如果过度金融化，将会导致经济结构失衡与系统性金融风险。2008 年爆发的世界金融危机就是一个典型的案例，这场金融危机引发了各国对经济金融化问题的全面反思。

中国作为一个发展中的新兴经济体，经济环境不同于欧美发达国家，经济金融化进程不仅受到市场发育程度的影响，而且也受到体制转轨中的多重制度约束。同时，中国的经济体制改革不同于苏联、东欧等国家的激进式改革，中国在渐进式改革的模式下，经济金融化的形成具有明显的次序性与渐进性，深刻影响了我国产业发展与空间布局。

基于这样一种背景，徐云松的著作——《经济金融化对中国区域产业发展的影响及对策研究》从经济金融化的角度，将视角进一步深入到我国区域中观层面。

这部著作详尽地分析了经济金融化对中国区域产业发展的影响，并提出了有针对性的对策建议。

一方面，颇有创新性地提出并全面阐述了金融化与产业发展关系的理论内涵体系：一是经济金融化、产业发展必须遵循现代经济运行的内在规律；二是经济金融化必须代表一国或区域产业发展的核心价值理念；三是“金融化—产业发展”关系演进必须立足于一般经验与地方特有的制度禀赋。

另一方面，颇有系统性地构建并详细论证了“总量—结构”贯穿全篇的逻辑体系：一是金融总量与产业总量的文献回顾、作用机理、表现问题、内在根源、量化影响；二是金融结构与产业结构的文献回顾、作用机理、表现问题、内在根源、量化影响。最终将两条主线有机融合，阐述了合理金融路径与协调发展机制，实现了研究视域的延伸与拓展。

本书结构完整、逻辑清晰、论证规范，具有较高的理论意义与实践价值，充分体现了作者严谨的治学态度与深厚的专业素养。相信该书付梓面世能够进一步引发对此热点问题的强烈关注与深度探讨，助力于学术研究及政策制定。

我是徐云松就读博士期间的导师。徐云松就读博士期间就体现了与其他学生的不同，能够坐得住，吃得了苦，耐得住寂寞，长期苦读，坚持练笔，认真思考，具有很强的钻研精神。

在祖国70年大庆之际，徐云松著作的出版，我作为博导感到非常骄傲！

贺　强
第十一届、第十二届全国政协委员
第十三届全国政协经济委员会委员
中央财经大学金融学院教授
2019年9月14日

序　三

我的学生徐云松博士的专著《经济金融化对中国区域产业发展的影响及对策研究》就要出版了。当读完书稿的最后一页时，我被本书的内容深深地吸引了。同时，也引发了长久以来我对这一问题思考的共鸣。

38年前，当我还在中央财金学院（中央财经大学的前身）金融系读书时，我的恩师张玉文教授在课堂上讲授未来金融业发展时，将计划经济与商品经济的区别精辟地概括为：在计划经济条件下，是钱随物走；在商品经济条件下，是物随钱走。并断言，在改革开放不断深入、中国融入世界经济发展大潮的进程中，银行、保险和资本市场的地位和作用将大大增强。张老师鼓励我们努力学习，毕业后投身于中国金融业发展的洪流中。近40年过去了，中国改革开放的成功实践证明了当年张玉文教授的判断是完全正确的。

从一定意义上讲，近现代世界经济发展史就是一部金融不断深化的历史。专门化银行的产生，推动了产业资本积聚，为现代制造业的发展创造了条件；资本市场的兴起，为股份公司制度的发展提供了资金供应渠道，并在一定程度上缓解了资本主义制度固有矛盾，即生产的社会化与生产资料私人占有之间的矛盾；保险业的蓬勃发展，为实体经济有效抵御发展中可能出现的各类风险筑起了安全大堤；随着信息时代的到来，网络金融工具和手段不断涌现，极大地降低了实体经济的融资成本，并促进了各国金融货币制度的有机融合。近年来，发达经济体经济金融化已经成为不可逆转的潮流。

经济金融化是科技革命对世界经济深刻影响的重要表现，反映了世界经济格局演变的主要趋势，也是世界各国发展的普遍经济形态。但以美国为代表的发达国家由于长期制造业衰退、实体产业空心化、产业资本虚拟化、整个国民经济过度金融化导致了巨大的经济结构失衡与系统性风险，进而诱发了2008年波及全球的金融危机，并引起各国对经济金融化问题的关注与反思。

伴随着改革开放，中国的金融业发展一路高歌猛进，在沐浴着改革开放春风的同时，也滋润着经济发展的沃土。从这个意义上讲，中国也出现了经济金融化的趋势。但中国作为一个发展中的新兴经济体，转型经济环境不同于欧美发达国家，经济金融化进程不仅受到市场发育程度的影响，更面临着体制转轨中的多重制度约束；同时，不同于苏联、东欧等国家或地区的激进式改革，中国在追赶型经济发展模式战略选择下，金融支持体系的形成具有明显的次序性与渐进性，深刻影响了我国产业发展与空间布局。

在我们分析中国经济发展地区结构差异时，发现了这样一种现象，即金融体系发达完善程度与当地经济及社会发展水平呈正相关关系。当金融这一江春水向东流时，一定会吹绿江南岸；当资金这春风不度玉门关时，广袤的大西北注定是荒凉戈壁滩。但若人们追问：为何春风吹绿江南岸，为何春风不度玉门关？恐怕我们不能用自然地理环境的差异来自圆其说，体制、机制、观念乃至文化方面的“胡焕庸线”在其中起到了相当的作用。如果不顾及各地区之间资源禀赋、制度禀赋和人文禀赋的差异，一味地追求金融深化，将会导致整个经济脱实向虚，乃至诱发金融风险。

作为一名专门从事经济学和金融学研究的博士，对影响经济发展各生产要素及其相互之间关联度的认知与分析，并据此做出合乎逻辑的判断并非难事，但将地域文化、民风习俗等因素纳入视野，并将研究对象的范围扩大到整个社会治理结构的框架中进行审视和比较，则需要作者具有较高的人文素养。徐云松博士来自西南地区，博士毕业后曾在贵州省银行系统工作，由于亲临其境，感同身受，对经济金融化与中国区域产业发展问题有着不同于一般学者的深刻体验和独到见解。日积月累，厚积薄发，用这八个字来评价徐云松博士的新作应该是恰当的。

真诚希望该书出版面世能够进一步引起学界和业界对这一热点问题的关注与探讨，并对进一步优化中国经济发展的金融环境起到推动作用。

陈　灵

中央财经大学财经研究院教授

2019 年 11 月 13 日

前　言

经济金融化是世界各国、各地区经济社会发展的普遍现象，即金融业在国民经济中地位不断提升，经济与金融日益相互渗透融合及社会资产、财富的金融资产化，并由此带来的政治、经济、社会关系的日益金融关系化。20世纪70年代以来，全球资本主义变革的主要力量集中表现在金融化加速演进，世界经济发展由传统的货币经济时代跨入了信用经济时代。尤其是金融被附加并衍生出商品定价权与金融资产定价权，使得金融资本在很大程度上主导了产业资本，金融部门在很大程度上影响着实体经济部门，使其逐渐演变成为现代经济的核心。

从宏观层面来看，随着我国由财政主导向金融主导的经济转型，金融化程度不断加深，强金融格局业已形成，金融体系亦成为经济运行的核心与资源配置的枢纽。无论是传统产业改造、战略性新兴产业崛起还是生产性服务业发展，金融服务的本质功能日益突出，金融支持的先导作用至关重要，产业与金融的联系也更为紧密。

从中观层面来看，作为一个幅员辽阔的转轨经济体，我国区域差异在很大程度上大于国别发展差异。改革开放后中央实施了区域非均衡发展战略，通过东部率先发展、西部大开发、中部崛起和振兴东北战略，目前已初步形成了四大经济区域联动发展的空间格局。然而，我国区域发展的深层次矛盾日益凸显，尽管国家多次强调要实现统筹区域发展，党的十九大报告中进一步指出了实施区域协调发展战略，但是我国区域经济金融发展不平衡、不充分的问题仍然严峻，已有研究表明我国并未出现倒“U”形的区域收敛趋势。特别是地域广阔的中西部欠发达地区，长期以来与走在改革开放前沿与现代化建设前列的东部发达地区，其产业发展的时空差距有目共睹。

金融化支持区域产业协调发展是我国经济转型攻关时期的重大实践命题，亦是破除我国区域间发展不平衡、不充分主要矛盾的关键。区域产业发展的首要问题在于资金规模，同时区域产业发展不仅表现为总量扩张，更体现在结构调整与升级，这决定了金融化内在演进应该体现金融总量由少到多逐渐积累、金融结构由低级向高级不断演化的过程，即区域产业发展客观上要求高效、稳定的金融体系支持。因此，高效发挥金融的先导作用与本质功能、回归金融服务实体经济本源、坚持金融化演进不偏离服务产业发展的正确轨道是新时代我国金融改革与发展的根本任务；通过缩小区域金融规模差异、缓解区域金融结构失衡，从而促进区域产业规模合理扩张与区域产业结构优化升级，是新时代我国实施区域协调发展战略的突破路径；通过探索经济金融化与区域产业发展动态最优关系的一般机制，构建系统的顶层设计体系，是新时代我国经济迈向高质量发展阶段的客观要求与建设现代化经济体系的必然选择。

本书经济金融化对中国区域产业发展的影响及对策研究，基于矛盾普遍性与特殊性的辩证关系，平衡与不平衡辩证统一的思想；在方法论上坚持系统分析法、矛盾分析法，树立整体与部分分析相结合、全局与局部分析相结合的观念。本书的“金融化—产业发展”关系研究，立足于区域中观层面“总量—结构”两个维度贯穿全篇的总体逻辑视角，即金融规模与产业规模、金融结构与产业结构的关系问题。通过基本概念界定、前沿文献评述、经典理论回顾，在此基础上创新性地构建并提出了“金融化—产业发展”关系的理论内涵体系：一是经济金融化、产业发展必须遵循现代经济运行的内在规律，阐述了现代经济运行中金融、产业的基本属性，并详述了危机后纳入金融部门的宏观经济运行系统框架；二是经济金融化必须代表一国或区域产业发展的核心价值理念，从金融脱离实体经济（产业）导致金融危机的历史经验、准确把握金融与实体经济基本关系、正确理解回归金融服务本源的核心内涵三个方面予以论述；三是“金融化—产业发展”关系演进必须立足于一般经验与地方特有的制度禀赋，通过阐述关系演进的一般模式与典型经验，解析关系演进中的制度禀赋（政治环境、法治环境、社会资本），从“演进—制度观视域”指出“金融化—产业发展”关系演进体现了一般经验与制度禀赋的有机结合，并且是从理论的一般性、规律性到实践的特殊性、有效性的关键连接点。

本书“金融化—产业发展”关系问题研究既抽离出整体系统环境，运用经济学科思维进行局部性剖析，又嵌入到一个较为完整的经济、社会、制度、历史、文化整体系统环境中，通过多学科交叉进行系统性分析。系统性分析要求涵盖经济因素与非经济因素，涉及了金融学、产业经济学、计量经济学、转型经济学、政治经济学、发展经济学、经济地理学、新制度经济学等学科知识，并实现了法学、历史学、社会学、民族学、宗教学等非经济学科理论思想、分析方法的贯通交融，使得本书的研究与论述达到了一定的历史厚度、思想高度、专业深度与学科广度。

本书逻辑体系下的中心内容主要体现在以下八个方面：

第 1 章导论。主要阐述了研究背景、理论及实践意义；对本书逻辑框架、研究内容、研究方法、研究特色及主要创新点进行概述。

第 2 章基本概念界定。在回顾经济金融化、区域产业发展概念的基础上，从“总量—结构”视角对经济金融化、区域产业发展内涵进行界定与辨析，明确本书的基本概念及研究范畴。

第3章国内外文献研究综述。从“总量—结构”视角分别梳理了近几年（尤其是金融危机后）国内外经济金融化对区域产业发展影响研究的前沿文献，对其中值得借鉴的理论、实践经验以及尚存在的缺陷进行了深入、细致的评述，为本书研究提供方向指导。

第4章理论分析。以“总量—结构”视角为切入点，重点回顾了经济金融化对区域产业发展影响的经典理论；在此基础上，系统阐释了全书理论研究框架下三个层面的内涵：一是经济金融化、产业发展必须遵循现代经济运行的内在规律；二是经济金融化必须代表一国或区域产业发展的核心价值理念；三是“金融化—产业发展”关系演进必须立足于一般经验与地方特有的制度禀赋。

第5章经济金融化对区域产业发展影响的机制分析。通过构建总量模型与结构模型，推导出金融化与产业发展从总量配置到结构协调的关系演变。进一步从“总量—结构”视角，描述经济金融化影响区域产业发展的作用途径，总量层面主要涉及金融体系的整体功能，结构层面则包括银行中介主导的间接融资与资本市场主导的直接融资途径。在此基础上，从“总量—结构”角度分别探讨了经济金融化影响区域产业发展的作用机理。

第6章经济金融化对我国区域产业发展影响的概述、问题及原因分析。该部分基于清晰的统计指标与翔实的客观数据，运用比较分析法与图表分析法，从“总量—结构”视角描述了我国四大区域经济金融化、区域产业发展的演进历程及发展现状。深入剖析经济金融化对我国区域产业发展存在的影响，主要涉及两个方面：一是金融化的总量差距引致区域产业规模分布不平衡；二是金融化的结构失衡影响区域产业结构升级。然后，运用学科交叉分析法，分别从“总量—结构”层面剖析了经济金融化影响我国区域产业发展的原因，其中既涉及了“金融化—产业发展”关系的内在规律与一般实践经验，还涉及了具有地方差异的制度禀赋因素。

第7章经济金融化对我国区域产业发展影响的实证分析——基于省际面板数据的动态研究。首先叙述了实证分析采用的数理模型与计量方法。其次从定性与定量相结合、动态分析与静态分析相结合的角度，选取符合我国区域经济发展实情、科学可得的变量体系指标，采用TSLS工具变量法，通过面板数据单位根检验、面板数据协整检验、面板数据误差修正模型对“总量—结构”层面经济金融化与区域产业发展的长短期动态关系进行实证检验，并对四大经济区域回归结果进行比较分析；探讨金融化水平提升能否发挥其本质功能，从而促进产业发展，在时空上是否存在显著差异。在此基础上，该部分引入制度禀赋因素（政治环境、法治环境、社会资本），从“总量—结构”层面分析地方制度禀赋差异在“金融化—产业发展”关系中的长短期影响效应；对我国转轨时期区域层面法治环境（正式制度）与社会资本（非正式制度）的替代作用与耦合关系进行了阐释。进一步地，运用SYS-GMM动态面板的中介效应模型进行稳健性检验，旨在清晰地展示制度禀赋通过作用于金融化演进，进而影响区域产业发展这种间接效应的传导路径与效用水平。

第8章对策建议。首先，根据本书主要研究观点及结论，提出“金融化—产业发展”关系的顶层设计机制：一是探索与区域产业发展相适应的经济金融化路径；二是将制度禀赋纳入系统研究框架，在充分考虑地方制度禀赋差异影响条件下，构建“金融化—产业发展”实现良性互动与有序协调最大契合度的协调发展机制，从规范地方政府行为、提高地区执法水平、弘扬优秀地域文化三个方面阐述了破除体制障碍的制度选择。其次，从“总量—结构”层面提出了加快经济金融化进程，充分发挥金融先导与核心作用并以此推动区域产业协调发展的具体建议。总量层面，一是大力发展数字普惠金融；二是加强多层次区域金融合作；三是建立区域金融调控政策体系。结构层面，一是优化区域银行业结构体系，构建多元化的银行产权结构；二是规范发展区域性股权交易市场，促进区域资本市场健康发展。

Preface

Financialization is a common phenomenon in the economic and social development of all countries and regions in the world. It refers to the increasing status of the financial industry in the national economy, the increasingly mutual infiltration and integration of economy and finance, and the financial capitalization of social assets and wealth, which has brought about an increasingly financial relationship of politics, economy and social relations. Since the 1970s, the main forces of the global capitalist revolution are concentrated on the accelerated evolution of the financialization, and the development of the world economy has entered the era of the credit economy from the traditional monetary economy era. Especially, finance is added and derived from the pricing power of commodity and the pricing power of financial assets, which makes the financial capital leading the industrial capital to a great extent. The financial sector affects the real economic sector to a great extent, making it gradually become the core of the modern economy.

From the macro level, the financial system has become the core of the economic operation and the hub of the resource allocation, with the economic transformation from the public financial leading to the financial leading type, the continuous improvement of the degree of finance and the formation of the strong financial structure. Whether it is the traditional industrial transformation, the rise of strategic emerging industries or the development of productive service industry, the essential function of financial services is increasingly prominent, the leading role of financial support is very important, and the relationship between industry and finance is more closely.

From a meso level perspective, as a vast transitional economy, China's regional differences are largely greater than the differences in national development. After the reform and opening up, the central government has implemented the regional unbalanced development strategy. Our country also established a overall strategy of four regional economic development, including the eastern area taking the lead in development, the rise of central China, the development of the western region and the revitalization of the northeast in China. Our country has formed the developing pattern of four regional space. However, the deep – seated contradiction of regional development in China is becoming increasingly prominent. Although the state has repeatedly stressed the need to achieve overall regional development, and the report of the 19th National Congress of CPC has further proposed the implementation of regional coordinated development strategy, yet the unbalanced and inadequate regional economic and financial development in China is still serious. Studies have shown that there is no "reverse U" regional convergence trend in China. In particular, the underdeveloped regions of the vast central and western regions have long been seen in the space – time gap of the industrial development with the eastern developed areas which have been in the forefront of reform and opening up and the forefront of modernization.

To support the coordinated development of regional industry by financialization is a major practical proposition during the period of economic transition in China, and it is also the key to break the imbalance between regional development and insufficient major contradictions in China. The primary problem of the development of regional industry lies in the scale of capital. At the same time, the development of regional industry shows not only the expansion of the total amount, but also the adjustment and upgrading of the structure. This determines that the internal evolution of the finance should reflect the gradual accumulation of the financial amount from less to more, and the continuous evolution of the financial structure from the low to the high. Regional industrial development objectively requires an efficient and stable financial system to support. Therefore, it is the fundamental task of the financial reform and development in the new era that how to bring the leading and essential functions of finance into full play, to return to the source of the financial service entity, and to ensure that financial evolution does not deviate from the correct track of servicing industry development. How to reduce the regional financial scale difference and alleviate the imbalance of regional financial structure, so as to promote the rational expansion of regional industrial scale and the optimization and upgrading of regional industrial structure, is a breakthrough path for the implementation of regional coordinated development strategy in the new era. How to build a system of top level design system by exploring the general mechanism of the optimal relationship between financialization and regional industry development is the objective requirement of China' s economic development towards a high quality development stage and the inevitable choice of building a modern economic system.

In this paper, the research is based on the dialectical relationship between the universality and the particularity of the contradiction, the thought of the dialectical unity of balance and imbalance; in the methodology, this paper insists on the methods of system analysis and contradiction analysis, setting up the combined idea of global and local investigation, whole and part analysis. The study of the relationship between financialization and industry development in this paper is based on the overall logical perspective of two dimensions of "total quantity - structure" in the regional level. The first is the relationship between the scale of Finance and the scale of industry, and second is the relationship between the financial structure and the industrial structure. On the basis of the basic concept definition, the frontier literature review and the classic theory review, this paper innovatively constructs and puts forward the theoretical connotation system of the relationship between financialization and industry development. Firstly, financialization and industry development must follow the inherent law of modern economic operation. This part expounds the basic attributes of Finance and industry in modern economic operation, and describes in detail the framework of macroeconomic operation system incorporated into the financial sector after the crisis. Secondly, financialization must represent the core values of industry development of country or region. This part discusses the historical experience of finance disintegration from the real economy (industry) leading to the financial crisis, accurately grasping the basic relationship between finance and real economy, and correctly understanding the core connotation of returning to the source of financial services. Thirdly, the evolution of the relationship between financialization and industry development must be based on the general experience and local institutional endowment. Through the exposition of the general pattern and typical experience, this part analyses the institutional endowment (political environment, rule of law environment and social capital), from the perspective of "evolution and institutional view" pointing out that the evolution of the relationship between financialization and industry development embodies the organic combination of general experience and institutional endowment. And it is the key link from the generality and regularity of theory to the particularity and effectiveness of practice.

The study of this paper not only draws out the whole system environment, using the thinking of the economic discipline to make a local analysis, but also embeds it into a more integrated system environment of economy, society, institution, history and culture, carrying out systematic analysis through multidisciplinary intersections. The systematic analysis covers economic and non economic factors, and involves many disciplines, such as finance, industrial economics, econometrics, transition economics, political economics, development economics, economic geography, new institutional economics and so on. Through the integration of the theoretical and analytical methods of non – economic disciplines such as law, history, sociology, ethnology and religious studies, the research and discussion of this article makes every effort to reach a thickness of history, height of thought, depth of profession and breadth of disciplines.

Based on the logical system in this paper, the core content includes the following several aspects:

First, introduction. This part mainly expounds the research background, theory and practical significance. It also summarizes the logical framework, research content, research methods, research features and main innovation points.

Second, the basic concept. On the basis of reviewing the concept of financialization and regional industry development, this part defines and analyzes the connotation of financialization and regional industry development from the perspective of "total quantity – structure". It also clarifies the basic concepts and research categories.

Third, literature review at home and abroad. From the perspective of "total quantity – structure", this part reviews the frontier literature on the impact of domestic and foreign financialization on regional industry development in recent years (especially after the crisis), and makes a thorough and detailed review of the theories, practical experiences and existing defects which are worthy of reference. It also provides the direction and guide for this study.

Fourth, theoretical analysis. This part focuses on the classic theory of the impact of financialization on the development of regional industry. On this basis, it systematically explains three aspects of the theoretical framework of the full text. Firstly, financialization and industry development must follow the inherent law of modern economic operation. Secondly, financialization must represent the core values of industry development of country or region. Thirdly, the evolution of the relationship between financialization and industry development must be based on the general experience and local institutional endowment.

Fifth, the mechanism analysis of the impact of financialization on regional industry development. By constructing models of total quantity and structural models, this part deduces the evolution of the relationship between financialization and industry development from total allocation to structural coordination. From the perspective of "total quantity – structure", this part describes the way of financialization affecting the development of regional industry. The level of the total quantity mainly involves the overall function of the financial system, and the structure level includes the indirect financing led by the bank intermediary and the direct financing way led by the capital market. On this basis, this part respectively discusses the mechanism of the impact of financialization on regional industry development from the perspective of "total quantity – structure".

Sixth, an overview and analysis of the problems and causes of the impact of financialization on regional industry development in China. Based on the clear statistical index and the detailed objective data, this part uses the comparative analysis method and the chart analysis method to describe the evolution process and the development status of financialization and regional industry development of four major regions from the perspective of "total quantity – structure". This part deeply analyzes the existing problems of the impact of financialization on regional industry development in China. It mainly involves two aspects: The first is that the total disparity of financialization leads to the imbalance of spatial distribution of industrial scale; the second is that the structural imbalance of financialization affects the upgrading of regional industrial structure. Finally, by using disciplinary cross analysis method, this part respectively analyses the causes of problem of the impact of financialization on regional industry development in China from the level of "total quantity – structure". It not only involves the internal law and general practical experience of the relationship between financialization and industry development, but also the factors of institutional endowment of local differences.

Seventh, the dynamic empirical analysis of the impact of financialization on regional industry development in China. This part describes the mathematical model and measurement method used in empirical analysis. Then from the combination of qualitative and quantitative, dynamic analysis and static analysis, this part selects indexes of the variable system which is in line with the actual situation of China's regional economic development and scientifically available. We use the TSLS tool variable method, through the panel data unit root test, the Panel Data Cointegration test, and the panel data error correction model to test the dynamic relationship between financialization and the regional industry development in the level of "total quantity – structure". It also compares and analyses the regression results of the four economic regions, and discusses whether the upgrading of the financial level can play its essential function, thus promoting the industry development, and whether there is a significant difference in time and space. On this basis, this part introduces the factors of institutional endowment(political environment, rule of law environment and social capital), and analyzes the effect of the long and short term influence of the difference of local institutional endowment in the relationship between financialization and industry development from the level of "total quantity – structure". It also explains the substitution and coupling relationship between the rule of law environment (formal institution) and social capital (informal institution) at the regional level in the transitional period. Further, this part uses the mediation effect model of the SYS – GMM dynamic panel to test the robustness of this part. Its purpose is to clearly demonstrate the transmission path and utility level of the indirect effect of the institutional endowment through the evolution of financialization, and then to the regional industry development.

Eighth, countermeasures and suggestions. First of all, according to the main points and conclusions of this paper, this part puts forward the top – level design mechanism of the relationship between financialization and industry development. The first is to explore the financialization path adapted to the regional industry development. The second is to bring the institutional endowment into the framework of the system research, and to build a coordinated development mechanism between financialization and industry development to achieve the best agreement between the virtuous interaction and the orderly coordination under the conditions of the difference of local institutional endowments. It expounds the institutional choice of eliminating institutional obstacles from three aspects: Regulating local government behavior, improving the level of regional law enforcement and developing excellent regional culture. Secondly, this paper puts forward the concrete suggestions of accelerating the process of financialization, giving full play to the leading and core role of finance so as to promote the coordinated development of regional industry from the level of "total quantity – structure". At the total quantity level, one is to vigorously develop digital inclusive finance; the second is to strengthen multi – level regional financial cooperation; the third is to establish the policy system of regional financial regulation. On the structure level, the first is to optimize the structural system of regional banking so as to construct a diversified structure of bank property rights; the second is to standardize the development of regional equity trading market so as to promote the healthy development of regional capital market.

目　录

第1章　导　论

1.1　研究背景与研究意义

1.1.1　研究背景

1.1.1.1　金融化日益成为我国经济社会发展的主要特征与趋势

经济金融化（通常也可简称为金融化）是指经济与金融的日益相互渗透融合，金融业在国民经济中地位不断提升，国民财富、社会资产日益金融资产化，并由此引致了政治、经济、社会关系的日益金融关系化，这已成为当今世界各国、各地区经济社会发展的普遍现象。20 世纪 70 年代以来，全球资本主义变革的主要力量集中表现在经济金融化，世界经济发展由传统的货币经济时代跨入了信用经济时代，整个金融体系演变成一个庞大的信息交换与金融信用的网络，金融信号由此成为全息信号，即金融与政治、经济、法治、文化联系更加紧密，客观上体现了全系统的运行状态。在此阶段，新自由主义通过全球化迅速传播并受到追捧，金融自由化破除金融管制的束缚，活跃了金融创新。特别是金融被附加并衍生出商品定价权与金融资产定价权，致使金融体系顺周期性以一种不断放大的效应引发实体经济共振；并且金融周期在很大程度上具有了自我运行与自我实现的机制，金融资本在很大程度上主导了产业资本，金融部门在很大程度上影响着实体经济部门，使其逐渐演变成为现代经济体系的核心。

中国作为一个转型中的追赶型国家，自改革开放后渐进式地顺应并融入全球化大趋势。我国金融业无论是作为一个重要的生产性服务业，还是作为一个独立的经济部门，均在广度与深度上表现出了快速发展与空前繁荣。

从横向对比来看，2016 年末我国国内生产总值中金融业增加值占比为 8.4%，这一指标超过同期英国（8.1%）、美国（7.2%）、日本（5.2%）等多数发达国家；金融业中的银行业总资产高达 33 万亿美元，已超过欧元区的 31 万亿美元，是美国银行业总资产 16 万亿美元的两倍多。

从纵向趋势来看，2008 年我国金融业增加值占 GDP 的比重为 5.7%，此后逐年攀升，2015 年该指标达到最高峰 8.5%，居世界主要经济体之首，远远高于金融业发展与改革"十二五"规划提出的 5% 左右的预期目标。以我国 GDP 中金融资产占比衡量的金融化水平变动显示（见图 1－1），国民经济体系中金融化程度越来越高，从 1993 年的 106.8% 扩张到 2016 年的 346.8%，同期货币化程度从 97.8% 上升到 208.3%，货币类金融资产仍然是推动经济金融化的主导力量，近年来我国的货币超发现象，在很大程度上

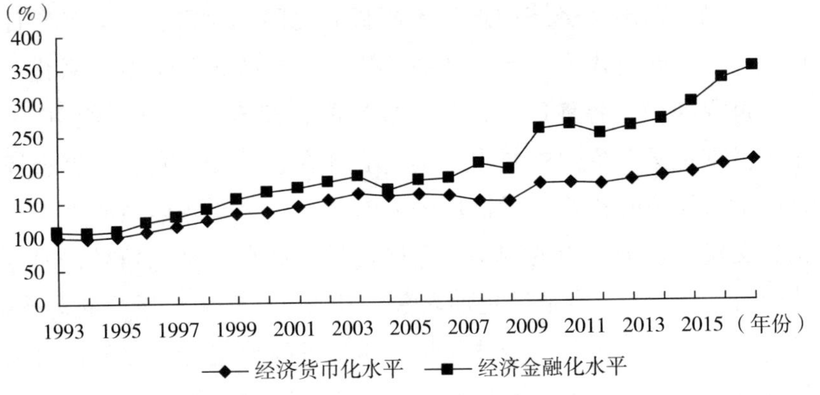

图 1－1　我国经济金融化水平变动趋势

注：主要数据来源于中经网统计数据库、中国证券信息网、历年《中国金融年鉴》。经济货币化程度用 M2/GDP 衡量，经济金融化程度用金融资产/GDP 衡量，其中，金融资产为货币类资产与证券类资产的总和。

解释了整体宏观经济金融化变动。同时，非货币类金融资产规模扩张迅猛，反映了金融市场不断壮大、金融资产多元化的演变趋势。不仅存量金融资产体量庞大，而且近年来增量资产规模以每年 30 万亿 ~40 万亿元的速度膨胀，表明全社会各部门主体的债权债务关系网络交织并不断复杂化，信用经济的特征彰显无遗。

从利润分配格局来看，相对于工业企业而言，近年来我国金融企业相对利润持续上升。分行业企业所得税对工业企业与金融企业的相对利润估算数据显示（见表 1 – 1），2015 年金融企业所得税超过工业企业所得税，2016 年金融企业所得税已达到工业企业所得税的 120. 1%，而 2011 年仅为 56. 2%。假定实际税率不变，则近五年来金融企业相对利润提高了 1 倍以上，而工业企业相对利润则萎缩了 50% 以上。

表 1 – 1　金融与工业企业利润格局：基于企业所得税的测算

年份	2006	2011	2012	2013	2014	2015	2016
金融企业所得税（亿元）	1059	4022	5491	6276	7529	8572	8802
工业企业所得税（亿元）	2200	7162	7349	7422	7837	7425	7329
金融企业所得税/工业企业所得税（%）	48. 1	56. 2	74. 7	84. 6	96. 1	115. 5	120. 1

注：主要数据根据历年《中国财政年鉴》《中国税务年鉴》整理而得。

从就业人员格局来看，金融业从业人员增速保持在较高水平，平均工资曾长期位居各行业第一。表 1 – 2 为我国金融业城镇单位就业人员增速，信息传输、软件和信息技术服务业城镇单位就业人员增速，制造业城镇单位就业人员增速的历年变动趋势。2013 年以后，金融业城镇单位就业人员增速逐年上升，从 2013 年的 1. 93% 提高到 2016 年的 9. 61%，同期信息传输、软件和信息技术服务业城镇单位就业人员增速从 46. 91% 下降到 4. 06%，制造业城镇单位就业人员增速从 23. 36% 下降到 – 3. 54%，制造业就业人数呈现出负增长的态势。图 1 – 2 描述了我国金融业城镇单位就业人员，信息传输、软件和信息技术服务业城镇单位就业人员，制造业城镇单位

表 1-2　城镇单位就业人员增速　　单位：%

年份	金融业 城镇单位就业人员增速	信息传输、软件和信息技术服务业 城镇单位就业人员增速	制造业 城镇单位就业人员增速
2004	0.76	5.90	2.36
2005	0.92	5.17	5.25
2006	2.25	6.22	4.38
2007	6.08	8.71	3.39
2008	7.14	6.17	-0.90
2009	7.54	8.97	1.68
2010	4.68	6.88	4.16
2011	7.50	14.53	12.40
2012	4.44	4.72	4.25
2013	1.93	46.91	23.36
2014	5.27	2.74	-0.28
2015	7.16	4.04	-3.33
2016	9.61	4.06	-3.45

注：主要数据根据历年《中国人口和就业统计年鉴》计算而得。

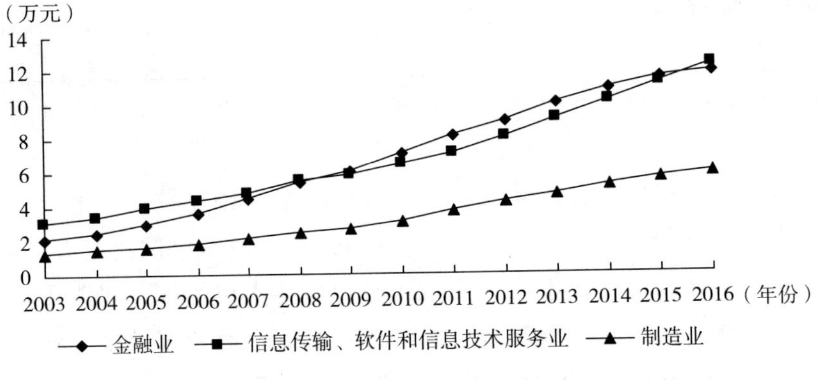

图 1-2　我国城镇单位就业人员平均工资变动趋势

注：主要数据来源于历年《中国人口和就业统计年鉴》。

就业人员平均工资的历年变化趋势。2009～2015 年，金融业城镇单位就业人员平均工资高于同期信息传输、软件和信息技术服务业城镇单位就业人员平均工资，居各行业第一位。尽管2016年金融业城镇单位就业人员平均工资为11.74万元，低于同期信息传输、软件和信息技术服务业城镇单位就业人员平均工资（12.25万元），但其仍然在各行业中名列前茅，并始终以较大幅度领先于实体经济中历年制造业城镇单位就业人员的平均工资水平。

1.1.1.2 区域产业发展中金融支持的先导与核心作用

诺贝尔经济学奖获得者道格拉斯·诺斯（Douglass C. North）曾谈道：“历史是至关重要的。它的重要性不仅在于我们向过去取经，而且还因为现在和未来是通过一个社会制度的连续性与过去连接起来的。”世界经济发展史表明，历次工业革命都是在产业发展与结构演进过程中实现的，而金融都渗透其中并发挥着极其重要的作用。无论是英国、美国等传统发达国家的市场主导型金融体制，还是第二次世界大战后崛起的日本颇具代表性的依附性金融体制（政府主导型金融体制），都为本国产业发展与竞争力提升提供了有力支持。

中国自改革开放后在东方文化圈，乃至在世界经济发展史上创造了一个举世瞩目的“中国奇迹”，每一次历史抉择与改革步伐，都为日后的成功实践积淀了发展的动力。其中，产业作为国民经济的基石，其每一步发展演变都关乎大国经济增长的可持续性。从当前我国经济新常态现实情况来看，一系列支撑经济增长的传统比较优势在不断减弱：一是重工业化为主体的新型工业化道路带来的高污染、高排放、高消耗大大超出了资源环境的承载能力；二是石油、铁矿石原材料与劳动力要素成本不断上升，传统的人口红利逐渐消失；三是我国自1998年开始的住房货币化改革后，房地产市场持续繁荣促进了长期经济增长，然而以房地产为代表的土地财政已接近极限。而这一系列的传统比较优势逐渐衰弱与我国进入中等收入阶段的特殊时期有紧密关系。按照官方汇率测算，中国2010年人均GDP超过4000美元，标志着我国已跨入中等偏上国家行列。事实上，2012年我国人均GDP已经超过6000美元。国际经验表明，当一个国家跨越低收入陷阱而进入中等收入阶段，之前相应的政策安排与发展战略就基本上不再适用，必须制定新战略，采用新手段实现跨越。因此，推动经济迈向高质量发展阶段与建设现代化经济体系，进而成功避免落入中等收入陷阱、实现经济发展方式转变，已成为新时代我国经济发展的重大任务。通过供给侧结构性改革推动制度创新与制度供给，从而实现依靠出口拉动和要素投入向依靠技术进步与效率提升的增长方式转型，即实现由工业化早期的产业结构、产业布局向现代市场经济的产业结构、产业布局转变，从以资源密集型、劳动力密集型为主转变为以资本、技术、知识密集型为主的产业发展阶段。产业发展不仅要求规模的持续扩大以实现“稳增长”，同时更要求结构升级以实现“调结构”，实现产业价值链与产品附加值的提升，即经济结构调整高度依赖于产业结构升级。而我国由财政主导向金融主导型经济转变，强金融格局日益形成，金融本质功能日益突出，金融体系已成为现代经济运行的核心与资源配置枢纽。无论是传统产业改造、战略性新兴产业崛起还是生产性服务业发展，金融支持的先导作用都至关重要，产业与金融的联系也更为紧密。

大国经济与小国经济除了规模差异外，一个更重要的区分在于地区之间的异质性，使其在长期经济发展中的表现截然不同，特别是在经济转型的关键时期，两者经济发展可能会表现出巨大的特征差异。我国作为一个典型的转轨中大国，经济发展如果仅从宏观的总量层面进行考察，则会忽略重要的机制。特别是中国的经济被分割在一个经济区域与地方行政区划里，经济增长与其说是行业扩张的结果，不如说是地区崛起的体现。从区域中观层面来看，区域差距在很大程度上大于城乡差距，也大于国别之间的发展差异（张军，2014），如一些区域经济发展进入新阶段，要素禀赋结构随之改变，进而产业结构发生相应调整，但另一些区域经济发展可能还未跃升到更高水平，并未发生明显的结构性变革。

尽管中央通过东部地区率先发展、西部大开发、中部崛起和振兴东北战略的实施，目前已初步形成了四大经济区域联动发展的空间格局①，然

① 按照国家统计局划分方法，根据《中共中央、国务院关于促进中部地区崛起的若干意见》、《国务院发布关于西部大开发若干政策措施的实施意见》以及党的十六大报告精神，将我国经济区域划分为东部、中部、西部和东北。其中，东部包括北京、天津、河北、上海、江苏、浙江、福建、山东、广东、海南十省份，中部包括山西、安徽、江西、河南、湖北、湖南六省份，西部包括内蒙古、广西、重庆、四川、贵州、云南、西藏、陕西、甘肃、青海、宁夏、新疆十二省份，东北包括辽宁、吉林、黑龙江三省份。

而，我国区域发展不平衡的状况仍在加剧（马颖，2015），大量研究表明我国仍未出现倒“U”形的区域收敛趋势，尤其是地域广阔的中西部地区（俞颖，2017），长期以来与实施赶超战略第一方阵、走在现代化建设前列的东部发达地区，在经济社会发展等各层面的不平衡矛盾异常突出。因此，区域产业发展的首要问题在于资金规模，区域产业协调发展高度依赖于高效、稳定的金融体系支持。

1.1.1.3 经济金融化对我国区域产业发展影响的多维度性

区域产业发展不仅表现为总量扩张，更体现在结构的调整与演进。目前，我国区域间产业发展的不平衡性既反映在总体规模、人均水平等量的层面，更反映在经济发展质量、生态环境质量、生活水平等质的层面，且后者的不平衡性越来越明显。区域产业发展主要受到技术进步、比较成本优势、需求结构升级的影响，可归结为供给与需求两方面因素，即一切生产要素，包括生产资料、人力资本、实物资源、技术进步等，最终都可以归结为资金的供给。资金流入生产部门的增长与变动趋势始终具有决定意义，即资金总量与资金结构影响着区域产业总量的扩张与产业结构的变迁，而某一具体时刻的区域产业总量与产业结构，则反映了资金的规模与空间分布状况。因此，区域产业发展的总量与结构问题从价值形态上就表现为资金的流向、流量及其结构、分布问题。与之相对应地，经济金融化不仅从显性的总量层面呈现一个金融总量由少变多、逐渐积累的过程，而且还从隐性的结构层面表现出金融结构从简单到复杂、由低级向高级的演进过程。“总量—结构”的多维度性内含于经济金融化对区域产业发展的影响关系中。

1.1.1.4 区域中观层面“金融化—产业发展”关系的复杂性

当“金融化—产业发展”关系的研究从国别宏观整体深入到区域中观层面时，区域之间就具有了异质性、动态性，就必须要考虑地方（区域）禀赋的复杂性。

首先，区域之间在自然资源、生态环境、地理条件、基础设施、人力资本、开放水平、经济发展阶段等各方面客观上存在着差异性。不同于小型经济体，中国独特的雁阵机制影响了发达地区与欠发达地区之间竞争博弈与交流合作的层次性，决定了“金融化—产业发展”关系所处的经济系统是复杂多样的。

其次，改革开放后，我国实施了区域非均衡发展战略以取代改革开放前的区域均衡发展战略，区域发展趋异性日益凸显，尽管趋异性表现出以金融要素为核心的生产要素空间匹配的不一致，但这种差异性在一定程度上反映了资源的优化配置。然而，如果金融要素空间分布的趋异性致使服务实体产业发展的效率持续下降或者错配失控，则会加剧区域层面的不平衡性，产生严重的负面效应。从当前来看，我国社会主要矛盾在区域层面的核心表现仍然是明显的不平衡、不充分发展，四大经济区域之间呈现出非均衡的发展格局与态势。

再次，在中国这样一个典型的转型经济体中，制度安排与影响往往更有导向性。当前，我国要避免落入中等收入陷阱实现经济转型，必须依靠制度转型，实现“双重转型”。而改革路径依赖加重，特别是由于分利集团的存在（Olson，1993），行政管制与垄断现象凸显，这会导致社会福利损失并延迟体制改革进程，这种体制性虚荣的转型陷阱更应受到关注。转型陷阱并非体制变革的停滞与倒退，而是一种过渡形态的体制因素定型为一种相对固定的制度形态；在发展意义上，转型陷阱表现为中等收入陷阱，即支撑经济增长的有利因素耗尽而使经济增速放缓或陷入停滞，并且导致经济社会结构畸形化。世界银行与国务院发展研究中心（2012）发布的《2030 年的中国》研究报告中指出，中国要避免中等收入陷阱，并实现 2030 年迈进高收入社会，就必须进行深层次战略改革，包括加大改革开放力度、转变政府职能、向市场经济转型、金融改革与现代化、产业结构调整以及深化国有企业改革。

最后，区域层面的二元结构转型差异性受到不同地域制度禀赋的影响与制约。地方政府嵌入二元结构中，形成了一个自上而下逐步传递的三元增长结构，地方政府成为沟通上层结构与下层结构的中介，并逐步拥有了强烈的自我利益诉求（张杰，2011）。同时，社会主义市场经济本质是法治经济，也应该是道德经济。不同区域的法治环境差异与产权保护、契约执行紧密相关，不同区域的文化氛围、信用水平差异同样影响着“金融化—产业发展”的“总量—结构”多维关系层面传导机制顺利实现与功能效率。因此，区域中观层面“金融化—产业发展”关系研究，还受到差异性区域制度禀赋的深刻影响。

1.1.2 研究意义

1.1.2.1 理论意义

首先，通过对经济金融化理论、区域产业发展理论的分析运用，拓展了产业经济学与金融学关联的研究视角。产业经济学中对区域产业发展的探讨，主要集中于产业发展的合理化、高级化，而对金融因素考虑不多，特别是在传统新古典框架上的阿罗—德布鲁范式为代表的一般均衡模型，构建了一个无摩擦的完美市场，金融体系因素被忽略。而金融学中主要关注货币金融理论，即使涉及了金融与经济的关系研究，主流分析框架也主要集中在金融发展与经济增长，而非中观层面金融与产业的机制和作用。本书以“总量—结构”为切入点研究了我国四大区域中观层面“金融化—产业发展”关系问题，将金融学理论与产业经济理论有机结合起来。同时，金融化与产业发展具有互动关系，产业发展构成金融化的基础与物质条件，国内外理论成果较为丰富，而金融化对产业发展作用机制与影响问题的空间深入研究较少；本书在动态演进过程的实践基础上，拓展了二者关系的研究视角，丰富了二者关系的理论内涵，具有重大理论意义。

其次，推动了经济学科与非经济学科的跨学科理论交叉融合与发展。在金融学、产业经济学理论基础上，本书综合运用了计量经济学、转型经济学、政治经济学、发展经济学、经济地理学、新制度经济学、法学、历史学、社会学、民族学、宗教学等学科知识，对于“金融化—产业发展”关系问题研究并非局限于一个单一性的制度背景框架，而是嵌入一个差异性的系统环境中深入剖析，实现了整体与部分、全局与局部观念的有机统一，实现了理论深度与学科广度的有机统一。

1.1.2.2 实践意义

首先，“金融化—产业发展”关系研究是我国经济转型时期的重大实践问题。伴随着全球化与自由化，经济金融化成为世界各国发展的普遍经济演进形态，特别是2008年国际金融危机后，货币职能及期限错配的内在属性特别是金融周期对经济周期的冲击，使以美国为代表的发达国家产业空心化、制造业衰退、产业资本虚拟化，整个国民经济过度金融化导致了巨大的系统性风险与经济结构失衡。因此，美国掀起了去杠杆与再工业化运动，旨在消除过度金融化的隐患。中国作为一个发展中的新兴经济体，转型经济环境不同于美国等发达国家，金融化进程不仅受到市场环境、交易费用等影响，更面临着体制转轨过程中的制度约束；同时也不同于苏联、东欧转型国家，我国经济转型之所以避免了苏联、东欧转型国家经济增长“L”形下降的失败，其关键是因为我国在追赶型经济发展战略框架指导下，金融化演进过程中国家强大的金融控制，使得大量金融剩余用于支持体制内产出，从而维持了转型过程的平稳性，与此同时也形成了我国产业发展与空间布局形态。这意味着“金融化—产业发展”关系研究既是当前我国加快实现经济结构调整的重大问题，亦是我国体制转型中的重大实践，这一现实热点受到了政府决策者、研究人员、市场机构的普遍关注。

其次，金融化支持区域产业协调发展是破除我国区域之间不平衡发展矛盾的重要因素。区域高度发展不平衡、不充分的重要表现就是区域产业发展失衡，而缩小地区相对发展差距、形成互动关联空间格局的首要问题在于金融的支持作用，不断壮大的金融体系业已成为经济发展中的战略产业，金融对政治、经济、社会的高渗透度带来了复杂的影响，既是经济发展的重要驱动力，亦是经济社会危机的助推器。因此，金融自身的健康可持续发展，保持金融体系的效率性与稳定性就成为促进其他产业发展的前提，经济金融化的根本目的也就在于高效地服务实体经济。在这样的现实情况下，无论是总量还是结构层面的经济金融化问题，衡量金融化过度或者金融化不足，均不能独立于实体产业发展的客观现实条件之外。因此，区域产业发展不平衡问题在很大程度上就转化为金融化在空间层面的不平衡问题，发挥金融的先导与核心作用，以金融与产业的适应性、协调性为落脚点，分析其存在的缺陷，从而引导向合理经济金融化的路径趋近，就具有重大的现实意义。

1.2 研究内容与研究方法

1.2.1 研究内容

本书主要研究内容概括如下：

第1章导论。首先阐述了研究背景、理论及实践意义；其次对本书逻辑框架、研究内容、研究方法进行总括，并阐明本书的研究创新点。

第2章基本概念界定。在回顾经济金融化、区域产业发展基本概念的基础上，从“总量—结构”视角对经济金融化、区域产业发展内涵进行界定与辨析，明确本书的基本概念及研究范畴。

第3章国内外文献研究综述。首先从“总量—结构”视角分别梳理了国内外最近几年经济金融化对区域产业发展影响研究前沿的相关文献，对其中值得借鉴的理论、实践经验以及尚存在的缺陷进行评述，为本书的研究提供方向指导。

第4章理论分析。首先以“总量—结构”视角为切入点，重点回顾了经济金融化对区域产业发展影响的经典理论；在此基础上，系统阐释全书研究理论框架下的三个层面的内涵：一是经济金融化、产业发展必须遵循现代经济运行的内在规律；二是经济金融化必须代表一国或区域产业发展的核心价值理念；三是“金融化—产业发展”关系演进必须立足于一般经验与地方特有的制度禀赋。

第5章经济金融化对区域产业发展影响的机制分析。首先通过构建总量模型与结构模型，解析金融化与产业发展从总量配置到结构协调的关系演变。进一步从“总量—结构”视角，描述经济金融化影响区域产业发展的作用途径，总量层面主要涉及金融体系的整体功能，结构层面则包括银行中介主导的间接融资与资本市场主导的直接融资途径。其次从“总量—结构”角度分别探讨了经济金融化影响区域产业发展的作用机制。

第6章经济金融化对我国区域产业发展影响的概述、问题及原因分析。首先，运用比较分析法和图表分析法，基于清晰的统计指标与翔实的客观数据，从“总量—结构”视角描述了我国四大区域经济金融化、区域产业发展的演进历程与现状。其次，深入剖析经济金融化对我国区域产业发展影响存在的问题，主要包括两个方面：一是经济金融化的总量差距引致区域产业规模分布不平衡；二是经济金融化的结构失衡影响区域产业结构升级。最后，运用学科交叉分析法，分别就“总量—结构”层面阐述了经济金融化对我国区域产业发展影响问题的原因，其中既涉及了“金融化—产业发展”关系的内在规律与一般实践经验，还涉及了具有地方差异的制度禀赋因素。

第7章经济金融化对我国区域产业发展影响的实证分析——基于省际面板数据的动态研究。首先叙述了实证分析采用的数理模型与计量方法。其次从定性与定量相结合、动态与静态分析相结合的角度，选取符合我国区域经济发展实情、科学可得的变量体系指标，运用TSLS工具变量法，通过面板数据单位根检验、面板数据协整检验、面板数据误差修正模型对“总量—结构”层面经济金融化与区域产业发展的长短期动态关系进行实证检验，并对四大经济区域回归结果进行比较分析；探讨金融化水平提升能否发挥其本质功能，从而促进产业发展，在空间与时间层面是否存在显著差异。在此基础上，该部分引入制度禀赋因素（政治环境、法治环境、社会资本），从“总量—结构”层面分析地方制度禀赋差异在“金融化—产业发展”关系中的长短期影响效应；同时，运用SYS－GMM动态面板的中介效应模型进行稳健性检验，旨在清晰地展示制度禀赋通过作用于金融化演进，进而影响区域产业发展这种间接效应的传导路径与效用水平。

第8章对策建议。首先，根据本书主要研究观点及结论，提出“金融化—产业发展”关系的顶层设计机制：一是探索与区域产业发展相适应的经济金融化路径；二是将制度禀赋纳入系统研究框架，在充分考虑地方制度禀赋差异影响条件下，构建“金融化—产业发展”实现良性互动与有序协调最大契合度的协调发展机制。其次，从“总量—结构”层面提出了加快经济金融化进程，充分发挥金融先导与核心作用并以此推进区域产业协调发展的对策建议。

1.2.2 研究方法

全书基于“中国区域发展实际问题导向，运用系统观逻辑思维，以理论分析、比较分析、数理模型和计量检验为主体，多学科交叉综合研究”的整体思路，实现了研究方法的多层次与广视角。力求本书在解析问题实质、描述表象特征的过程中体现系统性、全面性、科学性与前沿性。与主题相呼应，本书采用了单一分析方法与多重分析方法。

1.2.2.1 单一分析方法

第一，历史演进法。一个国家或地区“金融化—产业发展”及二者的影响关系是长期的历史演进过程。第6章中对二者发展历程的回顾及问题原因的探究就主要采用了历史分析。清晰地叙述历史变迁旨在将研究问题置于并嵌入我国复杂的政治、经济、社会、文化、历史背景下，揭示问题的根源与实质，使全书达到一定的历史深度。

第二，比较研究法。比较研究法是将两个或两个以上事物进行对比，寻找它们之间差异性和相似性的研究方法。贯穿全书的“总量—结构”视角，以及我国东部、中部、西部、东北四大经济区域的横向对比，就充分运用了这种直观有效的分析方法。进一步地，本书还将时间层面与空间层面的比较相结合，力求清晰、全面地展示“金融化—产业发展”的时空差异及演变规律。

第三，规范分析法。本书理论分析、实证检验结果解释、对策建议部分主要运用了规范分析法，包括“金融化—产业发展”影响关系的文献回顾，经济金融化对区域产业发展影响的一般机理与作用途径，以及比较分析、实证结论阐释，并在此基础上提出针对性的对策建议。

第四，实证分析法。历史规律的总结与逻辑推理需要科学、严密的实证检验。本书第6章主要采用了统计比较分析，第7章主要构架了计量模型进行实证检验。实证分析用于检验“金融化—产业发展”的影响效应、动态运行机制及长期稳态均衡关系。在此基础上，根据理论分析与问题原因分析，将制度禀赋纳入模型框架，构建 SYS – GMM 动态面板的中介效应模型，研究制度禀赋（总体制度环境、制度子环境）通过作用于经济金融化演进，进而影响区域产业发展间接效应的传导路径及贡献效应。

第五，多学科交叉分析法。本书在研究金融学、产业经济学一般原理的基础上，综合运用了政治经济学、发展经济学、转型经济学、经济地理学、新制度经济学、计量经济学等学科知识，并通过法学、历史学、社会学、民族学、宗教学等非经济学科理论思想、分析方法的贯通交融，厘清非经济因素对"金融化—产业发展"关系的隐性影响及功能效应，力求使本书达到一定的学科广度。

1.2.2.2　*多重分析方法*

第一，坚持历史唯物主义与辩证唯物主义相结合的分析方法，实现历史与逻辑的辩证统一。本书既探讨了一个较长时序区间具有历史视角的理论问题，又为现实问题研究提供了理论与事实基础；同时紧密结合当前我国转型时期区域层面"金融化—产业发展"影响关系的最新发展趋势与主要矛盾，树立系统分析的观念，对差异化与一致性、不平衡发展与协调发展进行客观辩证阐释，最终提出具有极高逻辑性的顶层设计、转型路径及具体措施，力求使全书达到一定的思想深度。

第二，理论归纳与实际分析相结合。以"总量—结构"视角为切入点，通过经济金融化、区域产业发展等相关概念的辨析，系统梳理了"金融化—产业发展"影响关系的国内外文献，归纳了二者关系的经典理论演进历程。通过构建科学、合理的数理模型进行实证检验分析，力求使本书建立在扎实的理论基础、翔实的客观数据与科学的量化测度基础上，实现理论与实践的有机统一。

第三，静态分析与动态分析相结合。在特定截面、空间、状态下对研究对象的剖析属于静态分析；强调将时间序列引入分析过程，着重描述研究对象的变化趋势、发展态势与演进状况属于动态分析。本书对我国四大经济区域的问题进行了大量的横向空间比较。在实证分析中，通过动态模型测度了"金融化—产业发展"影响关系的长短期效应，并将制度禀赋引入中介效应模型框架，测度了动态的间接效应。

第四，具象分析与抽象分析相结合。本书针对经济金融化、区域产业发展及二者影响关系的“总量—结构”视角研究，在思维高度、专业深度、学科广度上全面、系统展现问题的表现及特征，属于具象分析；同时从繁杂的具象表现中抽象出一般规律与影响机制，解析演进变迁进程中的特征、机理、路径等隐性因素，属于对本质与规律的探究。

1.3　逻辑框架

根据研究内容与研究方法，全书逻辑框架及写作思路如图 1－3、图 1－4 所示。

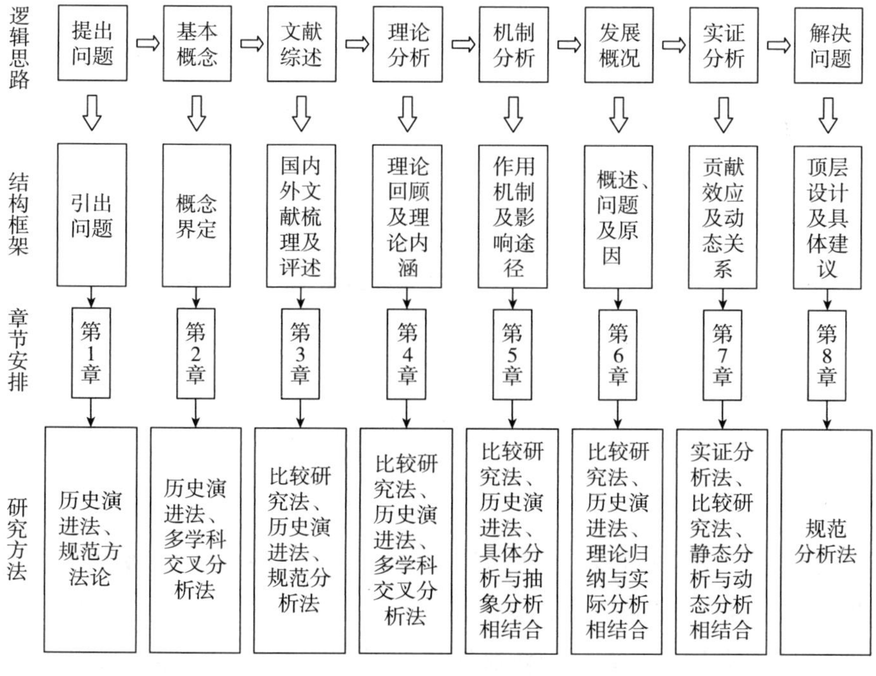

图 1－3　总体逻辑框架

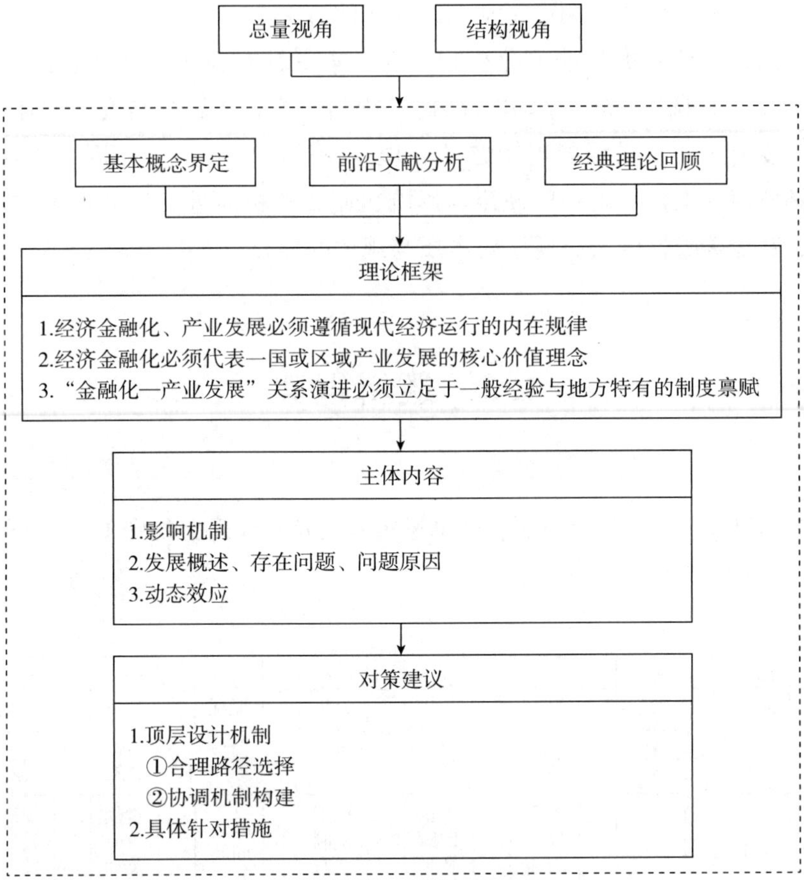

图1-4　全书写作思路

1.4　研究创新点

本书致力于剖析区域中观层面“金融化—产业发展”影响关系问题，在此基础上提出切实可行的对策建议。通过放眼一个较长历史时期，同时紧密结合当前我国经济转型与体制转轨的时代大背景，考虑宏观层面统一性与中观层面不平衡性的发展实情，系统全面地审视研究主题。具体而言，全书创新点主要表现在四个方面：

第一，将金融与产业问题结合研究，同时考虑了经济与非经济影响因素，属于交叉学科的探索工作。金融是现代经济的核心，产业是国民经济的基石。探讨经济金融化对区域产业发展影响相关问题，描述了作用机制，检验差异化贡献效应，剖析存在矛盾关系，将金融经济学与产业经济学相结合，丰富了相关领域的研究成果。进一步地，本书将研究问题置于历史时间维度中，运用系统整体性分析原理，实现将“金融化—产业发展”影响关系较为零散、无序的考察研究过渡到全面系统、客观合理的整体把握，不仅对四大经济区域放置在不同的历史阶段进行对比分析，而且充分考虑中国这样一个幅员辽阔的转型经济体的巨大地域不平衡性。这就要求坚持跨学科交叉的多维度分析，既实现了经济学子学科的交叉，又将经济学与法学、历史学、宗教学、社会学、地理学等非经济学科紧密结合，有助于深入探究问题的本质与规律。

第二，构建系统的理论框架体系，明晰了基本内涵，拓展了“金融化—产业发展”关系研究视角。本书以系统观、整体观思维构建了理论框架体系：经济金融化、产业发展必须遵循现代经济运行的内在规律；经济金融化必须代表一国或区域产业发展的核心价值理念；“金融化—产业发展”关系演进必须立足于一般经验与地方特有的制度禀赋。提出本书是以上三大基本内涵的有机统一。在此基础上，将“总量—结构”具体分析视角与写作思路贯穿全书，实现了研究视角的拓展与创新。同时，传统的科学研究强调通过将研究对象分解至最小单元解构复杂系统，再建立起单个节点和链接的理论，这种分析方法虽然对个体异质性、特色性了解愈加深入，却与系统整体理论渐行渐远，金融学上微观分析的“合成谬误”本质上是这种解构方法论范式的产物，较典型的例子就是微观审慎监管对系统性金融风险的忽略。本书在微观上还运用多种分析方法对“金融化—产业发展”关系问题进行了多层次、细致化解构，揭示了从微观金融功能到宏观经济的影响传导机制。

第三，将静态空间层面统计比较与动态时间层面计量检验相结合，多维度深入量化“金融化—产业发展”的影响关系及效应。第7章基于我国区域发展实情，选取了合理的度量指标，构建经典的内生增长理论面板数据模型进行计量检验，考察各变量同阶单整、单位根检验状况，并验证是否存在协整关系，通过误差修正模型检验考察变量间的短期因果关系。过往研究虽然将政府行为、法治环境等基础变量作为控制变量引入实证分析，但综合层次上研究相对匮乏，非经济因素也未能在实证检验中得到足够重视。本书进一步地将制度禀赋纳入实证研究框架，考虑总体制度禀赋、制度子环境（政治环境、法治环境、社会资本）的重要作用，构建 SYS - GMM 动态面板的中介效应模型，探讨制度禀赋多维度作用于经济金融化演进，进而影响区域产业发展间接效应的传导路径及贡献效应。这也为全面剖析“金融化—产业发展”的影响关系提供了新的实证分析视角。

第四，构建系统的顶层设计框架，探索了合理发展路径及协调发展机制，并提出具体的政策措施。金融化若受路径依赖影响并遵循一个自然演进过程，则旨在通过金融化破解区域发展不平衡、不充分的困境必定是一个漫长而曲折的过程。因此，本书创新性地提出了顶层设计的路径与机制。一是探索与区域产业发展相适应的经济金融化路径，即从总体上我国构建资本市场直接融资与银行中介间接融资结构合理、关系协调的现代金融体系已是大势所趋，同时针对不同区域，应该分阶段、分步骤、有条件地进行路径优化调整，真正实现代表区域产业发展核心价值理念的基本内涵。二是构建系统的协调发展机制，即要在考虑地方特有的制度禀赋（政治环境、法治环境、社会信用环境）及其差异性特征基础上，探寻经济金融化演进与区域产业发展实现良性互动和有序协调的最大契合度。最后从“总量—结构”层面提出具体性建议，为落实通过宏观顶层设计指导中观区域协调发展，促进微观机制优化提供前瞻性、可行性参考。

第 2 章　基本概念界定

2.1　概念内涵

2.1.1　经济金融化的概念内涵

经济金融化研究领域众多，作为一门学科，其涵盖了政治经济学、经济社会学、历史社会学等（Davis，2015）。早期经济金融化研究资本主义从工业资本主义向金融资本主义，特别是垄断金融资本主义的变迁；经济社会学视域中，金融化是宏观经济环境、法律法规变化、技术创新与进步等因素综合作用的结果；政治社会学研究者则认为美国 20 世纪 70 年代面对财政危机、社会危机与合法性危机，采取了放松管制、增加信贷可获得性、吸引国际资本流入等方式，创造了一个资本丰富、金融业膨胀式发展的时代（Krippner，2011）。而学术界普遍引用 Epstein（2001）的经典阐释："金融化是指在国内与国际层面，金融动机、金融市场、金融机构和金融精英在经济运行与治理方面变得愈发重要。"

尽管经济金融化的内容丰富，研究视角众多，但可以从宏观、中观、微观三个方面概括其理论内涵。宏观层面经济金融化主要从金融发展的角度，研究金融系统（金融机构、金融市场、金融工具）快速发展，金融结构的形成与变迁，以及经济发展中的金融贡献效率，金融周期对实体经济的影响及冲击效应（Bernanke，1996）。中观层面的经济金融化探讨大宗商品、房地产等行业的金融化问题。在大宗商品领域，金融投资者大量介入参与使其具有了明显的金融属性；房地产则与资产证券化、个人住房信贷紧密相关，强化了其投资与投机的金融功能。微观层面的经济金融化主要研究企业、个人对现代金融市场依赖不断提升，经济行为深受金融化影响的问题。如非金融企业部门更多采用金融手段获取利润，或者债务规模不断累积；家庭部门中金融资产在总资产中占比不断上升，并更多采用负债加杠杆的方式进行消费，特别是以房地产为抵押的消费信贷迅猛发展，极大地影响了个人经济行为。

2.1.2 区域产业发展的概念内涵

产业发展理论已成为产业经济学一个成熟的理论分支，而产业发展理论在空间层面的拓展则体现了区域产业发展的内涵。产业发展通常泛指一国产业在规模与技术、产能与效率、结构与布局以及影响关联产业和促进国民经济协调发展等方面综合能力的提升；同时，产业发展描述产业的产生、成长与变革，又是一个具有内在逻辑、从低级向高级不断演进的客观历史过程。而研究产业发展过程中的资源配置、发展规律、成长周期、影响因素、政策措施等问题，就构成了产业发展理论。相应地，当一国产业发展落实到中观层面的经济区域时，研究生产要素在一定时空的配置、组合、流动，更加凸显空间结构与布局、空间层次与机制的重要性质，就形成了区域产业发展的基本概念。通过综合了产业经济学、区域经济学与经济地理学等学科思想，区域产业发展的内涵仍在不断拓展与丰富。

2.2 概念界定

经济金融化与区域产业发展含义丰富，并且在演进过程中其内涵边界也在不断延伸。本书基于“金融化—产业发展”关系演进的一般内在规律，从“总量—结构”视角界定相关概念。

2.2.1 经济金融化的概念界定

2.2.1.1 总量视角

总量视角的经济金融化，主要是从金融发展的规模水平角度进行阐释，一般是指整个金融体系所包含的金融资产规模总和，即货币、信贷、证券、保险以及金融衍生工具等的资产总和。Goldsmith（1969）提出经典的金融相关率指标，即全部金融资产规模与国民财富之比衡量一国或地区金融化程度；McKinnon（1973）采用国民生产总值中货币存量比重（M2/GDP）、King 和 Levine（1993）以（M3 – M1）/GDP 度量一国经济货币化水平；Levine和 Zervos（1998）以股票总市值/GDP 反映总量层面的金融化程度；Lardy（1998）和 Boyreau – Debray（2003）分别采用了国有银行存款/GDP、存款/GDP 来度量各个地区的金融化水平；Palley（2010）则用金融、保险、房地产（FIRE）部门产值占 GDP 比重测度金融化水平。在国内，当前主要采用社会融资总量（社会融资规模）来描述一定时期内全社会各类经济主体通过所有融资渠道获得的资金融通总量，以此客观反映我国金融体系的深刻变化。总量层面金融化内涵较广、层次较多的定义是白钦先（1999）提出的金融资源论，该定义具有三个紧密关联的层次属性：一是广义的货币资本或资金构成基础性核心金融资源；二是金融工具、金融组织体系构成实体性中间金融资源；三是货币资金运动与金融体系各组成部分之间相互影响与作用的结果，为整体功能型高层次金融资源。尽管国内外关于总量层面经济金融化的概念定义有所差别，但归纳起来都是从金融规模的总量角度进行描述与度量，同时反映了经济金融化是一个金融规模由少变多不断累积的动态演进过程。

2.2.1.2 结构视角

结构视角的经济金融化，主要是从整体金融发展的局部关系与变迁角度进行阐释的，一般是指构成金融总体的各个组成部分存在、分布、性质、相对规模、相对比例与相互配合的状态，以及演进过程中金融结构变迁的路径关系。国外较早期的研究来自 Girley 和 Shaw（1955、1960）分析了金融中介在储蓄投资中的作用以及融资结构的问题；Goldsmith（1969）指出，结构视角的经济金融化是金融机构、金融工具及其相对比例的变化。国内学者王广谦（2002）、李健（2005）则将结构观下的经济金融化细分为融资结构、金融业结构、金融资产结构、金融市场结构、金融开放结构。尽管结构视角的定义亦有所不同，但经济学一般规律与实践逻辑都表明了一个基本原理，即金融化的根本源于实体经济发展，金融内生于实体经济。而金融内生于实体经济有两条路径：一是金融机构路径，即实体经济的发展催生了专门从事金融业务的银行中介；二是资本市场路径，即实体经济部门主体可以直接进入资本市场，以自己的名义发行和交易各种金融产品，实现融资需求。在此基础上，经济金融化的结构视角就是根据经典的两分法，将金融体系划分为银行中介主导型与资本市场主导型，相应地银行中介对应间接融资，资本市场对应直接融资（Levine，1997；Allen & Gale，1999；白钦先，1999），保险的影响通过资本市场反映出来。因此，金融结构的制度安排就表现在融资结构的规模、功能、比例关系及其由简单到复杂、从低质到高质的动态演进，一个国家或地区是属于银行中介间接融资主导还是资本市场直接融资主导，特别是其功能效率及对实体经济的影响效应就常被用于比较金融系统的基础性研究，亦是本书经济金融化结构视角的核心内涵。

2.2.2 区域产业发展的概念界定

2.2.2.1 总量视角

总量视角的区域产业发展，主要是从产业的总体规模水平角度进行阐释的，一般是指整个经济体系所有产业的规模总和。在理论与实践界，不同学者对总量层面的产业概念有不同的定义方法，主要以产业种类划分，如三次产业分类法、农轻重产业分类法、生产要素分类法、国际标准分类法、国家标准分类法、两大部类分类法等；因此，区域产业规模就是按不同分类方法的各产业价值总和。我国一直沿用三次产业分类法，并于2013年公布了新的三次产业划分范围，第一产业为农、林、牧、渔业；第二产业指采矿业，制造业，电力、热力、燃气及水生产和供应业，建筑业；第三产业指除第一产业、第二产业以外的其他行业，通常指服务业。根据此划分标准，总量视角的区域产业发展衡量某一区域在一定时间内第一产业增加值、第二产业增加值与第三产业增加值之和，也就是在报告期内以货币形式表现的产业生产活动的最终生产成果总和，即地区生产总值。同时，区域经济由不发达到发达，区域产业规模由少变多不断累积，都需要经历一个漫长的动态演进过程，因此区域产业发展还表现出明显的阶段性特征。

2.2.2.2 结构视角

结构视角的区域产业发展，主要是从产业结构角度进行阐释的，产业结构反映了国民经济各部门及产业部门内部的构成及比例关系，它不仅是决定产业发展质量的关键因素，亦是促进经济发展的重要内生变量。按照三次产业分类法，产业结构就是农业、工业、服务业在经济结构中的比重关系；根据资源密集程度分类，产业结构就是指劳动力密集型、资本密集型与技术密集型产业的相对比重及关系。相对于各产业部门的相对比重，演变趋势的一般规律才是研究产业结构的首要课题，配第—克拉克定律揭示了随着社会人均国民收入水平提升，就业人口从第一产业向第二产业再到第三产业依次转移的变动规律；Kuznets（1941）在此基础上进一步证实了产业结构变动受人均国民收入变动的影响规律；Hoffman（1931）从工业结构演进角度划分了工业化进程的四个阶段；Chenery（1986）根据人均国内生产总值将不发达经济到发达经济的发展历程划分为六个阶段；Rostow（1998）将经济成长划分为五个阶段，认为国民经济中的主导产业发挥着带动相关产业繁荣与整个经济社会发展的强大效应。因此，本书结构视角研究的区域产业发展，是指单个或所有产业在某一行政区域或经济区域内，从产生、壮大到成熟的动态演化过程，其核心是区域产业结构升级，即第一产业、第二产业、第三产业优势地位的顺次递进、构成比例、相互联系及演进特征，反映了经济区域打破低水平均衡对原有产业结构的扬弃，通过形成与特定经济社会发展阶段相适应的主导产业，实现产业从简单到复杂、从低质向高质、从低级生产力向高级生产力的动态变迁过程。

2.3 小　结

经济金融化与区域产业发展都是内涵丰富、研究视角众多的重要概念，本章论述的关键在于以“总量—结构”维度为主线，从看似相互关联性不紧密、纷繁复杂的概念理论中寻找到二者之间的一致性、内在规律与联系。在总量层面，经济金融化是金融总体规模的分布状态及其不断累积的动态过程；区域产业发展是产业总体规模的分布状态及其不断累积的演进过程。在结构层面，经济金融化反映了金融结构（主要是融资结构）的规模、功能、比例关系及其由简单到复杂的动态演进；区域产业发展反映了产业结构（主要是产业结构升级）从农业、工业到服务业优势地位的顺次递进、构成比例、相互联系及其从简单到复杂、从低质到高质的动态演进。通过清晰化的概念界定，厘清了“金融化—产业发展”逻辑对应关系路径，为后文深入探讨二者之间的作用机制、影响机理、问题特征及量化关系奠定了基础。

第3章 国内外文献研究综述

在现有文献中，以经济金融化对区域产业发展影响作为直接主题的研究极少，只有零星的成果散布在学术文献中。本章对近年来，尤其是危机后国内外经济金融化对区域产业发展影响关系研究的前沿文献，从“总量—结构”的视角进行归纳梳理，以此为主线将分散繁杂的成果有逻辑关联地贯穿起来，并在此基础上对相关文献予以概括性的研究评述。

3.1 国外经济金融化对区域产业发展影响文献综述

3.1.1 总量视角文献综述

近年来，总量视角下经济金融化对区域产业发展影响的研究，国外文献成果多集中在国别层面金融化（金融发展）与经济增长（产业总体规模）的作用关系与机制，是否具有显著的正向或负向影响效应。

3.1.1.1 金融化促进经济增长

国外大量研究成果仍然支持了正向贡献效应的传统主流结论。Aghion等（2010）通过考虑金融摩擦因素，分析指出金融化程度提升会通过投资率与生产率机制影响经济短期波动与长期增长趋势的关系。Hassan等（2011）以地理区域划分中低收入国家数据，实证结果表明一个运转良好的金融体系是实现发展中国家经济稳定增长的必要而非充分条件。Karaivanov（2012）指出，企业家精神是影响发展中国家经济增长的关键因素，而金融发展水平影响了企业家职业选择，并通过人力资本传导机制促进经济增长。Hakeem 等（2013）运用撒哈拉以南非洲国别数据的空间计量模型进行检验，认为金融发展与经济增长存在显著的促进关系。Badunenko 等（2013）分析指出，原有的生产模型强调物质资本积累对劳动生产率的贡献而未考虑金融变量，在其扩展的模型框架中纳入金融因素后，实证表明金融发展对经济增长有重要的推动作用。Narayan 等（2013）采用面板数据模型考察了 65 个发展中国家金融体系对经济增长的贡献度，实证研究表明亚洲国家金融业发展对经济增长影响效应较强，而中东国家金融部门却不利于本国经济增长，不同国别之间存在显著差异。Muhammed 等（2015）通过从全要素生产率中剥离出金融发展与国际贸易因素的实证检验发现，从长期来看，金融发展带动国内投资进而有利于经济增长。Cojocaru 等（2016）运用中东欧国别数据实证研究发现金融化对经济增长具有显著的促进作用，但该作用机制受到通货膨胀制约，高通货膨胀会削弱正向效应。Aydi 等（2017）基于地中海南部国家数据的实证分析表明随着金融现代化、金融系统创新的不断深入，金融发展与经济增长的正向相关关系趋于显著。

3.1.1.2　金融化抑制经济增长

国际金融危机爆发后，国外金融化抑制经济增长的观点愈发受到重视，研究成果颇为丰富。一些经济学家认为金融化在一定程度与环境下会对经济增长产生负面冲击与不利影响。Rousseau 等（2011）分析发现过度金融深化会导致通货膨胀、增大金融脆弱性，易引发金融危机并最终抑制经济增长。Panizza 等（2012）通过多种实证方法证明，金融业规模超过一定水平会对产出增长产生负面效应，过度金融化不利于实体经济稳健运行。Al-malkawi 等（2012）采用 ARDL 模型对阿联酋数据进行实证分析发现，以该国货币化率（M2/GDP）衡量的金融发展与经济增长存在显著负相关与双向因果关系。Cecchetti 等（2012）运用部分发达经济体与新兴市场经济体国家数据的检验表明，金融泡沫的形成与金融规模过快扩张会抑制总体生产率增长。Ashman 等（2013）实证研究了南非经济金融化状况，指出该国金融业不断扩张吸引了大量短期投资性资本而非长期生产性资本，对国内就业与经济增长有负面影响。Arcand 等（2013）验证发现，政府构建的隐性金融安全网激励了金融体系倾向于承担更大金融风险，从而盲目扩大金融规模，最终阻碍经济可持续增长。Law 等（2014）利用涉及 87 个发达国家与发展中国家数据的动态面板模型分析发现，当金融化演进、金融发展超过一定的门槛阈值时会不利于长期经济增长，即金融发展对经济增长的影响是一种存在拐点的非线性关系，而寻求最佳的金融发展水平对于支持实体经济产出尤为关键。Tomaskovic 等（2015）认为，非金融部门的金融化表现在其金融投资不断增加，而实证结果表明不利于实体经济部门的产出增长。Ductor 等（2015）分析指出，金融发展过快会导致系统性风险集聚、资源配置失效与经济运行成本增大，不利于实际产出增长。

3.1.1.3　金融化与经济增长：不确定论

近年来，国外一部分学者的研究还表明，金融化对经济增长的影响具有不确定性。Lapavitsas（2010）指出，资本主义国家的金融化主要表现在企业与家庭实体经济部门融资方式的转变以及金融部门业务的转变，这种转变被认为是一种系统性转型。进一步地针对金融体系的繁荣与实体经济的疲软，作者分析表明金融化对经济增长的影响具有复杂的传导机制与中间过程，并不能简单地得出金融发展促进或抑制经济增长的结论，而应该将研究重点集中在经济金融化系统转型的多层面深入剖析。Kim（2013）实证分析了美国 1951 ~2009 年以家庭债务为金融化替代指标对经济增长的影响关系，结果发现，1982 年之前金融化对经济增长无显著作用，而 1982 年之后证据表明金融化不利于经济增长。Hein（2012）通过卡拉斯基内生增长模型的实证研究发现，金融化带来的股东权利增加会对资本积累、生产率提升、利润率产生影响，仅当金融化对上述三者都产生正向作用时，金融化对经济增长才具有促进功能；当金融化对三者产生负面影响时，金融化就会抑制经济增长。这种正向或负面效应同时还受制于不同的经济制度条件。Hein 等（2014）在此基础上进一步分析发现，现实经济运行并非表现出绝对的促进或抑制影响，金融化程度提高通常会不利于资本积累，有利于提高利润率与产能利用率，这种低投资、高利润特征使得金融化对于经济增长的作用具有了复杂性与不确定性，在该体制下借贷消费热潮与重商主义的出口导向弥补了资本存量的不足。然而从长期来看，这种金融化演进路径会导致经济增长不可持续与经济体系不稳定。Samargandi 等（2015）通过对 52 个中等收入国家数据的动态异质面板模型实证研究发现，从短期来看，金融发展对经济增长的作用关系不显著；从长期来看，金融发展与经济增长存在显著的倒“U”形关系，过度金融化可能会对中等收入国家经济增长造成不利影响。

3.1.2 结构视角文献综述

在比较金融系统研究中，根据金融活动是通过一次合约（资金短缺者与盈余者直接交易）还是通过两次合约（借助银行中介），将金融系统划分为资本市场主导的直接融资与银行中介主导的间接融资，由此构成金融结构经典划分方式。结构视角下经济金融化对区域产业发展影响的研究，核心就在于探究金融结构与产业结构的关系。近年来国外文献除了比较银行中介与产业结构、资本市场与产业结构作用关系的各自优势与劣势，还涉及金融结构与产业结构变迁的动态演进过程。

3.1.2.1 银行中介间接融资与产业结构

近年来，国外一些文献认为银行主导的间接融资体系对于推动产业结构调整与升级发挥了重要作用。Greenwood 等（2013）分析指出，随着金融中介的技术进步，信贷配给将趋向完全竞争均衡，从而更有利于信贷资源配置到高效率、创新型企业。Brown 等（2013）认为，在维护高技术创业企业对创新收益有效索取的权利方面，债权融资比股权融资更有比较优势，因此创新型、高科技中小企业外部融资高度依赖于银行中介，而并非在资本市场上发行债券融资。Mudd（2013）运用跨国数据实证检验表明，集中度更高、市场垄断性更强的银行，尤其是中小银行更有动力建立与维护稳定的银企关系，缓解中小企业融资困境，而保证中小企业信贷融资畅通则助推了产业升级。Lucey 等（2013）通过对 24 个新兴经济体 4477 家上市公司数据的实证研究发现，企业融资与银行信贷正相关，而与股权市场负相关；随着金融一体化水平不断提升，高成长型、创新能力强的公司比低成长型企业能获得更多长期债务融资，而这有利于产业结构升级。Chava 等（2013）指出银行具有信息处理比较优势，表现在渠道获取广泛、信息体量庞大、专业化程度高、加工集中高效。通过信贷配给，银行实现了对企业的事后监督，较好地降低了信息不对称，迫使经营管理者减少机会主义行为。进一步研究发现美国放松设立银行管制、改善银行市场结构，均促进了公营与私营企业的技术创新，有利于产业结构升级。Cornaggia 等（2015）在先验性假定银行市场结构竞争发展有益于中小企业融资的前提基础上，实证结果表明银行间竞争将会在很大程度上促进私营企业，尤其是创新型中小企业的技术创新。Komal 等（2015）运用系统 GMM 方法估计结果显示，发展中国家的银行中介在推动产业结构调整、落实产业规划、实现产业政策方面有积极的作用。Kim 等（2016）利用跨国跨行业数据检验结果表明，各类创新型中小企业的创立是金融结构对产业结构影响的具体表现，且银行中介主导的金融系统推动产业升级作用更为显著。

然而，部分文献观点认为间接融资主导的金融系统不利于产业升级。Mulligan（2013）对美国分产业数据的实证研究结果支持了奥地利学派商业周期理论中关于银行信贷与实体经济关系的观点，即尽管增加信贷资金有利于各产业规模的扩大，然而由于信贷扩张缺乏真实储蓄的支撑，导致距离消费端较近的产业扩张效应被迅速削弱，而距离消费端较远的产业（资本密集型产业）则获得过多投入出现亏损，现实中表现为高端消费品研发投资严重不足与资本品投入过多的矛盾，大量产能过剩降低了生产部门金融资源利用效率，阻碍了产业结构升级；反过来还因为债务融资过多的金融过度杠杆化，导致系统性风险集聚，增加了金融部门的脆弱性。Hsu 等（2014）基于32个发达国家与新兴经济体的数据实证研究表明，股票市场发达的国家，大量通过直接融资的企业具有很高的创新水平；而银行主导金融体系的国家，企业依靠信贷间接融资阻碍了创新活动。Beck 等（2015）指出，银行主导的金融系统制约了为企业提供融资服务，且并没有证据表明中小金融机构一定好于大型银行。

3.1.2.2　资本市场直接融资与产业结构

大量研究成果证实了直接融资在促进产业结构调整与升级方面的作用。

Brown 等（2010）通过美国制造业数据的量化分析发现，资本市场股权融资对高科技企业 R&D 活动有显著的促进作用。Davila 等（2010）分析认为，通过风险资本市场 VC 不仅有利于新兴产业成长，而且会改善企业公司治理、规范经营管理、健全信息披露机制，促进高技术新兴企业的发展。Pollock 等（2010）在此基础上进一步指出，风险投资还为高技术企业创业管理提供了高服务质量，从而推动其快速成长，并给投资者带来呈曲线式上升的高回报。Bertoni 等（2011）则通过 GMM 实证检验表明，风险投资在金融市场发达的国家对于高新技术企业成长具有更显著的促进作用。Ilyina 等（2011）运用跨国数据实证表明，发达国家的金融市场为研发投入提供了更有效的资金支持，较好地改善了外部融资环境，促进金融资源向高新技术产业部门流动。Xiao 等（2012）分析指出，制度环境的优化会显著提高高科技中小企业获得长期股权融资的机会，从而促进产业升级，但对于获取传统银行融资却没有显著改善。Titman（2013）认为，通常资本市场影响产业结构升级有一个被忽视的途径，即投资者行为、交易方式变更等与微观企业无关的因素变化，会产生市场参与冲击并作用于产业结构调整。文章同时指出，美国的 dot 泡沫尽管在一定时期内影响了宏观经济稳定，但大量的高科技产业投资却极大地驱动了本国科技创新与技术进步，从长期来看有利于产业结构升级。Valickova 等（2014）通过文献元分析发现，资本市场主导的金融结构比银行中介间接融资更能够促进产业结构调整，各国之间的差异主要体现在变量选择与数据类型差异，以及内生性问题的处理等方面。Castro 等（2015）分析认为，即使控制了金融发展水平，金融结构对企业投资行为仍有重要影响，且应建立市场主导的金融体系以减少受约束企业对内源融资的依赖，降低资源配置扭曲。

然而，一些研究也承认在特定情况下资本市场的功能缺陷可能会阻碍产业升级。Baum 等（2011）通过 30000 个企业的国际大样本数据实证研究认为，有融资约束的企业现金流会受到金融结构显著影响，进而作用于产业结构；同时资本市场主导的金融体系国家中企业比银行中介主导经济体同类企业的现金流敏感性更强，但更不容易获得外部融资，反而制约了企业成长。Miao 等（2012）分析认为，若资本市场出现错误定价的情形，将会引致实体部门的泡沫并对其他部门产生资源再分配效应，制约其他生产部门的正常融资与发展，不利于产业结构升级。

3.1.2.3　金融结构与产业结构升级的演进过程

Antzoulatos 等（2011）通过 29 个国家与 28 个工业部门面板数据实证检验发现，金融结构与产业结构具有长期的关联关系，而二者之间的动态演进受到产业部门的技术导向影响。Demirguc – Kunt 等（2011）分析指出，随着经济发展水平提升与经济结构不断优化，资本市场比银行中介在提供金融服务方面发挥的功能更为重要，而偏离最佳金融结构与一国经济处于低水平的发展阶段相关。Buera 等（2011）研究认为，随着经济发展阶段的跃升，高经营风险、高研发强度、高资本密集度的企业会不断扩张，金融结构将逐渐由以银行为基础的金融系统过渡到以资本市场为主导的金融体系，并通过技术创新渠道作用于一国产业结构升级。Rota（2013）研究指出，在一国经济发展的特定时刻，信贷结构对产业结构甚至发挥着决定性作用，从而增加信贷政策对产业发展的长期影响与协调程度。Cull 等（2013）根据 89 家数据的实证分析佐证了新结构经济学观点，即一国产业结构由其禀赋结构所决定，而产业结构升级客观决定了动态最优的金融结构，只有高效服务于产业发展的金融结构才能在一定程度上符合最优的条件。由此文章区分了低收入国家与高收入国家，指出低收入国家银行业对企业劳动增长率作用更显著，其产业结构主要是劳动力密集型；而高收入国家资本市场对企业劳动增长率作用更明显，其产业结构主要是资本密集型。Calomiris 等（2012）进一步探讨了金融化过程中偏离最优金融结构的诱因，并指出政治是一个重要因素。Song 等（2013）则持有协同演进观点，认为银行与资本市场在金融化过程中除了互相竞争，还相互补充与共同演进。并且二者以证券化、基于风险的银行资本为载体形成了自然的共生关系。

3.2 国内经济金融化对区域产业发展影响文献综述

3.2.1 总量视角文献综述

近年来，国内文献关于总量视角下经济金融化对区域产业发展影响的研究成果，主要集中在两个方面：一是我国金融化对经济增长的总体影响效应。二是金融化的区域差异是否引致了地区生产总值（地区产业规模）的空间不平衡分布。

3.2.1.1 金融化与经济增长

国内大量文献支持了我国金融化对经济增长具有促进作用的观点。武志（2010）采用剔除了制度因素的真实金融发展指标，实证检验表明金融总量不断扩大的确有利于我国经济增长，然而金融发展质的飞跃则是由经济增长所引致的，因此金融体制改革的核心应该是尽快构建一个能改善金融内在质量的崭新制度框架。赵勇、雷达（2010）分析认为，通过降低增长方式转变的门槛值，金融发展能推动经济增长实现集约式转变，其贡献效应与经济发展阶段有紧密关系。陆静（2012）基于 1992 ~ 2010 年我国面板数据实证检验了金融发展对经济增长的影响关系，结果显示具有显著的长期正向推动作用。李强、徐康宁（2013）运用静态与动态面板数据模型实证分析发现，近年来我国金融发展对经济增长具有显著的促进作用。徐圆、赵莲莲（2015）以金融发展推动我国经济增长的微观机制为切入点研究发现，金融发展在总体上促进了微观企业的资本投入与产出增长，且我国实施的渐进式金融改革从总量上支持了经济增长的同时还优化了资本配置能力，逐步改善了金融资源配置效率。彭俞超、朱映慧等（2017）通过 META 回归分析表明，总体上我国金融发展对经济增长具有较弱的正向影响，同时由于时空维度、传导机制、融资方式等差异使得这一影响具有多重效应。

近年来，一些研究表明金融化在一定条件下不利于经济增长。黄智淋、董志勇（2013）通过动态面板数据门限模型的实证研究表明，当通货膨胀率较高时，我国金融发展将会对经济增长产生负面影响。张亦春、王国强（2015）运用双门槛回归检验发现，我国金融发展水平与经济增长之间存在非均衡关系，并且这种非均衡关系对经济增长产生了抑制效应。陈享光、郭炜（2016）认为，我国金融业比重的上升通过财富效应促进了实体经济增长，同时也造成了虚拟经济的膨胀与实体经济发展脱节，系统性金融风险凸显。罗来军、蒋承等（2016）基于我国融资歧视与市场行为扭曲的制度背景，从金融影响企业市场行为的角度，以剔除金融业产值的三次产业产值总和为经济增长替代变量，实证分析了金融体系对实体经济的贡献效率，并指出金融体系过度膨胀表明一部分资金空转而并未服务于实体经济。卢方元、李彦龙（2016）研究发现，我国金融发展通过金融规模与金融效率两个方面对经济增长产生作用，然而实证结果却表现出了一定的负面影响效应。杜勇、张欢等（2017）分析指出，我国金融资产规模不断膨胀的金融化并未缓解实体企业投资不足问题，反而损害了实体企业的主业业绩，最终不利于经济增长。

国内也有不少学者研究认为金融化与经济增长的关系具有不确定性。马轶群、史安娜（2012）通过 VAR 模型实证检验表明，我国金融发展对经济增长协调性的短期与长期作用相反，金融发展与经济增长稳定性、经济增长方式质量均不存在长期影响关系，而金融发展在提高经济增长结果质量的同时降低了经济增长持续性。聂正彦（2012）通过构建世代交叠模型分析认为，我国三十多年来的高速经济增长得益于国家强大控制能力下的动员性金融体制，该体制背景下的金融发展保障了资本扩张的资金需求，同时也阻碍了金融体制改革，从长期来看可能导致金融发展不利于经济稳定增长。李成、张琦（2015）基于构建扩展的“两部门模型”实证研究发现，在很长一段时间内我国金融规模的扩张对经济增长具有显著的推动作用，但 2008 年后不断扩张的金融规模却对经济增长产生了抑制作用；分析同时指出，国际金融危机后我国仍然依靠总量扩大的粗放型金融发展模式已经与中国经济发展的客观需要不相适应。杨洋、赵茂（2016）基于面板门限模型的实证检验发现，金融发展对经济增长影响的非线性特征表现在三种区制的效应差异性上。当金融发展处于低水平区制时，正向贡献效应显著但较为微弱；当金融发展处于中区制时，具有较强的显著正向贡献效应；当金融发展处于高水平区制内，却呈现出负面影响。文章同时提出，我国金融改革应着眼于探寻适合经济转型的动态最优金融发展模式。李健、盘宇章（2017）通过实证分析发现，我国金融发展对全要素生产率增长率的非线性影响取决于金融发展与实体经济部门之间的差异，只有当金融发展速度超过实体经济增长的差额在低于某个临界值的合理区间内时，金融发展才能促进 TFP 增长，过度金融化会增大经济体系中的系统性金融风险，不利于宏观经济稳定。

3.2.1.2　金融化与区域经济增长

关于金融化与经济增长在空间层面的研究成果，近年来国内学者大多集中于验证并解释是否存在显著的影响效应，以及比较这种效应的区域差异性。尽管研究方法各不相同，但主要观点都认为我国区域中观层面，金融发展对经济增长的影响存在空间差异，这种差异包括金融贡献度的显著性、正负关系与效应程度。

赵勇、雷达（2010）指出，通过降低增长方式转板门槛值，金融发展促进经济增长集约式转变，但这种效应与机制具有区域差异性；其中东部与中部金融贡献度要远远高于西部，同时在中西部地区，金融发展通过促进资本深化推动经济增长，而在东部发达地区则是通过促进 TFP 提高推动经济增长。杨龙、胡晓珍（2011）研究表明我国金融发展对经济增长影响具有区域层面的门槛效应，东部与中部有显著的正向促进作用，西部欠发达地区作用效应不明显，同时金融发展的空间差异会加剧金融资源流向发达地区，进一步扩大了区域经济发展差距。闫丽瑞、田祥宇（2012）对我国三大经济区域面板数据的实证分析表明，金融发展与东部、中部、西部经济增长均具有长期均衡关系，然而金融贡献度从中部、东部到西部依次递减。唐松（2014）实证分析表明，我国金融资源配置对区域经济增长的影响存在不同程度的空间溢出效应，其中东部地区金融发展对属地经济增长促进作用在下降，而中西部地区则逐渐增大。杨友才（2014）运用省级面板数据的门槛模型检验发现，我国金融发展对区域经济增长的影响具有非线性关系，门槛值从东部、中部到西部依次递增，而金融贡献度从东部、中部到西部依次递减。因此，应通过大力提升中西部金融发展水平缩小区域差距。陈高、张行（2014）实证检验发现，我国东部、中部、西部金融发展影响下的经济发展状态呈现出相对收敛的态势。周丽丽等（2014）对我国区域层面数据的实证分析表明，存在着区域间金融发展与经济增长的 β 收敛，且区域金融发展收敛远远大于经济收敛速度，因此应该充分发挥金融发展的正向效应，促使我国区域发展差距进一步缩小。苏建军、徐璋勇（2015）对我国四大经济区域数据的实证分析表明，金融发展对区域经济增长的贡献效应从中部、东部到西部逐次递减，而东北地区贡献度不显著。张旭等（2016）通过考虑了空间溢出效应的 Durbin 模型检验发现，金融发展对本区域经济增长具有正向效应，而对周边地区经济增长具有负的空间溢出效应；因此为削弱金融发展的负面空间溢出效应，应该加快缩小我国区域间金融发展差距。杜莉、潘晓健（2017）构建了中国区域金融发展指数（IFI），并运用面板数据量化分析了普惠金融发展对区域经济增长的影响效应，结果显示普惠金融贡献度在西部地区非常显著，而在东部与中部地区作用却非常有限。田菁（2017）基于我国省级面板数据的系统 GMM 估计验证发现，金融发展对经济增长的作用机制受到区域经济金融发展水平的制约，发达地区应该注重提升金融发展质量、增强市场活力，而欠发达地区应该加快推进金融深化。李强、李书舒（2017）运用动态面板数据的实证研究表明，我国经济相对发达的沿海地区受益于较高的市场化水平，金融发展对经济增长具有较强的促进作用；而经济相对落后的内陆地区，金融发展对经济增长存在抑制效应，不得不较多依靠政府财政投入推动区域经济增长。

3.2.2　结构视角文献综述

结构视角下国内经济金融化对区域产业发展影响的文献成果较为丰富，

主要体现在：一是基于“二分法”的金融结构与产业结构关系研究；二是金融结构与产业结构升级的演进过程；三是中观层面金融结构与产业结构的作用机制及空间差异问题。

3.2.2.1 银行中介间接融资与产业结构

国内不少学者认为，银行主导的金融体系对于我国产业结构升级仍然发挥着重要的推动作用。钱水木、周永涛（2011）通过 GMM 系统估计法分析指出我国银行信贷投入的增加对于技术进步与产业升级均有显著的正向影响。姚耀军、董钢锋（2014）实证分析认为，我国中小金融机构发展显著降低了企业投资对现金流的敏感性，特别是在缓解创新型中小企业融资困境方面发挥了积极作用。王立国、赵婉妤（2015）基于 VAR 模型的实证检验发现，现阶段我国银行中介主导的金融结构对产业升级作用大于资本市场，这与我国作为发展中国家的金融制度特征有很大关系。易信、刘凤良（2015）构建了多部门内生增长理论模型并进行数值模拟实验发现，我国金融中介通过“结构效应”“水平效应”推动产业结构转型并促进经济增长。连立帅等（2015）实证检验发现，我国产业政策的创新激励机制能够引导银行长期信贷资源配置到高研发水平、高成长性企业，从而实现产业转型升级的目标。吴晗、段文斌（2015）实证研究指出，提升中小银行市场份额有利于我国创新型中小企业融资，进而促进产业升级。杨秋海（2016）指出，分析认为，我国银行结构主要通过技术进步与减缓融资约束两个途径影响产业结构升级，实证结果同时表明信贷结构中商业贷款比重上升有利于产业结构高级化。熊兴、孙九伦（2017）基于 PVAR 动态模型的实证分析表明，相对于通过股票、债券等资本市场直接融资方式，现阶段我国以银行中介主导的金融结构对于优化产业结构具有更显著的长期稳定作用。杜传忠、曹艳乔（2017）实证分析结果显示，我国银行信贷对新兴产业上市公司成长具有促进作用，特别是中长期贷款支持了企业更新改造、产品研发试制等技术创新活动，有利于产业结构升级。

近年来，一些研究文献探讨了银行中介对产业结构升级的抑制作用。赵立泉、李泽广（2010）实证分析指出，我国政府主导型的银行信贷配置体系未能有效促进产业结构升级。刘斌斌等（2013）指出，相较于资本市场股权融资，我国银行中介债务融资不能对新兴产业发展产生正面作用。战明华（2015）通过经验分析表明银行信贷渠道的资源配置强化了对产业结构升级的结构性错配效应。张强、韩俊莹（2015）通过门限向量自回归模型检验发现，我国银行信贷对产业结构调整影响存在显著的门限效应，银行信贷对第一、第二产业有正向作用，而对第三产业影响要达到一定程度后才能由负转正，但效应始终非常微弱，认为我国旨在推动产业结构升级的信贷政策仍需优化。张晓玫、罗鹏（2015）运用系统 GMM 回归分析表明，我国银行中长期信贷比重的不断提升，将会阻碍技术密集型产业发展。文章提出不仅要优化信贷期限结构，更重要的是要加快金融市场化改革以此高效服务于产业转型升级。周晓艳等（2015）运用我国工业行业面板数据实证研究发现，与股票市场相比，我国银行信贷市场长期受到政府干预，导致资源配置扭曲，并未发挥推动产业结构转型升级的功能。张学伟、王一舒（2017）运用 PVAR 模型检验发现，我国银行信贷扩张产生了高资本密集行业挤压低资本密集行业投资的行为，导致了产能过剩的结构失衡现象。田青（2017）基于宏微观角度的实证检验表明，由于存在显著的结构性错配效应，我国银行信贷规模扩大未能发挥促进产业结构升级的作用。

3.2.2.2　资本市场直接融资与产业结构

国内大量研究成果从不同角度与机制剖析了资本市场对产业结构升级的正向影响关系。汪炜、李甫伟（2010）运用我国 A 股上市公司数据实证分析表明，股市规模、流动性的提高都能有效促进高科技、成长性上市企业发展，进而推动产业转型升级。陈峥嵘、朱蕾（2011）持相同观点。屈国俊、韩丹（2010）分析认为，我国股票市场由审批制向核准制模式的转变提高了直接融资效率，在促进高新技术企业发展的同时约束了劳动密集型产业发展，推动了产业结构升级。凌江怀、胡雯蓉（2012）分析指出股权融资有利于战略性新兴产业经营绩效的提升，同时降低了传统产业经营绩效，产业升级效应明显。严武、王辉（2012）利用灰色关联分析法研究发现，我国股票市场融资与产业结构升级关联度最高，而银行信贷最低，凸显了直接融资在我国产业升级中的重要地位。申明浩、杨永聪（2012）实证探讨了基于全球价值链分工条件下我国金融支持第二产业升级的关系，研究表明资本市场股权融资甄别了经营绩效良好的企业，并促使其改善公司治理、完善经营条件，进而提升了企业在全球价值链中的位置，促进了产业转型升级；相反，银行间接融资却有明显的金融压抑背景下信贷配给属性，与第二产业升级存在负相关关系。何婧、徐龙炳（2012）研究表明，我国资本市场成为产业资本向金融资本渗透的重要途径，产业资本通过资本市场举牌获得金融资本股份后，改善了公司业绩与经营水平，带动了产业结构调整与升级。叶德磊（2016）着重分析了股市的产业偏好、产业筛选、产业引领功能对于我国高科技中小企业发展的重要性，以及完善新兴产业链的正面作用。孙早、肖利平（2016）基于我国 A 股上市公司数据的经验研究发现，股权融资对战略性新兴产业上市企业自主创新有显著的正向促进作用。张宏彦、王磊（2016）运用我国上市公司面板数据量化分析表明，尽管金融发展从总体上缓解了战略性新兴产业融资约束，然而股票市场相较于银行更能为我国战略性新兴产业中的大量中小企业、民营企业的技术创新提供资金支持。于津平、许咏（2016）实证发现无论是股权融资规模扩大还是股权融资在企业外源融资中占比提升都有利于改善我国高科技新兴企业经营绩效，且对民营企业促进作用为更显著。杜传忠等（2016）分析了风险投资通过资金支持、技术集聚、孵化与增值服务、公司治理等渠道对我国战略性新兴产业发展的推动作用。陆蓉等（2017）实证研究指出，若资本市场的资产定价高估了新兴产业的股票价格，则引导资金大量流入将有助于产业结构升级。

当然，不少文献也指出了资本市场在影响产业结构调整效应方面的负面作用。苏勇、杨小玲（2010）实证检验表明，当前我国股票市场发展不利于产业结构升级，原因在于股票市场的资金聚集、风险配置、存量优化的功能存在扭曲。王新霞、冯雷（2012）运用动态面板模型检验发现，我国证券市场直接融资阻碍了产业结构升级，且股票市场融资负面效应最为显著；他们进一步指出其原因主要是微观主体的行为扭曲。时磊（2013）运用微观企业数据检验认为，我国资本市场的规模歧视与所有制歧视会加剧产能过剩的负面效应。赵玮、温军（2015）通过倾向得分匹配和处理效应模型实证检验发现，我国风险投资介入战略性新兴产业上市公司早期，企业绩效显著低于无风险投资介入企业，且风投家数也具有显著的抑制效应。张红伟、冉芳（2016）从产业偏离度的视角分析指出，我国资本市场资金配置不合理，导致“僵尸”企业占据了过多金融资源，直接融资的产出效率较低。陆蓉等（2017）分析指出，资本市场错误定价将引起产业结构的剧烈调整，且该效应在股票价格高估时显著，低估时不显著。当面临淘汰的落后产业或“僵尸”企业的股价被高估时，可通过“资本变动效用”吸引大量资金流入，从而降低资源配置效率。

3.2.2.3　金融结构与产业结构升级的演进过程

随着制度变迁与经济阶段性发展，金融结构也是动态变化而非一成不变的，国内文献也关注到了银行中介、资本市场不同融资结构与产业结构升级的动态效应关系问题。王定祥等（2013）构建了 VAR 模型实证检验发现，我国金融结构变化有助于产业结构升级并具有长期稳定性。刘骁毅（2013）实证分析认为，改革开放后我国金融结构与产业结构以经济发展为纽带，存在互为因果的促进关系，并且在长期与短期都具有稳定影响效应，我国已初步建立了金融结构与产业结构良性互动的框架。周宗安、王显晖（2014）实证研究发现，我国社会融资结构与产业结构升级存在长期影响关系，而短期效应不显著。李强（2015）基于拓展的内生技术进步模型研究表明，从动态机制来看我国金融结构通过研究与人力资本途径促进产业结构升级的效应在不断增大。罗超平等（2016）分析认为，我国金融结构与产业结构升级存在长期稳定的关系，而短期影响效果较弱。姚华、宋建（2016）则通过多指标交叉检验方法研究发现，我国金融结构与产业结构升级存在长期稳定与短期正向关系，同时金融结构对优化就业结构有显著影响。马强、孙佃亮（2016）量化分析表明，我国金融结构促进产业结构升级具有阶段性，主要受经济发展水平影响，因此探究适度的金融结构与合理的金融化动态路径尤其重要。曾繁清、叶德珠（2017）实证分析发现，我国金融结构与产业结构互动关系密切且长期处于较高水平的耦合阶段，当前经济新常态的关键转型期更应注重提高二者之间的协调耦合度。

同时，越来越多的学者开始探讨一国最优金融结构，以及如何实现向最优演进路径转型的问题。陈雨露、马勇（2012）研究指出，最优金融结构应该是在服务实体经济基础上，实现金融稳定与系统性风险最小的金融结构。姚耀军、李明珠（2013）实证分析认为，我国中小企业是产业结构升级的主体企业类型，然而当前中小企业融资难困境实质是金融结构偏离了新结构经济学最优金融结构理论的金融化路径，因此必须大力发展中小银行服务中小企业，进而促进产业升级。龚强等（2014）指出，我国作为一个发展中的新兴经济体，与发达国家的产业技术和产品层次有所不同，银行中介主导的间接融资模式更适应于当前我国的产业结构；当然，由于技术创新水平的提高和产业升级的需要，资本市场的地位愈发突出，功能体现愈发重要，我国实现经济转型与结构调整将更加依赖于金融市场的支持。付海艳（2016）则认为，银行中介与资本市场应该是相互竞争、相互补充的关系，应该更加关注金融结构对产业结构动态影响的门槛效应，并根据产业成长阶段、产业结构变化特征判断动态合理的金融结构区间。张成思、刘贯春（2016）分析指出，实际金融结构与最优金融结构存在一定程度的偏差，因此现实中会在不同层面出现金融化过度与金融化不足的现象，而判断一国金融结构合理水平区间的标准是要与本国实体经济客观发展阶段相匹配、相协调。

3.2.2.4　金融结构与产业结构：区域差异

我国区域发展的不平衡为基于区域中观视角的研究提供了重要依据。近年来，更多的学者将关注点从国别总体层面深入到区域层面，探讨金融结构与产业结构关系的空间差异问题。张小蒂、王永齐（2010）通过我国省际面板数据经验研究表明，地区金融市场效率越高则企业家密度相对较高，因此产业集聚与产业结构优化的效果更加明显，这也是解释区域发展差距的重要因素之一。严武、刘斌斌（2012）基于我国中小板上市企业数据实证研究发现，中小企业股权融资显著地促进了产业结构升级，且东部地区效应远远小于中部地区，主要原因是东部地区中小板融资规模较小，其影响效果有限。邓向荣、刘文强（2013）运用空间计量方法分析表明，金融结构影响产业结构升级效应在我国东中西部存在梯度差异，东部效应明显，而中西部效应微弱；同时，银行业对地区产业结构升级与经济增长作用显著，而金融市场辐射作用有限。刘飞（2015）实证分析发现，我国省域融资结构中间接融资比重上升与制造业中重工业发展有紧密关系，尽管银行信贷在各地区融资规模中仍占据主导地位，然而对于支持制造业结构升级的力度却非常有限。杜萌、曲直等（2016）通过面板数据实证检验表明，银行信贷对产业结构有区域差异性影响，东部地区对资本密集型产业正效应更为显著，而中西部地区对劳动力密集型影响更大，这也印证了我国地区之间金融化阶段差异的事实。肖文、薛天航（2016）认为，我国各经济区域银行与金融市场在资源配置、风险管理等功能方面的比较优势，决定了各地区产业结构升级不同的金融结构需求；从促进效应来看，中部优于西部，而东部金融结构对产业结构影响不显著。在此基础上，提出了要强化有侧重点的差异性政策措施。陶爱萍、徐君超（2016）基于 Hansen 的门槛模型实证分析发现，我国金融结构与产业结构的非线性关系存在空间差异，中西部金融化水平较低，金融结构促进效应更显著，而东部则与之相反。黄启新（2017）经验研究结果显示，我国金融市场化水平对产业结构升级影响存在空间异质性，东部具有显著促进作用，中部则出现负面效应，西部促进效应较微弱。司海平等（2017）基于我国地方城投债发行对产业结构升级的效应进行研究指出，东部地区债券市场融资的产业升级效应更为显著，而中西部不明显。徐鹏杰（2018）实证分析发现，我国金融结构与产业结构调整长期演进趋于平衡，但无倒“U”形关系，西部促进作用最强并优于东部与中部地区。

一些研究还探讨了转型中我国地方政府行为制度背景下的金融结构与产业结构作用关系。尹林辉等（2015）实证检验发现，我国地方政府干预属地银行信贷行为，削弱了银行中介对产业结构升级的推动作用。陈博等（2016）研究发现我国银行信贷对高新技术产业促进作用不显著，然而通过加大产权保护力度、扶持民营经济发展与信贷资金分配市场化等区域制度环境完善措施，显著提高了信贷资金对产业结构升级的贡献效应。张新民等（2017）认为，地方政府通过出台产业政策加剧了属地上市企业的融资约束与困境，降低了资本配置效率，特别是在金融市场化程度低的地区，民营企业、政治关联性弱的企业中抑制效应尤其显著。徐云松、齐兰（2017）基于 SYS – GMM 动态面板检验结果显示，在财政主导向金融主导经济转轨过程中，我国地方政府具有强烈的攫取金融资源的动力，而其干预属地金融业运行导致金融功能抑制与市场化配置机制扭曲，弱化了产业结构升级效应，负面效应从东部、中部、东北到西部逐次递增，财政收支压力越大的地区负面影响越严重。

3.3 国内外文献评述

3.3.1 总量视角文献评述

总量层面，本书梳理总结了国际金融危机后国内外相关研究成果。

金融危机前，由于新自由主义经济思想与政策思维的盛行与主导，国外主流文献及观点大多认同与金融深化、金融自由化相关的金融化对经济增长的正向作用，数理模型构建与计量检验基本围绕着如何解释金融发展促进经济增长而展开。金融危机后，新自由主义理论基础再次受到质疑与批评，国家决策者、经济学家开始反思过度金融化导致的金融脆弱性，特别是金融体系的顺周期性容易引发系统性风险集聚，使得金融化对经济增长的影响关系受到时间维度、空间维度、门槛阶段等一系列条件的制约而产生了负面冲击与抑制效应。同时，近年来越来越多的国外学者采取了更加审慎的态度针对金融化与经济增长的关系进行了研究。从总体趋势来看，无论是发达国家还是新兴经济体，金融化对经济增长影响并非具有线性、稳定的特征，大多数情况下是非线性的。而金融化一方面为实体经济提供了金融资本，有利于产出增长；另一方面却逐渐改变了实体经济部门的盈利方式，减少了支持经济发展的金融资源，降低了金融效率，不利于产出增长。这些因素的叠加也加剧了金融化问题的复杂性与不确定性。从区域层面来看，由于国外文献集中在跨国数据的实证分析，因此较少涉及一国国内金融化与经济增长关系的空间差异问题。

国内关于金融化与经济增长关系的研究成果在宏观与中观层面都比较充实。宏观层面，金融化与经济增长的促进作用、抑制效应、不确定性成为研究重点。持有促进论观点的学者认为，在我国渐进式改革与转轨进程中，尽管存在一定的金融效率低下问题，然而金融业发展与金融规模的扩大在很大程度上发挥着支持体制内产出、保障转轨进程稳定性的重要作用，因此金融发展仍然对长期经济增长具有显著的正向推动作用。抑制论观点认为，近年来我国金融化最大的表现就是虚拟经济膨胀与实体经济发展脱节，资金“脱实向虚”、在虚拟经济体系内空转现象严重，从整体上使得我国系统性风险集聚，危害了宏观经济稳定与发展。不确定性论点持有者则普遍认同我国也存在金融发展对经济增长的非线性影响特征，而主要依靠规模扩大的粗放型金融模式已经与我国经济发展新常态的客观实际不相适应，这增大了金融化与经济增长关系问题的复杂性与多维度性。在区域层面，近期研究还关注到了区域发展收敛、空间溢出效应以及动态演进过程中阶段性特征等问题。尽管众多前沿学术成果关于我国中观层面的金融发展、经济增长是否具有收敛性质等命题仍存在不同解释与争论，但主流观点基本认同我国金融发展对经济增长影响具有显著的空间非均衡性，这种区域差异不仅体现在正负效应关系，而且也体现在演进过程中的效应程度。

3.3.2　结构视角文献评述

结构层面，本书归纳梳理了近几年国内外较有典型代表意义的文献资料。

国外学者基于传统“二分法”的比较金融系统研究，首先从银行中介、资本市场分别与产业结构关系角度丰富了该领域学术成果。银行促进论的观点认为金融中介通过不断提高市场竞争度、丰富机构层次性，在融资支持、信息处理等方面具有了明显改善，推动了产业结构升级。而持有银行抑制论的学者则普遍认同信贷周期通过金融加速器机制对实体经济周期的冲击，一方面加剧了系统性风险，另一方面导致金融资源在生产部门配置失效，产能过剩挤占了新兴产业的大量信贷资源。市场促进论观点则基于直接融资在产权安排、信息披露、价格发现、监督治理、激励机制等方面的功能优势予以进一步阐释与验证，并特别强调其对创新型中小企业支持的高效机制；相反，一部分观点承认在特定的环境下资本市场机制扭曲会影响金融资源的流动与配置，制约了生产部门的正常融资活动，特别是由于金融消费者或投资者认知缺失、有限理性等因素造成的行为偏差与经济决策，不利于产业部门结构优化与实体经济稳健运行。其次危机后国外学者开始思考金融结构与产业结构演进的动态适应性问题。尽管不少学者认同一国产业结构由其要素禀赋结构决定，而产业结构演进则决定了最优金融结构，这意味着最优金融结构应该是银行中介与资本市场协调有序、共同演进的格局。然而即使在金融危机后，国外主流观点仍然强调并坚持由银行主导最终向市场主导金融体系过渡的必要性。

国内前沿文献资料不仅分析了银行间接融资、市场直接融资分别对产业结构的影响关系，金融结构与产业结构升级动态演进过程，还深入中观层面探究金融结构与产业结构的作用机制及空间差异问题。首先，基于“二分法”的金融结构视角，持有银行促进论观点的学者普遍认同我国作为一个发展中大国与转型经济体，银行体系仍然在推动产业结构升级方面发挥着重要作用，特别是近年来地方中小银行、民营银行的设立，丰富了金融机构体系层次性，有利于中小企业、民营企业获得资金支持。抑制论观点则将主要原因归结为我国长期存在的金融抑制，政府干预背景下的信贷渠道资源错配与市场化机制扭曲，弱化了产业结构升级的正面作用。市场促进论观点不仅肯定股票市场直接融资的资金支持、创新激励、规避风险、存量优化等方面的功能，同时更加注重分析场外市场对服务于大量创新型、高科技型中小企业的重要作用，反映了我国加快构建多层次资本市场的战略导向。市场抑制论观点则认为我国多层次资本市场建设具有一定的滞后性，在一些领域未能发挥出基本功能，或者存在着一定的功能扭曲，抑制了产业结构升级的正向效应。其次，国内学者在研究金融结构与产业结构演进问题时，较多考虑由于我国经济发展的阶段性与制度变迁的路径依赖，金融结构既是动态变化又是具有一定稳定性乃至时滞性的复杂过程。其中，从新结构经济学的角度来探讨最优金融结构、合理金融结构区间等命题成为近年来学术界的热潮。最后，国内大量研究深入中观层面分析金融结构与产业结构的作用关系与区域差异，这也是国外文献较少涉及的领域。一方面，学者普遍认同在时间与空间维度上我国经济区域之间都存在巨大的不平衡性，而关于区域经济发展收敛的探讨仍存在较大分歧。另一方面，一些文献资料将中观层面金融结构与产业结构的关系研究置于转型中的地方政府行为框架中进行，试图探寻并解释空间差异性的制度根源。

3.3.3　小结

综上所述，本书从“总量—结构”视角整理出金融化与产业发展关系的学术成果，国内外学者在作用机制、影响关系、演进过程与最优模式等方面展开了广泛而深入的研究。国内学者也在借鉴国外理论与文献的基础上，对体制转轨与经济新常态时期我国区域层面金融化对产业发展影响问题进行了尝试性探索。

总体上，金融危机前的研究范式主要基于新古典经济学框架，主流经济学对于经济周期与波动研究主要关注点在于实务因素，金融因素由于社会层面未产生重大影响而关注较少，如在经济金融化演进过程中金融体系扩张逐渐脱离了实体经济而独立运行，即金融运行规律的确存在一些不同于实体经济的特殊性等。虽然危机后相关文献丰富而多样，但是国内外文献成果普遍认同并肯定了金融部门因素的重要影响，试图重建涵盖内生性金融因素的宏观经济理论，众多经济学家为此积极投身于将金融因素植入主流宏观经济模型的开发。并且无论是发达国家还是发展中国家，金融与经济之间的关系均呈现出一种动态、非线性、复杂性的特征，并得到了广泛的检验与论证。

然而，相关研究还存在不足与缺陷：

首先，国外文献成果主要以发达经济体为分析对象，关注微观机制下的金融与产业发展关系，而发达经济体产业结构升级基本上遵循一个较为完善的市场经济体制下自然演化过程，相应的金融体系大多为资本市场主导型，因此很多情况下将金融化与产业发展的关系研究置于金融与经济研究的框架体系中，更倾向于从模型构架与实证分析的角度来解释贡献效应；即使一些前沿文献成果论及转轨经济体，其关注点也体现在阐述金融压抑问题，未能有所创新与突破。

其次，国外的文献成果在考察总量、结构层面金融与产业关系问题的同时，几乎一边倒地认为资本市场主导的金融体系不仅是静态层面上的最优金融模式，而且也是金融化动态演进的趋向与高级形态，进而对银行主导的金融体系存在的劣势与弊端予以严厉批判。可以说，这类观点在很大程度上是在一个“制度真空”中进行的，并未考虑各个国家的制度禀赋，特别是中国这样一个转轨与转型经济体的客观发展实情。

再次，国内关于产业结构升级中金融的先导与核心作用研究，与我国金融主导逐渐取代财政主导的经济转型有密切关系，相对于国外而言，理论分析与实践探索起步时间晚。宏观层面的比较金融系统研究中，总量与结构机制下学术成果较为丰富，但深入到区域中观层面，当探究导致不同区域金融化影响产业发展巨大不平衡性的根源时，相关文献零碎而分散，未成体系。实际上，金融体系本质上作为一种制度安排，从来都不是孤立运转的，而是普遍地与一组更加广泛的制度变量相关联。在我国这样一个幅员辽阔、民族多样、文化多元的大国中，区域之间的差距在很大程度上大于国别的发展差异，金融化与产业发展关系研究不仅要考虑地方政府行为的制约，而且还应将法律制度体系、社会文化环境等因素纳入系统分析框架。

最后，基于最优金融结构理论研究尚未被全面、系统地探讨，相关实证检验证据屈指可数。根据最优金融结构基本理论，尚不存在最优金融结构适用于所有国家或地区，以及适用于一个国家或地区经济发展的不同阶段。但是，从动态演进的角度来看，随着一国经济发展水平的不断提升，实体经济对银行中介需求敏感性会降低，对资本市场需求敏感性将上升。但这并不意味着如同国外多数学者观点一样，就此断定最终将趋向资本市场为主导的单一金融体系。能否推断随着经济发展阶段的跃升，国民财富不断积累、金融体系将趋于直接融资主导，仍是一个需要深入证明与阐释的重大课题，也是实证研究面临的巨大挑战。

国内外学术前沿的争论仍然在持续，但现有文献已经证明：脱离实体经济的金融化演进与变迁最终不仅难以为经济社会带来总福利水平的提高，而且会给一国或地区经济发展带来长期、巨大的负向冲击。并且当我们在反思金融危机中盲目追求金融效率性而忽略稳定性问题时，对银行主导与市场主导两种不同的金融结构应该持以更为客观、审慎的态度。与其说存在一个动态最优的金融结构，不如探寻一个动态合理的金融化路径与区间，而对其合理性的评判就是以服务实体经济为基准，形成与经济结构调整、产业结构升级保持相对动态平衡，银行中介与资本市场有序协调、均衡发展，兼顾效率与稳定的现代金融体系。

同时，我国区域中观层面的金融化与产业发展之间影响的内在机制是什么、具有什么属性特征、贡献效应到底有何差异表现、影响关系受到哪些制度因素的制约、如何探索与区域产业发展相适应的动态合理金融化路径等，尚未被全面、系统地解析，相应的实证检验亦是凤毛麟角。因此，本书基于“总量—结构”视角的金融化与产业发展论题的探讨，弥补了上述文献资料的不足与缺陷，拓展了相关研究视野，丰富了该领域学术成果。

第 4 章　理论分析

4.1　经济金融化对区域产业发展影响的理论回顾

主流经典理论中并无直接的经济金融化对区域产业发展影响关系的系统论述，而按照总量与结构视角进行划分，无论是金融化还是产业发展都内含着总量的扩张与结构的调整。因此，总量视角下的理论回顾主要涉及金融发展经典理论，并探讨金融发展与经济增长的关系，包括金融深化理论、金融约束理论与金融功能理论。结构视角下的理论回顾则集中在金融体系（金融系统）的组成部分及构成关系方面，涉及金融结构理论、比较金融系统理论、法与金融理论。

4.1.1　总量视角理论回顾

4.1.1.1　金融深化理论

20 世纪 70 年代，拉美国家经济奇迹与“亚洲四小龙”经济腾飞促使一大批经济学家致力于从政治、经济、社会、文化等多维度探索发展中国家的经济增长逻辑。在金融发展与经济增长研究视域中，1973 年美国著名经济学家 McKinnon 出版的《经济发展中的货币与资本》及 Shaw 的专著《经济发展中的金融深化》，针对发展中国家金融抑制问题进行了创新性分析，并提出了著名的金融深化理论。

McKinnon 和 Shaw 认为，大多数发展中国家存在较严重的金融抑制现象，即具有强大控制力与决策力的政府部门对金融体系的过度行政控制与干预，强行规定低于市场均衡水平的利率与汇率资金价格，甚至为了服务于国家的工业化发展目标实行负的实际利率，扭曲了市场化的定价机制与传导机制。一方面造成金融资源供不应求，政府被迫实施信贷配给政策，其结果必然是资金粗放式使用，金融效率低下；同时外汇管制下的黑市交易活跃，加上普遍施行的进口替代战略，容易造成国内重工业与轻工业发展失衡。另一方面资金价格扭曲降低了货币持有者的实际收益，阻碍了新增收入向储蓄转化，导致储蓄投资缺口不断扩大，经济呆滞不前；而经济停滞反过来制约了金融发展与创新，迫使政府当局实施更为严苛的金融垄断与管制政策，形成了金融与经济的恶性循环。基于此，McKinnon 和 Shaw 提出了旨在解决金融抑制的金融深化理论，其主要思想是放松对金融体系的束缚、打破金融垄断格局，推动金融自由化，从而使市场供求机制发挥对利率与汇率水平的决定作用；放弃通过通货膨胀刺激产业发展的模式，营造良好的金融制度环境。金融深化使得金融发展与经济增长之间表现出良性的互动关系，健全的金融体系可以有效动员储蓄，合理引导资金流向高效率、创新性生产部门，推动产业发展；而经济发展带动国民收入不断增加，进而要求更高层次的金融服务，反过来刺激金融业发展。

McKinnon 和 Shaw 的金融深化理论第一次全面系统地论述了金融发展与经济增长的辩证关系，特别是深刻揭示了发展中国家经济落后的货币金融因素，其相关政策建议对于发展中国家推动金融改革、完善金融体系具有重要的理论意义。然而在现实中，仅有少数国家运用金融深化理论指导本国金融发展实践，且该理论的应用过于强调金融自由化，忽略了政府对金融体系运行中市场失败的监控能力与修复效力，忽视了政府完善制度设计以强化市场机制的重要功能，而面对屡次发生的金融危机，世界各国还没有任何取代政府功能的纯粹市场机制解决方案。为此，众多经济学家在此基础上提出各自的观点，丰富与完善了金融深化理论体系。支持观点集中在两个方面：一是 20 世纪 70 年代后半期到 80 年代中期，Kapur（1976，

1983）、Galbis（1977）、Fry（1978）、Mathieson（1980）等基于 McKinnon - Shaw 框架构建了规范正式的宏观经济模型进行动态实证分析，进一步肯定了金融深化的研究结论。二是 20 世纪 80 年代末到 90 年代中期，Lucas（1987）、Levine（1991）、Bencivenga（1995）等将信息不对称、不确定性因素纳入金融发展模型，对金融体系的形成进行了规范性阐释。相反，一些经济学家通过总结 McKinnon - Shaw 理论框架在发展中国家实践失败的教训，提出了修正意见，代表性观点有 Taylor 和 Wifinbergen（1983）的新结构主义学派理论以及 Tenenbaum（1999）的金融危机理论。

4.1.1.2　金融约束理论

20 世纪 90 年代后，新凯恩斯主义经济学家开始强调政府干预的作用，在此背景下一些学者开始运用信息经济学的分析方法重新思考金融自由化在发展中国家实践失败的根源。其中的代表性人物 Hellmann、Murdock 和 Stiglitz 在 1996 年出版的《金融约束：一个新的分析框架》中，从不完全信息市场的角度系统阐述了金融约束思想，重新审视了金融自由化与加强政府干预的关系问题。

Hellmann、Murdock 和 Stiglitz 指出，金融深化对经济增长的作用是不确定的，利率的市场化并不是万能的，存在着信息不对称下的道德风险，在多数情况下并不能实现供求自动均衡，金融资源配置难以达到帕累托最优。在此基础上，三位经济学家一致认为，政府应该通过金融约束实施选择性金融干预政策，为金融部门、生产部门创造超过竞争性市场所能产生收益的租金机会。租金是金融约束理论的核心，但不同于金融抑制的是：金融抑制强调政府从民间部门攫取租金而产生的负面效应；金融约束则不是提供直接补贴，而是由政府通过实施金融政策为生产部门创造租金，不仅提高了企业的资本实力、鼓励了企业投资行为，而且也为金融部门提供了更多激励，有利于金融体系改善金融服务，提高运营效率与风险管理能力。因此，金融约束被认为是介于金融抑制与金融自由化之间的一种过渡性理论及政策安排。

具体而言，金融约束的政策主张表现在三个方面：一是政府控制存贷款利率。政府在确保正的实际存款利率的基础上，维持存款利率低于市场利率水平，创造出特许权价值的租金机会以降低金融机构经营成本。只要干预力度适当，金融约束就能促进金融深化，从而有利于经济增长。二是市场准入限制政策。限制竞争与严格的市场准入控制旨在提高金融体系稳定性，对整个经济社会具有重要的外部性。当然，这并不意味着走向阻止所有机构进入的极端，而是避免新进入机构对市场先进入者的租金挤压，进而造成无效竞争的运营低效与社会资源浪费。三是资产替代性限制政策。由于发展中国家金融体系不健全，特别是金融市场不规范，难以高效发挥资源配置作用，因此，政府应该限制居民将存款从正式金融部门向证券、国外金融市场、非银行部门转化，防止银行部门特许权价值损失、资金使用效率低下、国内资本短缺等问题发生，以便为发展中国家金融体系健康发展创造条件，从而促进本国经济增长。金融约束理论的传导机制如图 4－1 所示。

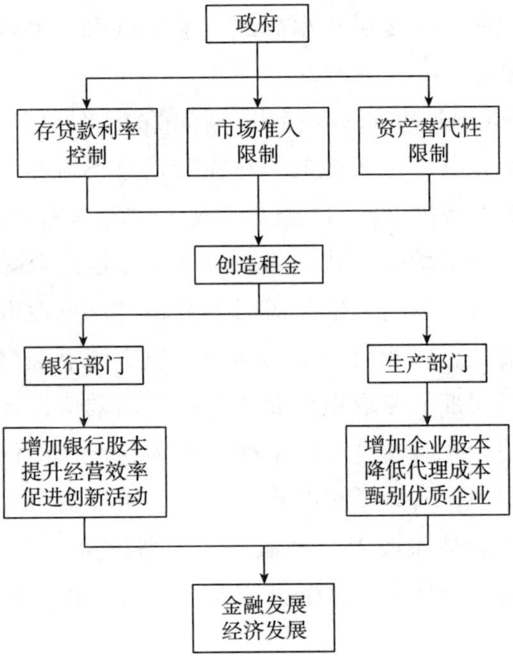

图 4－1　金融约束理论传导机制

4.1.1.3　金融功能理论

传统的金融理论将金融体系的改革发展置于金融机构、金融组织既定不变的分析框架中，根据已有的金融结构赋予相应功能，认为结构的调整才会引起功能的变化，而功能实现的效果则由其行为绩效所决定，这也被概括为“机构观点”。20 世纪 90 年代早期，美国经济学家 Merton 和 Bodie 指出了机构观点的片面性，并运用功能观点来分析全球金融改革的趋势性变迁，他们在 1995 年出版的《全球金融体系：功能观点》中系统阐述了金融功能理论。Merton 和 Bodie 的金融功能理论建立在两个基本前提之下：一是在时间和空间上金融功能相对金融机构变动更小，表现更稳定；二是金融机构功能比金融体系组织结构更重要，金融创新及金融结构演变依赖于金融功能的有效发挥。基于以上思路，他们将金融体系的功能概括为六个方面：一是便利支付与清算功能，以促成商品、服务和资产交易；二是资源聚集与配置功能，即金融体系聚集企业、居民部门的闲散资金，配置给有资金需求的市场主体；三是资源转移功能，即金融系统跨时间、跨区域、跨行业调动资金，提高资金利用效率；四是分散与管理风险功能，即金融体系能够降低企业、居民、行业及国家的有关风险；五是揭示信息功能，即金融体系运行中产生的资金价格反映了宏观经济发展、政府政策意图、企业经营状况等重要信息；六是激励约束功能，即金融发展与创新有利于解决逆向选择、道德风险与公司内部的委托代理问题。

20 世纪 90 年代末，国内学者白钦先在系统总结其二十多年深入研究的基础上，从金融资源角度创新性地提出了金融可持续发展理论，对金融功能进行了重新界定，丰富了金融功能理论内涵。他将金融体系概括为基础性核心金融资源（货币资金）、实体性中间金融资源（金融工具、金融组织、金融人才、金融意识）与整体功能性高层金融资源（金融制度、金融政策）三个紧密关联的资源。进一步地，他把金融功能重新划分并界定为四个具有递进关系的层次：一是基础功能，即金融服务与金融中介功能；二是核心功能，即资源配置功能；三是扩展功能，即风险分散、经济调节功能；四是衍生功能，即信息披露、风险管理、公司治理、消费引导、区域协调、财富再分配等功能。因此，一国或地区金融发展并不仅仅表现在金融结构的变迁上，更反映出金融功能层层递进式不断提升、拓展的演进过程是量变与质变的辩证统一。

金融功能理论超越了纷繁复杂的金融表象与具体的金融结构，将金融中介与金融市场统一成在功能上相互促进、彼此加强的金融系统，从总体层面上为研究金融发展的深层次本质问题提供了独特视角，尤其是对于转轨经济体为实施产业发展战略、实现经济转型目标而构建合理高效的金融体系具有重要指导意义。

4.1.2 结构视角理论回顾

4.1.2.1 金融结构理论

1969 年，美国著名经济学家 Goldsmith 在其专著《金融结构与金融发展》中，通过对 35 个国家长达百余年的金融演进状况进行全面的比较研究，系统论述了金融结构的内涵、特点、性质、构成、演化及测度等问题，创立了经典的金融结构理论，开创了“结构观”视角分析金融现象的先河。

Goldsmith 将金融结构定义为一国或地区现存的金融机构与金融工具之和，包括其相对规模、构成形式、经营方式与特征，以及金融机构各分支机构的集中程度。由于金融结构组成部分的多样性，从数量关系上就不能只用单一指标衡量，而是应有一整套指标体系，为此 Goldsmith 针对性地提出了八个度量指标：金融相关率（FIR）、各组成部分中金融资产分布、各类主要金融机构相对规模、金融机构与非金融部门的金融工具发行额比率、所有金融中介机构及其中各类主要金融机构在非金融部门发行主要金融工具的未清偿总额中占比、金融机构之间往来资产总额在金融机构汇总资产总额中占比、主要非金融部门内部融资与外部融资相对规模、各类金融工具在外部融资中占比。其中金融相关率可以大致反映一国或地区金融发展的水平，并且在一国或地区产业升级与经济发展过程中，金融资产增速通常快于生产部门增速，即金融相关率在一段时间保持上升趋势，这表明金融结构并非一成不变的，而是随着时间推移不断演进的。

Goldsmith 的金融结构理论从方法论到内容形式都对金融理论产生了深

远的影响。特别是他创新性地从结构观视角论证了金融与经济的互动关联，指出经济结构决定金融结构，金融结构对经济结构有重要影响的逻辑关系与量化关系。同时随着金融结构由简单到复杂的变化，经济结构由低层次向高层次跃进，确保其合理运行的完善的市场经济机制就显得至关重要。这也为金融结构与产业结构问题研究奠定了理论基础。

4.1.2.2 比较金融系统理论

20世纪90年代末期，美国经济学家Allen和Gale在其著作《比较金融系统》中，基于经典的"两分法"明确将金融系统划分为"银行中介主导型"与"金融市场主导型"两种结构，拓展与完善了传统的金融研究范式，深化了人们对现代金融体系中银行与市场关系的认识，由此形成的比较金融系统理论将金融问题研究提升到了一个崭新的高度，成为继Goldsmith的理论之后最具影响力的金融结构理论。

Allen和Gale的比较金融系统通过深入探讨以德国、日本为代表的"银行主导型"金融结构与以美国、英国为代表的"市场主导型"金融结构差异化特征和比较优势，从而为研究最优金融系统构成因素提供了很好的切入点，为一国或地区努力趋向最优金融结构提供了理论支撑。他们的主要结论可以归纳为五个方面：一是银行主导与市场主导这两种金融系统之间并不存在一种体系完全优于另一种体系的绝对化关系，各自都具有比较优势；二是银行中介相对于金融市场而言，在跨期平滑与分担风险的功能方面具有明显的比较优势；三是金融市场相对于银行中介而言，在市场信息传递、扩散与披露，以及推动企业技术创新、实体产业升级方面具有显著的比较优势；四是银行中介存在的一个客观必要性是对金融市场参与成本相对更高的一种补充；五是金融危机具有两面性，硬性消除金融危机将会带来危害，而银行中介在应对金融危机的泡沫时能发挥关键性作用。

事实上，在Allen和Gale的比较金融系统理论中，已经清晰地展现出了研究金融结构与产业结构关系的重要思路，即通过分别比较银行中介、金融市场在推动产业结构升级方面的优势作用，为一国或地区（特别是发展中国家）加快产业升级、促进结构转型，从而构建合理化的金融支持体系提供基本的政策制定与选择依据。此后，众多经济学家进一步深入剖析了比较金融系统的属性、特征与功能差异，构建静态与动态数理模型详细论证了银行中介与金融市场主导的金融结构在效率性、稳定性方面的优劣，具有重要的理论与现实意义。

4.1.2.3 法与金融理论

世界上一些发展中国家与转轨经济体的金融自由化改革的坎坷历程使得不少经济学家将研究视角从金融发展与经济增长的相关关系转向了金融的制度基础问题。其中美国哈佛大学、芝加哥大学四位经济学家 La Porta、Lopez - de - Silanes、Shleifer 和 Vishny（以下简称 LLSV）于 1998 年合作发表了《法律与金融》，这篇著名的学术成果第一次系统论述了法律对金融发展及经济增长的影响，形成了从法律起源的角度研究各国金融发展水平、金融结构差异的基本思想，创立了颇具影响力的法与金融理论。

LLSV 通过比较分析考察了全球 49 个国家的法律制度与金融发展情况，他们按照法律起源将各国的商法与公司法划分为四种类型，即普通法系、法国大陆法系、德国大陆法系、斯堪的纳维亚大陆法系。其中，普通法系国家以英国为代表，还包括加拿大、美国、澳大利亚、新西兰、巴基斯坦、印度、孟加拉国、马来西亚、新加坡以及非洲个别国家或地区；法国大陆法系国家以法国为代表，还包括西班牙、葡萄牙、意大利、波兰等国家；德国大陆法系国家以德国为代表，还包括瑞士、奥地利、匈牙利、南斯拉夫、希腊、捷克斯洛伐克等国家；斯堪的纳维亚大陆法系国家包括挪威、丹麦、芬兰和瑞典。进一步地，LLSV 建立了一整套可用于国际比较的法律制度量化指标，主要是反映债权人权利、股东权利与执法效率。分析结果表明，在保护投资者利益免受内部人剥夺方面，普通法系国家对于债权人与股东提供了最高效的法律保护，德国大陆法系国家与斯堪的纳维亚大陆法系国家保护效果居中，法国大陆法系国家保护效果最差。由于普通法系国家中的债权人与股东权利得到了较好的保护，其资本市场更发达，直接融资规模在融资规模中占比更高，因此形成了市场主导型的金融结构，最具典型意义的就是英国与美国。同时，即使考虑了不同经济发展的阶段性因素，法国大陆法系国家在投资者保护与资本市场发达程度方面还是要比普通法系的国家和地区落后。

金融发展理论至今历经了三次重大的飞跃。第一代金融发展理论以 McKinnon 和 Shaw 的金融深化理论为代表。第二代金融发展理论以将金融体系纳入内生增长模型从而实现了实证研究突破的内生金融发展理论为代表。法与金融理论同时标志着第三代金融发展理论正式出现，开创了制度与金融理论分析的先河，拓展了金融发展理论的研究范畴。LLSV 的理论不仅从总体层面论述了不同法律体系的投资者保护程度差异造成的金融发展水平差异，更重要的是解释了由此导致的各国金融结构差异。此后，众多经济学家致力于追溯并探讨影响金融化（金融发展、金融结构）的因素与机制，从而涌现出了政治与金融、文化与金融、社会与金融、科技与金融等崭新的交叉研究视角，在解释一国或地区金融体系的成因方面，积累了丰富的文献成果。

4.2　经济金融化对区域产业发展影响的理论内涵

4.2.1　经济金融化、产业发展必须遵循现代经济运行的内在规律

现实世界的金融现象与经济行为建立在一定的理论体系与规律基础上，上文已用大量篇幅论证了从“总量—结构”视角深入剖析经济金融化、产业发展理论内涵的重要性；通过阐释数量层面规模扩张与质量层面结构优化基本规律的辩证统一，树立了全局与局部考察相结合、整体与部分分析相结合的基本逻辑，在此基础上阐述了经济金融化、产业发展的概念，评述了前沿研究文献、回顾了经典研究成果。进一步地从本质上看，金融化发展与演变、产业发展与演变还反映了金融基本属性与产业基本属性的表象化，并且金融与产业（企业）都是宏观经济系统的内生组成部门，这决

定了其产生、存在与演化都必须遵循现代经济运行的内在规律。

4.2.1.1 现代经济运行中金融、产业的基本属性

(1) 金融的基本属性。金融作为现代经济的核心，具备一般经济系统的特征，如共相性、差异性、链接性等；同时金融又是以货币和信用为载体的价值运动范畴，以货币为核心基本要素的金融因此具有了异于其他经济子系统的性质，集中表现在以下五个方面：

一是虚拟性。金融的虚拟性是指金融发展与演进具有脱离实体经济而呈现自我实现、自我循环、自我运行的属性。特别是世界经济一体化与金融全球化背景下的经济金融化使得这一特征加速显现与演化。理论上，该属性的形成原因在于统一于商品中的价值与使用价值存在着矛盾冲突。价值具有一般性、增值性与抽象性，而使用价值具有特殊性、消耗性与现实性。价值的实体是人类抽象劳动的凝结，这种人类的一般劳动看不见摸不着，而其所依附的商品使用价值千差万别，是具有异质性的，需要特殊商品在交易中表现出来，因此产生了以货币为核心及其他非货币类金融工具等价值表现形式及代表。这些表现形式具有相对统一的外在形式，在很大程度上符合价值一般性与增值性特征，因此货币及非货币金融工具规模不断扩大，内部联系层次与种类日益复杂。但是，由于这些价值表现形式本身还是具体商品，价值的内在本质属性要求这些形态进一步演化，如从商品货币、金属货币、纸币到数字货币，货币形态不断信用化、符号化乃至数字化，在便利交易、承载价值流通能力大幅提升的同时，自我实现、自我流动更为迅速，从而具有了愈发突出的脱离具体使用价值自我循环的驱动力，在现实经济运行中就表现为金融日益脱离实体经济而虚拟化了。

二是渗透性。金融具有超乎一般的强大渗透性，表现为金融一经产生就具有对经济社会生活一切领域、一切方面、一切过程的主导与控制特征。货币作为金融诞生的标志，货币形态与运动构成了金融的核心内容；同时，货币作为商品价值载体的一般等价物，成为与整个商品体系相对立的抽象形式。货币在很大程度上对其他商品的主导与控制作用就体现在只有顺利转化为与其价值对等货币的商品才有存在的意义，这决定了凝结于商品中的人类劳动能否实现及实现的程度。现代经济运行中货币及非货币金融工

具构成了金融业的物质内容，并通过金融业的发展强化了其主导与控制作用，主要表现在币值支配、利率支配、汇率支配、资金支配、金融资产支配及信息支配等方面，并在一定程度上诱致政治、经济、社会关系的日益金融关系化。随着经济发展与结构优化升级，金融业不断拓展其影响的广度与深度，从宏观到微观，从国内到国外，逐渐成为一国或地区经济体系的枢纽，跃升成为世界经济运行的中介调节者。正是金融内在的渗透属性，使现代金融业对于一国而言成为了一个先导性产业。

三是基础性。金融的基础性是指金融业运行关系到其他经济子系统正常运行的状态。首先，经济运行的本质是价值运动，经济活动的效率就取决于货币为载体的价值运动的效率，即最终取决于金融系统的效率。而金融效率又体现在金融功能的核心载体——金融业高效运行，这在一定程度上决定了价值运动过程的顺利完成与实现质量。其次，任何产业要实现再生产的首要问题就是资金，即生产中要有金融资本投入，同时高度依赖于金融业的支付清算、资源配置、风险管理、产权安排、信息披露等功能。金融业发挥着类似于关系整个经济系统运行的基础设施作用。最后，金融业不同于一般的劳动密集型、资本密集型、技术密集型与知识密集型产业，是一种特殊的“契约密集型产业”。在金融交易与产品生产活动中，金融业涉及并客观要求远比其他产业更为复杂与密集的契约安排，在市场交易中更容易暴露出道德风险与信息不对称等问题；同时缺乏维护契约执行的良好环境将会增大交易成本，甚至集聚并放大系统性金融风险，从而法治环境、信用体系等金融基础设施的全部功能，就是为了确保契约的顺畅实施。正因为如此，金融业不仅具有比一般意义上的基础设施产业更为基础的特性，而且其自身基础设施的完善程度还关系着金融业基础性作用的发挥。

四是脆弱性。金融的脆弱性是由金融业特殊产业的本质所决定的。金融业兼具价值流通媒介与产值创造的双重本质职能，决定了其产业资本结构由货币资本与生产资本构成，但以货币资本为最主要、最经常的构成。金融业中货币资本成为现实的生产要素并实现价值增值，这些现实的生产要素决定了其提供产品与服务有别于普通产业，即金融产品具有脱离实体经济独立运行的虚拟性。从货币类金融产品到非货币类金融产品，再到衍生类金融产品，随着虚拟性不断增强，“脱实向虚”的内在驱动不断增强。进一步地，这些金融产品的价值对应收入资本化，是拟实地通过未来收入贴现计算得出。金融产品的虚拟性使其更易受到外部因素的影响，特别是受到预期、投机等不确定性、高动态性等心理与行为因素的影响，导致金融价格波动更为迅猛，变动更为频繁，金融业的风险性远大于一般产业。再有，现代金融是信用关系制度化后的产物，现代市场经济的本质就是一种信用经济，发达的市场经济将所有经济部门纳入市场框架中，使各经济子系统都无法摆脱债权债务的关系。现代经济运行就置于一个巨大的信用网络体系中，经济发展层次越高，债权债务关系越紧密。历次金融危机最终都与债权债务问题相关，都是现代经济运行中的债务危机。因此，现实中的金融机构资本结构乃至整个金融体系，就具有高负债或者高杠杆运行的基本属性。例如，《巴塞尔协议Ⅲ》中核心资本充足率与总资本充足率要求分别为6%与8%，而实体企业总资本中的自有资本占比国际警戒线为50%。金融机构高负债经营的特点使其容易遭受挤兑影响并具有传染性与扩散性，导致系统性金融风险集聚。金融产品的高度流动性、金融信号的高速扩散性、金融系统的复杂层次性以及金融风险的巨大破坏性，使得金融业极具脆弱性。

五是战略性。现代金融业是资金集中与分散的结合部，是宏观经济与微观经济、间接管理与直接管理的最佳转换部，是国民经济的神经中枢与社会经济的调节机构，关乎社会生产的正常运转，更关系着国家利益与国家安全。社会再生产与再分配不仅涉及物质的再生产与再分配，也是价值的再生产与再分配，而物质与价值的再生产、再分配既对立又统一。在经济一体化、金融全球化、经济金融化推动下，社会再生产已不仅是限制在各个国家内部的国别再生产，而是国际性的社会再生产。因此，金融业的稳健运行与功能发挥，不仅关系到自身发展水平，关系到一国或地区的产业升级、经济增长，关系到大国崛起与民族复兴，其强大的外溢效应更影响着其他国家乃至整个世界经济的繁荣与衰退。金融业是金融资源的主要载体，而金融资源作为一国的战略性资源，伴随着金融业的向外扩张而跨出国界在全球范围内进行优化配置，金融安全已上升为关系国家安全的重大战略性问题；并且金融安全已不是一个通过技术指标就能衡量的简单问题，那些围绕着技术层面构建金融安全战略的国家已深受金融危机的巨大冲击。金融安全的核心是在货币资金融通安全的本质基础上，涉及维护经济秩序、防范危机风险、确保主权独立、保障国家利益等一切战略性安排，这充分体现了金融业在经济与社会，科学与技术，国内与国外，过去、现在与未来的战略性地位。

（2）产业的基本属性。产业作为生产同类或有密切替代关系产品、服务的企业集合，以及介于宏观经济与微观经济之间的中观经济，除了具有价值性、演化性与动态性等特征外，还具备以下五个方面的重要属性，这决定了产业发展需遵循的基本规律。

一是多样性。产业的多样性是指产业分类与边界的多样特征。产业分类源于研究与分析的不同目的，一般包括三次产业分类法、生产要素分类法、关联方式分类法、国际标准分类法、国家标准分类法、两大部类分类法、农轻重产业分类法等。三次产业分类法通过经济活动与自然界关系标准将全部经济活动划分为三大类，即直接从自然界获取产品的物质生产部门为第一产业，将加工取自自然界产品的物质生产部门定义为第二产业，而将第一、第二产业物质生产活动中衍生出来的非物质生产部门划分为第三产业。生产要素分类法就是按照劳动、资本、知识等生产要素相对比重及依赖程度标准，将全部生产部门划分为劳动密集型、资本密集型、知识密集型产业，反映一国产业结构的高度化趋势。关联方式分类法是将具有某种相同或类似关联方式的企业经济活动组成一个集合的分类方法，如按照技术关联、原料关联、战略关联、用途关联等方式的划分方法。国际标准分类法是以联合国 1971 年编制与颁布的产业分类索引为划分标准。国家标准分类法则是一国或地区政府通过统一该国（或地区）产业经济研究的分析口径而制定符合本国（或地区）实情的划分标准。两大部类分类法是按照马克思剖析社会再生产过程而划分为生产资料的生产部门与消费资料的生产部门。农轻重产业分类法主要来源于苏联，将经济活动中的物质生产部门划分为农业、轻工业、重工业，不涵盖非物质生产部门。当然，在一般分类法之外，还有一些其他分类方法，如霍夫曼分类法、钱纳里—泰勒分类法、产业发展阶段分类法等，充分反映了产业边界确定的多样性。

二是层次性。产业可以理解为受其内部特征与外部环境影响的技术、组织形式动态演化的过程，因此具有了宏观、中观与微观的层次性。在微观层面，产业的演化形式是基于企业创新的产生生产组织形态发展。企业创新行为使得企业间竞争优势发生根本变化，提高了产业集中度，构筑了鲜明的产业壁垒。尤其在全球化背景下，不同企业相互联合而具有跨国化、集团化的趋势，一方面平衡了激励和资产专用型问题，节约了产业交易成本与耦合成本；另一方面增强了创新企业对产业发展的主导权，使得那些大企业集团在产业发展乃至全球产业链中始终处于主体与引领地位。在中观层面，产业的演化形式是基于技术范式和组织变迁的产业结构发展。由于产业在创新过程中对先进科技的不断导入与积累，产业技术结构和产业组织始终处于变动调整中，这使得产业演进通过产业技术结构、产业市场结构、产业组织结构的变革而表现出来。产业在空间上不断转移、集聚或者扩散，在时间上经历了新生、成长、成熟再到衰退与消亡，时空演化最终都反映在结构层面。在宏观层面，产业的演化形式是基于产业革命的主导产业群周期发展。产业的演化并不是一个封闭的系统，而是一个与外界环境不断交换的开放系统，以确保产业内产生的价值熵不会消亡。因此，制度环境、科技水平、市场成熟度、需求结构等宏观条件都会深刻影响产业结构与产业组织演进。

三是周期性。产业周期性是指产业的动态演化路径具有长周期的特性。先有产业长周期随后才出现经济长周期，而长周期是理解产业质变的关键。各种长周期理论普遍认同技术变迁是周期性的解释原因，而技术内生性源于价值发展，即人类社会进步体现为包括量的维度价值增长与质的维度价值发展的价值进步。进一步地，人类社会进步的根本动力，即价值发展所体现的技术不断创新塑造技术进步表现形态的演化过程，是因为人类需要的阶段性与序列性，无论是马克思的物质需要决定论，还是马斯洛的人类需要序列论，都强调需要的重要性，这也是许多社会科学研究将人的需要作为对象的原因。每一个阶段、每一个序列需要都不是无限的，而是随着人们效用程度的变化而转变的；同时，在经济发展的每一个阶段，都有相应序列的需要成为主导需要，进而使得技术进步在价值发展这一原动力推动下呈现阶段性特征。当然，单个技术进步并不一定引起整体经济发展，只有当新技术的出现诱致相关技术产生，改造其他现存产业，派生更多技术创新，形成了阶段性、相互更替的主导产业群，最终才会促使产业发展以及整个经济呈现长周期式的发展路径形态。自人类社会进入近代以来，已历经了从机械化时代、蒸汽化时代、电气化时代、自动化时代到以人工智能、清洁能源、生物纳米技术为主导的第五次长周期，就体现了产业发展的阶段性与周期性。

四是集聚性。产业集聚性是指某一产业在地理层面上集中的趋势，由于区域之间生产要素价格差异，当要素能够在各个区域之间自由流动时，产业集聚就会凸显。它体现的是产业空间分布状态及运动机制，即产业内部或者产业之间相互作用、相互关联的过程；上述提及单个产业技术进步并不一定引起整体经济发展，产业具有集聚属性是经济活动空间表征的客观反映，但这并不等同于产业集群的结果。通过总结相关理论发现，产业集聚有重要的决定性因素或促进性因素：地理区位因素对于传统产业发展有重要影响；历史因素表明集聚发生并非偶然性或无序性的，而是与地域习俗、人文环境、产业氛围、现代经济观念等相关；政策因素是指政府的宏观调控与产业政策会对区域产业结构有明显影响；资源因素是集聚的物质基础，包括森林、矿山等自然资源，人力资本、融资网络、信用体系等社会资源；技术因素是指新兴产业与先导产业依靠技术创新与变革而迅速崛起；基础设施因素不仅包括通信、交通、电力等硬件基础设施，还包括大学、中介服务机构、劳动力市场等软件基础设施；价值链因素是指产业分工提高了生产经营效率，促进弹性化生产方式出现进而引发更大规模产业集聚。外部因素涉及跨国经营与外商直接投资，在缓解资金短缺问题的同时，带来了先进的生产技术与管理理念，容易形成各类外资企业集聚的工业园区。进一步地，产业集聚性并非在时空上割裂而存在；相反，在产业固有的周期性演化中，产业政策、产业分工、外资进入、技术创新在早期诱发了产业集聚；地理因素、历史因素、资源因素、地方政府政策助推产业集聚、加快产业发展；基础设施完善程度、产业集群内技术创新、弹性专业化生产则在产业集聚的成熟阶段发挥重要作用。在当前国际大市场背景下，产业集聚性时空演变影响因素还呈现出复杂化与多元化态势。

五是融合性。产业的融合性是在产业分立主导人类产业历史演进过程中，近几十年来，尤其是在以人工智能、清洁能源、生物技术、纳米技术为主导的第五次产业长周期，产业发展所出现的一种崭新趋势与特征。产业融合发生的基础是技术创新。技术创新使得关联性与替代性工艺、产品、技术不断涌现，进而渗透扩展到其他产业中，改变原有产业生产成本函数、产品技术路线，为产业融合提供了驱动力。产业融合发生的外部条件是放松管制。政府的经济调控与管制是形成不同产业进入壁垒的主要原因，而放松对价格、投资、服务等方面的限制则降低了产业进入门槛，促进了产业融合，这一现象在经济自由化与经济全球化的背景下表现尤为显著。产业融合的载体是跨国公司。跨国公司的形成一方面本身就是放松管制的直接结果，另一方面跨国公司为实现自我扩张与利益最大化而具有跨越国界参与全球竞争的驱动力，在世界经济一体化过程中使产业划分转化为跨国大集团形式的产业融合，一个跨国公司的发展史就是国际金融资本乃至垄断金融资本融合的发展史。产业融合发生的领域多集中于产业边界与交叉处，最为突出的就是20世纪70年代的信息技术革命，改变了产业结构模式、引起了产业组织变化、模糊了产业边界。产业融合还改变了微观企业之间的合作与竞争关系，使得企业数量增多，企业之间的流程重组、战略联盟、并购活动与日俱增，重塑了原有的竞争格局。产业融合与产业分立从静态上看尽管是相反的两种状态，然而产业融合作为动态演化过程，实质上是新产业在新技术冲击下走向分立，再由分立趋于融合的一个阶段性与周期性的过程，正是分立与融合的不断交替推动了产业发展。

4.2.1.2 *危机后宏观经济运行系统——“四部门模型”*

长期以来，金融体系一直未被正式纳入主流宏观经济理论的分析框架，建立在新古典经济学范式下的一般均衡理论，通过构建起一个无摩擦的完美市场，彻底排除了金融体系的存在价值。宏观经济运行中金融影响仅是通过新古典模型或新凯恩斯模型植入特定金融摩擦因素实现，并未将其视为经济运行的核心组成部分，这导致金融系统对宏观经济运行的实际影响被长期低估，其运行机制与内在规律未能得以充分阐释。2008 年国际金融危机后，特别是 2010 年以来，即使最传统的主流经济学界也不得不承认，金融体系对宏观经济运行具有重要影响，而忽视金融的基本属性（渗透性、虚拟性、脆弱性等）则会引发巨大风险。因此，大量经济学家投身于在主流宏观经济模型中纳入金融部门的模型开发，旨在将模型中的金融传导机制置于一般均衡框架下进行标准化处理，主要模式包括：一是围绕金融加速器机制进行建模；二是围绕银行资本机制进行建模；三是围绕抵押物约束机制进行建模；四是围绕金融机构信贷利差进行建模。当然，无论通过哪种传导机制，危机后的宏观经济金融模型大都纳入了一个结构化的金融部门，在流行的动态随机一般均衡模型（DSGE）框架中，宏观经济运行系统从传统的"三部门模型"（政府、企业、家庭）向危机后"四部门模型"（政府、金融部门、企业、家庭）过渡，金融体系在宏观经济运行中的地位得以明确（见图 4－2）。

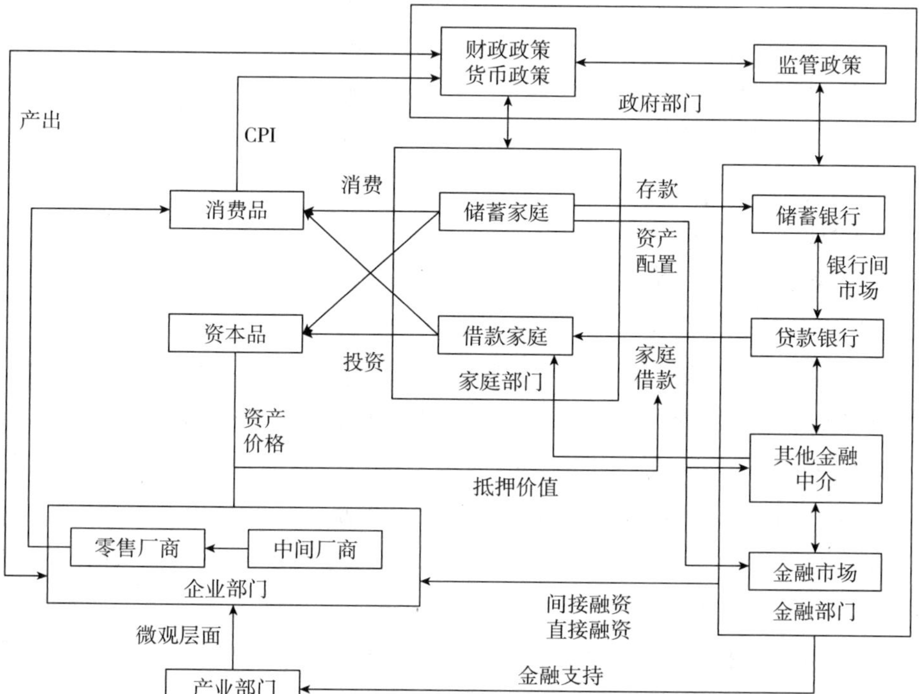

图 4－2　纳入金融部门后的宏观经济运行系统

从图4－2中可以看出，当宏观经济模型中考虑了金融因素后，金融体系作为宏观经济的内生组成部门，不仅连接着企业与家庭部门的生产、消费、投资，为其提供资金支持与金融服务，而且成为宏观经济与政府金融调控的传导中介与主要渠道。更为重要的是，微观层面具有某些共同特征的企业部门经济活动构成了中观层面的产业部门，从而金融部门与产业部门之间也建立起了内在联系，并通过作用机制产生影响关系。换言之，在“四部门模型”中，金融体系实际上已经成为连接实体经济与宏观经济政策、金融政策的关键部门，成为沟通宏观经济、中观经济、微观经济的核心枢纽。

4.2.2　经济金融化必须代表一国或区域产业发展的核心价值理念

4.2.2.1　金融脱离实体经济（产业）表现——金融危机

在一国金融化演进与经济发展兴衰变迁的过程中，一个令人瞩目的现象是：过度经济金融化导致金融危机发生，一些国家很快抑制住了危机的传播与扩散，并在较短时间内重构金融体系，提升国家金融竞争力，重返了金融稳定与高经济增长的合理化路径；而大多数国家的经济金融体系则饱受摧残，在金融危机面前显得软弱无力、不堪一击，最终陷入了金融体系严重失衡与经济增长停滞的双重陷阱。

20世纪70年代的拉美国家债务危机以及90年代的东亚国家金融危机，其失败教训通常被经济学家总结为在金融自由化过程中的政策失误与偏颇，过度风险承担的金融机构、僵化的汇率制度、严苛的货币控制、失衡的国际收支、不恰当的外汇储备、滞后的宏观调控水平，乃至裙带关系的金融、政治腐败已成为主流分析的关键词。然而，上述表现事实上反映的根本性问题是：发展中国家在推进金融深化过程中，金融化进程与本国或地区经济发展阶段不相适应甚至背离，即金融开放进程中的金融制度与政策安排（如货币政策、汇率政策）难以与本国产业政策导向下的实体产业发展相协调，同时在激进的自由化改革背景下国家金融控制能力衰微，致使多重政策目标内在矛盾集中凸显，放大了金融周期性波动对实体经济的负面冲击。

发达国家面对屡次爆发的金融危机亦显得脆弱不堪。美国经历了 1929 ~ 1933 年大萧条、20 世纪 80 年代以储贷协会为中心的银行业危机，特别是始于 2007 年并引发全球剧烈动荡的次贷危机，再一次清晰地展现了过度金融化所导致的虚拟经济盲目发展，从而催生出泡沫经济，造成市场价格信号失灵，金融系统脆弱性增大并引发金融恐慌，加剧了贫富两极分化，总需求极度萎缩，最终损害了实体经济的稳定与健康发展。与美国周期性爆发的金融危机不同，日本则是遭受了泡沫经济崩溃后的长期经济衰退。1986 ~ 1989 年，日本出现了金融资产价格（股价、房地产价格）暴涨脱离实际资产价值的经济现象，而日本迫于外部压力仓促推出了金融自由化改革方案，如放松资本管制、实施利率市场化、实行混业经营、允许社保性质资金参与高风险投资。这一系列措施引发了大量资本流入进而推高国内资产价格，造成金融泡沫与资产泡沫彼此相互强化，与实体经济渐行渐远。最终日本政府不得不采取各种手段抑制泡沫，导致银行因大量坏账纷纷倒闭，股市、房市暴跌，国民经济陷入崩溃，由此滑入了长达二十多年的低迷期。2009 年以来，欧洲国家爆发了主权债务危机，从早期的北欧国家冰岛，到东欧国家乌克兰、拉脱维亚，再到欧元区的“欧猪五国”（PIGGS），政府的债务负担、巨额赤字都远超其承受能力。学界一致认同的直接诱因在于，在区域金融一体化格局下，欧盟各国拥有超支的财政能力却缺乏独立的货币政策能力，使得各国政府赤字融资不受约束，造成债务积累与经济结构失衡。然而，欧洲国家的债务危机从实质上看则是金融脱离实体经济矛盾传导至国家资产负债表的一种具象化。以发达国家冰岛为例，近年来冰岛在金融自由化与全球化背景下走上了“逐金融、弃实业”的发展道路，通过放松管制吸引外资，同时大举借低利外债，导致该国银行业对私人部门信贷增长与 GDP 比重居世界首位，危机前夕的 2006 年经济金融化程度高达 37%；与此同时，支柱产业不断萎缩，实体产业持续衰退，占国民经济比重下降到个位数。这种过度依赖金融化驱动经济增长的模式加重了冰岛经济金融体系的脆弱性，在国际金融危机爆发后，冰岛金融机构陷入银行危机，币值暴跌引发货币危机，政府无法偿还外债而导致债务危机，从“世界上最幸福的国家”沦为徘徊在破产边缘的国度。

可见，世界各国经济金融发展的经验事实已充分表明，金融发展脱离实体经济客观规律，金融化不能代表一国或区域实体产业发展阶段性客观要求，将最终诱发各式各样的金融危机（如货币危机、银行危机、债务危机等），这不仅是实现“后发赶超”的发展中国家普遍面临的问题，也是发达经济体必须深刻反思与关注的重要议题，已成为金融化的一个全球性根本命题。

4.2.2.2 准确把握金融与实体经济的基本关系

金融一经产生即注定了与其母体——实体经济的矛盾关系，这在金融的基本属性（虚拟性、渗透性、脆弱性等）中彰显无遗。财富创造与财富分配的运转表明，金融资本与产业资本之间动态转化关系是准确把握金融与实体经济关系的关键。财富以货币形式表现并追求货币价值增值即为金融资本，其代表了货币形式持有财富拥有者的行为标准；产业资本目标则是扩大实际生产，反映了以实际生产、提供服务实现财富增值行为主体的价值标准。与根植于实体经济的产业资本不同，金融资本追逐财富增值并不完全依赖于产业利润，而是可以通过财富与收益实现再分配，特别是在信用经济时代，金融资本具有了脱离实体产业而独立运行的动力与机制。一般在平稳的市场状态下，金融资本收益率低于产业资本平均收益率，而金融资本起到了实体经济增量价值分配的作用；当市场泡沫化程度显现时，金融资本收益率将明显超过实体产业最高收益率，金融资本便最终脱离实体经济的发展轨道，具有了独立运行与自我实现的机制，这不仅会逐步挤压产业投资，而且其收益率远超实体经济价值增值支撑的范畴，此时金融资本表现出的高收益率就脱离了实体产业根基，并通过投资者无真实价值增值的再分配来维持“自娱自乐式”的游戏。尤其是当金融资本逐渐附加了商品定价权与金融资产定价权，同时产业资本的机会成本要由金融交易来确定时，金融资本就不断驱逐产业资本，金融资本在很大程度上就主导甚至决定了产业资本，在现实中就出现了产业部门空心化，实体经济持续衰退，整个经济体系就走向了过度金融化与泡沫化的恶性循环，最终的结局只会是诱发一轮又一轮的金融危机。

从金融功能的角度来看，无论金融发展过于滞后还是过度繁荣，都要由实体经济决定，这是金融本质功能的意义所在；同时，金融通过其内在功能反作用于实体经济，成为现代经济发展的第一推动力。尽管现代金融体系趋于多层次与多样化，金融工具层出不穷，金融活动纷繁复杂，但是金融通过支付清算、资金融通、资源配置、风险管理、提供信息、激励机制等基本功能，发挥着推动经济增长与结构调整的重要作用；反之，经济社会发展使金融功能得以提升与扩展。股票、债券等非货币类资产不断涌现，尤其是以此为基础而衍生的各类金融创新产品扩大了金融规模，提高了经济金融化程度，更加凸显了金融业在国民经济中的地位。从早期以银行为主的间接融资模式和与此对应的银行管理体制，到逐渐发展起来的金融市场直接融资模式与大金融体制的构建，这种金融制度的变迁实质上反映了经济发展的阶段性客观需要。金融功能从早期的信用中介到资源配置，再到公司治理、产权安排、风险管理、宏观调控，从微观层面到宏观层面，从国内延伸至国外，都是由于在特定的历史时期经济社会发展到一定程度才得以不断拓展与丰富，都是与实体经济息息相关的演进过程。

党的十九大后，中国特色社会主义进入新时代，新时代我国经济社会发展具有新特征与新趋势，集中体现在六个方面：一是潜在经济增速降低但仍有可观增长潜力。未来发展空间在于产业升级、技术提升与弥补历史欠账，尤其是我国作为追赶型国家更需要建立自身完备的产业体系，需要保持适度的产业规模扩张，需要不断优化产业结构、增强产业竞争能力，实现向更高产业价值链的攀升。二是经济社会发展的主要任务从数量扩张转向质量提升。当前我国的市场供求关系已发生根本性变化，由过去的普遍短缺转向相对过剩，社会生产力落后结构性问题日益凸显，财富创造的资源消耗成本不断提升，而这些矛盾都归结为质的层面。三是传统需求仍然具有较大增长空间。我国高速经济增长得益于高储蓄—高投资机制下的快速资本积累与工业化，但与发达国家水平和现代化要求相比我国资本存量仍然不高，要维持经济中高速增长，在基础设施投资地区层面，在制造业、服务业规模扩大与结构升级方面，在消费需求提升方面仍有巨大空间。四是创新在推动经济社会发展中的重要性空前提高。经济增长动力从由生产要素投入和全要素生产率提升共同驱动逐步转移到主要依靠全要素生产率提高是工业化进程的普遍规律，特别是在追赶型后期全要素生产率越发重要，而全要素生产率提升主要依赖于科技创新，我国要想不断提高生产率水平，必须注重科技创新。五是宏观调控面临目标更加多元、任务更加复杂。新常态下经济增长旧动力衰减，传统主导产业弱化，经济面临转型升级新任务；经济增速下降造成各个经济部门的旧风险逐步暴露，并带来财政收支不平衡等新风险；同时对外开放继续深化，宏观经济政策外溢性增强，内外部政策协调更加困难。六是深化改革对于推动发展仍然具有决定性意义。我国作为后发追赶型经济体，成功跨越“中等收入陷阱”关键在有效的制度变革与及时的发展转型，深化改革不仅会影响消费、投资需求释放，影响技术创新与生产率提高，影响经济与社会转型步伐，还会影响社会公平与发展质量提升，更关系到新时代的新产业兴起、新业态成长、新模式发展与新动能培育。

因此，新时代我国经济社会发展的新特征、新趋势对金融发展提出了新要求，提供了新动力。当前一切金融工作的出发点与落脚点都要紧紧围绕实体经济发展，这不仅是金融发展与演进的内在规律、金融本质功能的必然体现，更是金融与实体经济的根本性关系。而深化金融体制改革、加快金融体系创新、化解金融系统风险、加强金融监管协调的目的在于确保金融高效地发挥促进作用，将推动我国经济迈向高质量发展阶段与建设现代化经济体系作为基本任务与责任使命，确保现代金融与实体经济的互促共进与协调发展。

4.2.2.3 正确理解回归金融服务本源的核心内涵

金融服务实体经济是金融发展的根本性问题，是金融与经济基本关系的一个方面。然而，金融“脱实向虚”的现实趋势表明金融服务本源的内涵并未得到正确的理解、金融服务本源的功能并未得到有效的发挥。首先，长期以来我国各界对于金融服务本源的理解，通常集中在其储蓄与投资方面，片面强调资金融通与支持是金融服务实体经济的基本内涵，即金融服务仅仅被界定为为国民经济运行提供资金“血液”，其作为市场经济制度重要组成部分的便利交易、风险管理、深化分工协作、资金成本信号，以及财富再分配、区域协调、消费引导等服务功能则被人为忽略或压抑。这很大程度上受到我国从重工业优先发展的后发赶超战略向走新型工业化道路转变的工业化发展阶段的影响，金融体系的主要任务在于通过资本形成机制与信用催化机制，为生产投资活动筹措大量金融资本，支持体制内平稳产出。因此，业界与学界就产生了金融是无条件为实体企业提供资金的认识误区，特别是片面强调无条件满足国有企业的资金需求，而忽视了非国有企业的金融需求，造成了金融服务实体经济主体之间不平衡、不充分的矛盾。同时，金融对实体经济影响已不再是简单的线性特征，而是具有复杂的非线性属性；金融泡沫化市场状态下金融资本在很大程度上主导了产业资本；金融周期拥有与经济周期不同的产生与传导机制，其波动更为敏感、变动更为迅速、危害更为猛烈、监测更为困难。这一系列现象均表明“脱实向虚”具有明显的内在驱动与特殊的传导机制，金融部门若不能与其他经济部门协同发展，金融若不能回归服务实体经济本源，必将破坏宏观经济稳定运行。

其次，金融服务本源功能未能有效发挥易引致系统性金融风险集聚。当前我国金融化演进处在一个特殊而敏感的时点，金融自由化与一体化、全球化与逆全球化、失衡与再平衡、经济转型与体制转轨等因素叠加在一起，进入了新一轮经济周期背景下的风险易发高发期，各部门风险相互交织，可能会集中释放（见表4-1）。

表4-1　经济转型期主要风险类别

部门		主要风险
经济部门	政府部门	政府债务风险
	金融部门	金融风险
	企业部门	产业转型升级不畅风险
	居民部门	房地产风险、人口老龄化风险
社会部门		社会分化风险
国际部门		外部冲击风险

由于现代经济运行系统中金融部门的核心地位与枢纽作用，转型期的

各类风险都与金融风险存在或多或少的关联。当前实体经济投资回报率持续降低，金融逐利本质使得国有资本、民营资本、产业资本甚至居民储蓄通过各种渠道不断向高收益率的虚拟经济领域渗透，如房地产市场、大宗商品市场、股市，引发大量资金涌入投机，利用虚假贸易背景融资进行跨境资金套利，通过非法票据手段套取资金以及各类互联网金融乱象的非法集资，使得房地产领域与金融风险相互交织，金融体系既存在“黑天鹅”，也存在“灰犀牛”的潜在风险。其中最严重的是在“金融加速器”效应与信贷扩张的作用机制下，房地产过度金融化使得经济进一步“脱实向虚”，房地产资产价格泡沫不断放大，并具有自我循环与自我膨胀特点，使得投机性、套利性活动盛行，各个链条上不同类型金融机构环环相扣而风险传染概率大增，系统性金融风险集聚。数据显示，2012～2017年我国主要金融机构房地产信贷增速从10.10%上升到26.10%，保持高增长态势；个人房贷增速由12%上升到35.70%。而同时期工业中长期贷款增速持续下滑，从7.3%降到了4.9%，平均增速仅为房贷增速的约1/5；服务业中长期信贷增速约为房贷增速的1/2。与此相应，2012～2017年中国百城住宅均价增长了1.35倍，一线城市增长了约1.83倍，反映了房地产价格居高不下且增长迅猛。然而，居民消费物价指数CPI却持续下跌，从2012年初到2017年初由4.5%下降到0.8%，一般商品价格与房地产价格明显背离。这种低通胀掩盖下的资产价格泡沫加大了金融资源错配与社会财富分配差距，使得传统关注物价稳定的货币政策失效，一旦受到突发性事件的冲击，风险就可能在各部门交互传染，导致经济社会发展遭受重大损失。

最后，回归金融服务本源的重要突破口是支持产业转型升级。我国经济发展进入新常态，过去依靠工业用地、出口导向、充足的劳动力供给阻止资本投入报酬递减的时代已经一去不复返。转型意味着加速原有的资本折旧，不同类别固定资产投资的增加，在实际产出中用于维持资本存量的比重攀升，将会显著地拉低GDP实际增长水平，由此带来的摆脱“中等收入陷阱”问题迫在眉睫，而实现中等收入转型的一个重要切入点在于启动第三次工业化以建立完善且高度开放的国家价值链。新中国成立后通过第一次工业化，主要是实施重工业优先发展的后发赶超战略，恢复了千疮百孔的国民经济；改革开放后第二次工业化则奠定了中国“世界工厂”“制造大国”的地位；而第三次工业化要在实现转型升级的基础上建立有竞争力的产能体系，提升现有产能效率，注重在区域空间层面的协调布局。尤其是我国的发展是从传统农业国向现代工业国的转变，是从吸收利用国际先进技术到自主创新的后发追赶，是以工业化为核心的现代化进程中的特定阶段。因此，我国启动第三次工业化、走新型工业化道路，决定了回归金融服务本源的重点在于支持产业转型发展。金融支持体系就不仅要通过在内部构建多元化的融资机制，推动产业结构升级，实现从全球制造业第一大国向加快建设制造强国转变；还应在外部合理运用外汇储备，在世界范围内高效配置资源，全面提升我国在全球产业分工体系中的功能地位。

因此，回归金融服务本源，不仅要正确认知金融的基础功能、主导功能与衍生功能，明确金融并非实体经济的附属，而是在现代经济系统运行中具有不可替代的核心作用，对经济迈向高质量发展阶段具有不可或缺的推动作用；更应正确认知金融产生、存在与演化的根本，明确脱离实体经济的金融发展终究会误入歧途，沦为无源之水、无本之木。这也是党的十九大报告将增强金融服务实体经济能力作为新时代我国金融工作本质任务的原因。

4.2.3　“金融化—产业发展”关系演进必须立足于一般经验与地方特有的制度禀赋

4.2.3.1　“金融化—产业发展”关系演进中的一般经验

（1）金融化与产业发展：比较分析。在比较金融系统视角下，从各国经济与金融发展的一般经验来看，主要形成了以英国、美国为代表的市场主导型金融体系，以及以德国、日本为代表的银行主导型金融体系。对于旨在实现产业规模扩张，尤其是产业结构升级的一国或地区产业发展而言，不同类型的金融支持模式（金融结构）发挥了不同的功能，即其显性表现是融资结构差异，而隐性机理则体现了金融功能差异。

1）融资模式与产业结构升级。首先，一部分经验研究认为，以间接融资为主的金融结构能有效促进经济增长，并且具有产业催化功能，在新兴市场中推动了产业升级（Rin，2002）。银行的中介功能表现在“借小贷大”的特征，通过动员储蓄形成大量资本；银行通过抵押贷款等方式筛选了不同风险的企业，进而集中了借贷者风险，能专业、审慎地进行风险管理（Bencivenga，1993）。尤其是银行在平滑消费波动、跨期风险分担、纵向配置长短期投资风险方面具有明显的比较优势（Diamond & Dybvig，1983；Freixas & Rochet，1997；Allen & Gale，2000）。银行在信息处理方面的比较优势表现在获取渠道广、信息量庞大、专业程度高、加工集中化。为缓解信息不对称，银行一般通过信贷配给对企业进行事后监督，以约束经营管理者的机会主义行为（Chava，2013）。

另一些文献研究则表明，以间接融资为主的金融体系很大程度上不利于产业结构升级。金融机构信贷资产具有流动性差的特点，资源再配置功能受限，阻滞了存量资本优化。由于多层级科层组织结构影响，银行信息传递效率普遍较低，拉长了委托—代理链条。在抑制创新方面，银行中介具有规避高风险、高创新性项目的偏好，这不利于资源流向创新型企业（Boot，1997）；而银行主导融资模式下的企业更多进行资本密集型投资，加上银行从中攫取较多利润，导致企业回报率低下（Weinstein & Yafeh，1998）。此外，银行集中度高的国家，高研发投入、高技术创新密度产业发展滞后（Carlin，2003）。

其次，大量研究表明，在促进技术创新与产业升级方面，资本市场比银行中介更具比较优势。资本市场同时兼具增量资金交易与存量资本再配置的功能；尤其是企业通过二级市场进行并购或产权重组，实现了生产要素向高效率部门配置，有助于产业升级。Hicks（1969）认为，资本市场分散储蓄聚集起来支持长期投资项目，促进了技术发明。由于资本市场的高流动性特征，拥有多样化、大规模的投资者群体，并通过丰富的金融工具实现风险分散，因此更有利于促进技术创新。其中，权益类融资中的风险投资改善了高风险、高创新性企业治理水平，也不会对其产生流动性压力（Rajan，1998）。而市场融资模式有利于企业的多元化监控，投资者与管理层均会受到相应机制的激励与制约，而激励约束机制是企业家创新群体的基础（Thakor，1996）。

另一些文献成果也揭示了资本市场存在的缺陷，例如，企业通过风险投资筹措资金数额受限，不及银行的资本形成能力；股票市场分散而庞大的投资者群体由于金融知识与专业水平的差异，信息处理能力普遍较弱；同时投资者从有效股票市场中获取信息的成本较低，信息外部性问题突出，“搭便车”现象明显（Stiglitz，1985；Shleifer，1988；Allen，2001）。尤其是市场主导型金融结构对市场发育程度有较高要求，而且深受制度环境、经济基础、信用体系等影响，而一旦这些外部系统不健全、不完善，则市场融资的比较优势会大打折扣。

因此，综合对比两种融资模式的主要特征与比较优势发现，银行主导型金融模式与市场主导型金融模式在风险管理、信息处理、公司治理等方面各有优劣，在支持产业发展的具体某一方面比较优势取决于需要发挥的功能与相关约束条件（见表 4 – 2）。

表 4 – 2　两种融资模式主要特征比较

	银行主导型	市场主导型
债务/股票比率	高	低
流动性	弱	强
风险分担	代际跨期平滑	横向风险分担
市场力量	强	弱
价格信号	弱	强
影响方式	披露	退出
代理冲突	少数股东	股东和管理层
资产性质	实物资产	（高科技）无形资产
公司类型	中小公司	大公司
创新融资	低	高
政治可控性	强	弱
所有权和控制	集中	分散

资料来源：Allen 和 Gale（2002）、Werner（2003）、陈雨露和汪昌云（2006）。

2）金融支持产业发展的典型经验。从比较金融系统的角度，世界各国的金融体系大致可以分为以英国、美国为代表的市场主导型与以德国、日本为代表的机构主导型。美国历史上经历过两次重要转型，两次转型都与其高度发达的资本市场主导金融体系紧密相关。19 世纪最后 30 年，美国处于重工业化阶段，通过在资本市场上兼并重组，在第一次转型中美国本土涌现出一大批赫赫有名的公司，如通用电气、杜邦化工、美孚石油等。资本市场平台整合了美国经济，使其跨越重工业化阶段，成长为全球第一大经济体。20 世纪最后 30 年，美国经历了第二次转型期，在此阶段高科技产业迅猛发展，特别是互联网、生物制药、电信、PC 四大新兴产业遥遥领先，而微软、谷歌、思科等高科技企业几乎全部受益于纳斯达克股票市场的发现、推动与完善功能。从美国发展经验可以看出，经济转型从长期来看是一个体系庞大的系统工程，转型成败在很大程度上受社会资源配置效率的制约，而资本市场主导的金融结构无论在金融资源配置效率方面，还是在金融危机后的修复方面都发挥着举足轻重的作用。

当然，金融支持产业发展的全球经验也表明，无论是以资本市场为主导的美国、英国，还是以银行中介为主导的德国、法国、日本，都是在主导模式下更多地寻求机构与市场的相互融合并以此推动产业结构升级，协调金融机构与金融市场的功能作用，构建一个多层次的金融支持体系（见表4－3），其共同点形成的一般经验主要体现在三个方面：一是维持间接融资与直接融资合理比例，实现银行中介与资本市场有序协调，构建产业发展的多元化、全方位金融支持体系；二是根据产业发展与演进（工业化进程）阶段性特征，注重发挥不同类型的融资模式在产业转型升级中的比较优势；三是科学把握政府与市场的辩证关系，在市场化原则的基础条件下，着重发展产业投资基金、政府引导基金，创新运用政府财政工具，为政府与市场共同驱动下的金融支持产业转型升级拓展渠道。在促进金融政策与产业政策有效衔接的基础上，还应符合国家发展规划总体要求，与财政政策、区域政策、收入分配政策相协调，利用国际组织平台进行国际协调，兼顾内外部均衡。

表 4－3　金融支持产业发展的典型经验

国家（地区）	产业结构	金融结构	金融支持方式	共同经验
美国“锈带”地区	从传统装备制造业向现代制造业和服务业转变	直接融资主导	通过发展并购市场，推动制造业重组和产业集群发展；通过形成政府性和非政府性相结合的金融支持体系，推动制造业转型升级	构建多元化与多层次的金融支持体系；注重产业转型升级中不同类型金融机构与金融工具功能；在坚持市场化原则基础上，积极发挥政府在产业结构升级过程中的引导与支持作用，促进金融政策与产业政策有效衔接
英国中南部地区	从传统纺织业向高新技术产业和现代服务业转变	直接融资主导	建立二板市场；推出小企业贷款担保计划；通过税收激励，鼓励民间资本对初创科技企业投资；鼓励大学创办科技园，支持大型投资机构进入	
德国鲁尔工业区	从传统煤钢工业向服务、文化、旅游和现代工业转变	间接融资主导	利用政策性资金改造升级传统产业；建立技术研究中心、技术服务公司和风险资本基金会，为企业研发和创新服务；为中小企业提供财政补贴和咨询服务	
法国洛林地区	从煤炭、钢铁、纺织产业向汽车、机械、物流、高新技术等多元产业转变	间接融资主导	针对技术发明与创新提供财政补贴；成立“创新财务公司”和“风险资本联合基金”，促进对高科技产业和企业的投资；政府出资成立矿区工业化基金与“矿区再工业化金融公司”，支持传统产业转型升级	

资料来源：张玉喜（2007）、陈雨露和马勇（2013）。

（2）金融化与产业发展的演进过程。一国或地区的金融化与产业发展均是一个阶段性的长期过程，金融基本功能具有相对稳定性，然而金融体系的主导功能却随着经济发展与演进而发生重心转移，即在不同阶段金融结构具有动态变化的特征。

例如，从产业动态发展来看，在经济发展早期，一国或地区产业结构以农业和传统工业部门为主，同时缺乏大规模资本，而一个高效、稳定的银行体系能迅速动员储蓄，并促进储蓄转化为投资，更好地解决信息处理中的"搭便车"问题，能够实现规模经济、降低交易成本，银行体系不断壮大，实体经济更多地通过间接融资获取资金支持。当经济发展到一定阶段时，国民财富积累与经济结构调整促使产业部门的要素资源配置发生变化，无论是制造业由低附加值向高附加值不断升级，还是第二、第三产业劳动力比重上升，现代服务业不断成长，客观上都要求更大规模的增量资本配置与高效的存量资产再配置，此时资本市场功能愈发重要；当国民经济进入发达阶段，创新型企业体量扩大，新兴部门层出不穷，高新技术产业成长为主导产业，一方面资金供求者关系复杂化导致对金融服务的需求更多样化，另一方面实体企业，特别是中小企业技术进步与科技创新对金融体系的风险分散与管理功能提出更高要求，因此多层次的资本市场成为这一阶段金融结构的主要特点。比较金融系统研究中，一国或地区金融结构演进一般遵循从初级到高级、从间接融资为主（金融倾斜）到直接融资为主（金融倾斜的逆转）的动态过程。当然，制度禀赋环境，特别是市场化程度与改革进程，对于一国或地区金融市场高效运转同样至关重要。

又如，从企业成长周期来看，企业在不同成长时期对外部资本需要和对融资模式要求是不同的。处于初创期、幼稚期、种子期的企业多为创新型中小企业，其外源融资倾向于股权融资方式，选择风险投资基金，并在场外市场（三板市场、股权交易中心）融资。处于成熟期与成长期的企业则主要依靠债权融资，通常选择银行信贷，并在股票市场与企业债券市场融资。这意味着当通过资本市场融资项目成功概率高于银行中介融资时，直接融资的发展不仅有利于资本市场功能的发挥，而且将通过与银行体系的互补性竞争，高效促进企业成长。因此，一个多元化的融资体系将更有利于不同层面、不同阶段、不同时期、不同地域的产业协调发展（见图4-3）。

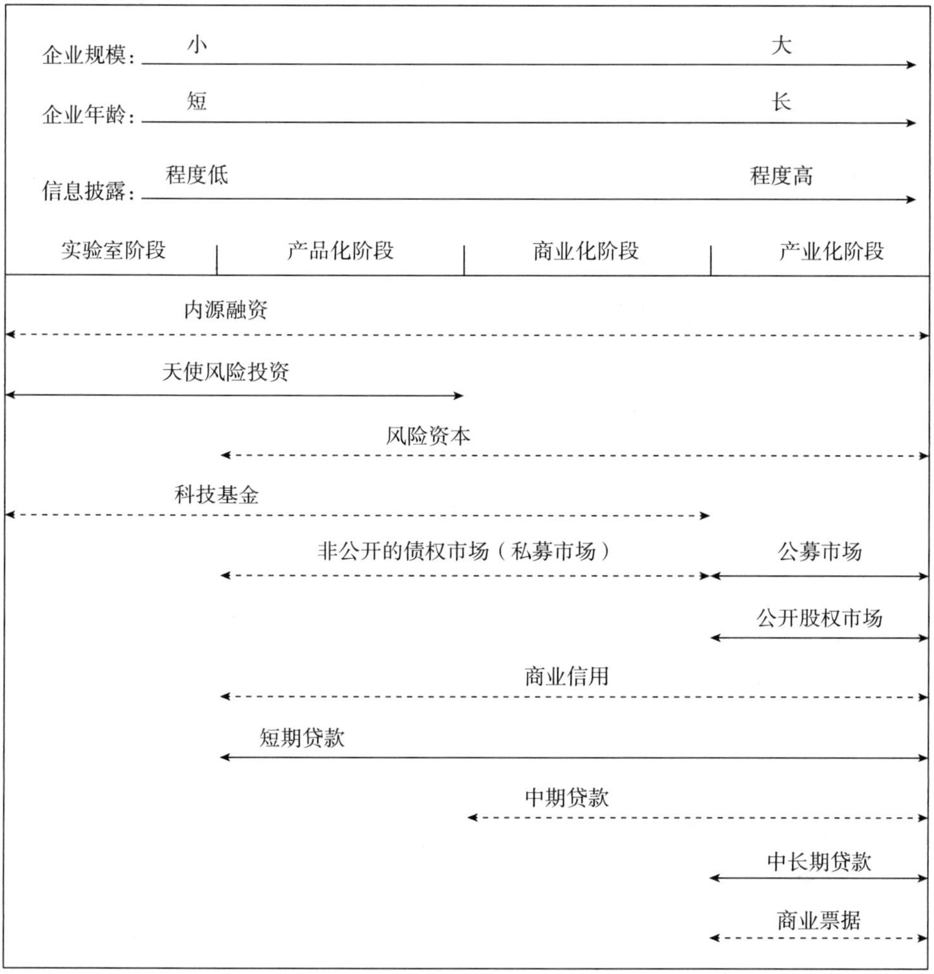

图 4-3　技术成果转化过程中的融资结构变迁

资料来源：熊波和陈柳（2005）。

4.2.3.2　"金融化—产业发展"关系演进中的制度禀赋

随着产品分工的日益普遍与复杂化，一个国家或地区有效供给能力主要取决于该国或地区投入生产要素的数量与质量。按照一般经验，如果投入要素限于资本、体力劳动者、普通技术管理人员、效率低下的体制安排时，该国或地区只能位于价值链的低端，而且新竞争者的进入会使得低端产能呈现过剩状态。而在资金优化配置与高效安排带动了低质量的生产要素转变为资本与便捷服务、高技术专业人才、企业家才能、效率更高的制度安排后，该国或地区才能实现向价值链高端的移动。因此，当论及一个国家或地区的禀赋条件时，不仅涉及通常意义上的资源要素禀赋，更为复杂与关键的则是制度禀赋，即与经济体系高效运行密切相关的体制框架、社会环境与文化特质。特别是在中国这样一个幅员辽阔、区域不平衡特征凸显的追赶型经济体，制度因素及影响往往更有导向性。

从世界金融发展史的角度来看，一国或地区无论属于何种融资模式主导的金融体系，其起源通常是以银行或者类似于银行的金融中介占据着主导地位。然而当金融发展到一定程度后，各国金融体系演变开始分岔，一些国家建立了银行主导型金融体系，如密西西比泡沫事件后的法国；另一些国家则转向了市场主导型金融体系，如南海泡沫事件后的英国。因此，究竟是哪些因素决定或者影响了不同国家金融体系的现实选择与金融化长期路径？该问题引起了众多经济学家的思考与论证。从已有研究成果来看，大多数试图立足于或者限定在经济系统框架内通过经济变量进行阐释，而对经济系统外的非经济因素在实证研究方面未能给予足够重视。事实上，在新制度经济学的视域中，“金融化—产业发展”的演进关系受一国或地区政治环境、法治环境、文化环境等差异化制度禀赋的深刻影响，将这些非经济因素纳入系统的分析框架，有助于从一个更加广阔、全面、多维的视角来探究“金融化—产业发展”重大命题。

（1）政治环境因素。政治环境因素影响金融化演进，进而作用于经济增长的分析视角，常被称为金融发展的政治经济学理论，涵盖政治制度、利益集团等对金融化的影响。关于政治制度与金融发展的关系，金融发展的政治论将政府视为经济利益冲突的政治力量代表人，并通过对金融体系的控制谋求政治利益最大化（Kuo，2000）。Buchanan（2004，2012）提出的公共选择理论对政府框架保持着谨慎的态度，认为政府非理性行为导致“高征税陷阱”“公债陷阱”，会提供低质量的制度要素。Pagano 和 Volpin（2001）、Rajan 和 Zingales（2003）认为，在一国金融发展的影响因素中，法律制度不如政治制度重要，从根本上说是政治因素决定了金融发展水平；

例如，中央集权政治制度具有实施金融抑制的能力与动力，从而会阻碍金融发展。Roe（1994）研究表明，美国民众对于不受约束权力的厌恶与恐惧导致了高度分散的、单个力量相对薄弱的银行体系。Haber（2004）指出，封闭的政治体系更容易阻碍竞争，倾向于保护精英阶层利益而不利于金融发展，分权更倾向于行政权力的制约与平衡。BDL（2001）进一步分析认为政治体制具有分权型特点，有利于金融发展，如司法与行政权力制约、实施对外开放等。Roe和Siegel（2008）指出，政治不稳定对金融体系有着显著的长期、持续、重大负面影响。Shleifer和Vishny（1993）、Beck等（2000）、Pagano和Volpin（2001）、Detragiache（2005）等研究结论则一致认为，发展中国家政治制度集中表现在强大的政府干预行为，这是导致金融结构变迁、金融体系脆弱性的根本原因。Blackburn和Forgues－Puccio（2010）通过分析发现，金融体系受政治腐败影响在金融自由化情况下比在金融封闭情况下更严重，且发展中国家比发达国家更严重。

关于利益集团与金融发展的关系，Rajan和Zingales（2003）认为，公平的自由市场及金融发展会为新竞争者提供机会与资金，从而形成市场激烈竞争，但这会动摇已在市场上占据强势地位的既得利益集团的地位，从而引起利益集团旨在推行反对金融竞争与自由化的政策与安排，最终影响了金融化路径。Sandra和Strahan（2002）指出，金融发展降低产业进入门槛，有利于新竞争者加入某些产业，尤其是在发达国家对金融业管制较为放松的制度环境下，新企业创建速度更快，且更多的发生在对外源融资依赖程度更高的产业部门。在衰退行业里，新兴企业获得更多金融支持而传统企业则面临淘汰，由此整个产业部门得到调整，生产效率得以提升，有利于产业结构升级。Braun和Raddatz（2007）、Baltagi等（2007）实证检验结论发现，为维护既得利益，金融业与其他产业中利益集团会采取一系列措施阻碍金融发展，导致各国金融体系差异性。Mishkin（2006）、Rajan和Zingales（2006）还进一步将金融开放与既得利益集团的负面影响结合起来，认为一国或地区在全球化背景下进行体制改革，对外国资本与金融机构开放本国金融市场会创造一个更加公平的竞争环境，打破既得利益集团对经济的垄断，促进金融深化。可见，政治环境因素对金融影响是重要的，但是政治事件的不确定性与内在复杂性，也有可能会阻碍政治与金融之间联系机制的深入研究（Allen，2006）。

（2）法治环境因素。法治环境因素影响金融化演进，进而作用于经济增长的分析视角，主要探讨不同国家或地区法律制度、法律起源、法治效率与金融体系结构的关系。尽管这并不是一条完全独立的研究路径，因为无论是法律还是其渊源都在很大程度上是历史与政治的综合反映，如 LLSV（2000）认为政府对一国或地区法律体系影响很大。欧洲的民法系国家与普通法系国家由于存在政府权力差异，对投资者的保护程度也是有差异的。Beck（2003）认为，金融发展受到法律起源政治性与适应性渠道影响。然而，从复杂的政治历史环境中抽离出来，并通过法学与金融学的交叉拓展相关研究领域，不失为一条可供选择的分析路径。LLSV（2002）通过对 49 个国家股东与债权人保护法规的研究发现，不同的法律起源，使得法律制度对投资者权利的保护存在差异：投资者权利保护从法国、德国到英国逐渐增强；而法律执行质量，则从法国、英国到德国依次增强。Glaeser 和 Shleifer（2002）通过对投资者保护的法律差异研究指出，英国、法国法律制度不同的原因在于 12、13 世纪的法律制度差异，国王制定的法律规则旨在减弱地方诸侯势力，英国地方诸侯实力弱，国家放权较多，对地方法律执行者的保护较好；法国由于诸侯威胁严重，国家放权较少，所以通过收权严格管控。

国家或地区之间的法律体系差异，造成金融体系的演变分化。LLSV（1997，1998）认为，各国投资者保护相关法律规则与执行效率影响了金融体系特征差异。在股东与债权人保护方面，LLSV 发现法国民法系国家效率最差，英国普通法系国家保护最有效，英国因此形成了金融市场主导型金融体系。Caprio 等（2004）分析指出，在拥有健全监管体系和法律体系的国家，公司权益实施方面债权人由此获得充分权利，该国的银行中介体系较为发达。Levine（2003）、Brockman 和 Chung（2003）研究还发现，较不发达的证券市场与较低的股东权利保护水平、较为严重的信息不对称程度紧密相关，而普通法系国家的金融市场更发达，这与普通法系保护投资者利益更充分、信息披露更严格有关。因此，法律体系差异与金融体系演变的研究倾向于表明，普通法系国家或地区能更有效地促进法律贯彻落实，从而能比民法系国家或地区更为灵活有效地保护债权人与股东权利，这引致了金融结构的分化，即普通法系（英美法系）国家或地区金融体系偏向于市场主导，而民法系（大陆法系）国家或地区金融结构偏向于银行主导。在此基础上，一些学者还注意到了立法与执法的现实差异，将视角更加集中到法治效率对金融体系的影响上。Pistor 等（2000）、Qian（2007）实证检验发现，法治效率、执法水平比法律条文的质量对金融市场的发展水平有更强的解释力，而制约很多国家或地区（尤其是转轨经济体）金融发展的一个重要因素在于其执法水平与法治效率低下（卢峰，2004）。

（3）文化（社会资本）因素。LLSV 的理论认为当在全球范围内资本自由流动后，投资者保护无差异化得益于各国效仿、学习、移植法律制度体系，从而各国金融结构演进具有同质性。然而现实却非如此，使得该理论受到学界与业界的很大质疑。一些经济学家从非正式制度视角深入剖析经济现象，提出了文化在经济中的重要功能（Weber，1930；North，1990；Landes，2000；Guiso et al.，2006），进而启发了越来越多的经济学家探讨文化与金融的关系。一般来说，文化是指一个社会世代传承下来并具有持久生命力的价值、偏好、习俗、伦理、宗教信仰、道德规范、民族传统等。Guiso 等（2006）认为，文化的作用机制表现在通过经济主体行为选择、预期偏好影响并反映在经济金融活动上。Kanatas 和 Stefanadis（2005）从文化、金融与经济三者关系角度进行实证研究，发现文化对金融市场发展、经济增长均有重要影响。Stulz 和 Willamson（2003）开创性地将作为文化重要组成部分的宗教因素引入金融发展理论中，分析认为世界三大宗教——基督教、佛教、伊斯兰教由于各自教义所包含的文化内涵不同，从而对金融发展产生了差异化影响。他们对世界 49 个非社会主义国家的实证分析论证了文化对金融的影响，区分了投资者保护的法律制度与文化差异解释因素；同时，对文化影响金融发展渠道的归纳为四个方面，即文化影响人的价值标准形成、影响经济主体经济行为、影响法律制度形成与变迁、影响要素资源配置，从而作用于一国或地区金融发展。Monnet 和 Quintin（2005）指出，虽然金融本质功能具有一致性，但各国或地区金融体系的结构特征在相当长的一段历史时期具有稳定性，而这与该国或地区国民偏好、社会群体价值取向有很大关系，出于规避风险的需要，那些国民对不确定性的价值取向表现出高厌恶的国家，通常更倾向于银行主导型的金融体系。

文化因素与金融发展的关系还突出体现在社会资本对金融发展的影响方面。社会资本是一种无形的社会资源，用于表明个人、团体、社会乃至国家结构关联，核心是在社会规则、行为共识、互惠规范等方式下产生的信用文化。一国或地区社会资本越丰富，即社会信用水平越高，就越有利于在经济金融活动中形成较强的无形约束，减少违约行为，增强互信机制，促进金融功能的有效发挥。Greif（1997）认为，信用水平对契约合同执行与实施有重要作用，有利于市场交易与金融活动。Guiso 等（2000，2004）实证检验发现社会资本更丰富的地区，通常金融市场与交易更为活跃，资金流动频繁，信贷供给规模更大。尤其是市场机制不完善、法律制度不健全的地区，金融发展受到社会资本的影响更为显著。Detragiache 等（2005）持有相同观点，认为低收入国家的信用体系或者信任环境比法治完善对金融深化影响更重要。Fergusson（2006）指出在人们之间信任度高的地区，显著拓展了资本市场的深度与广度，并且企业也更容易获得银行资金支持。Harrison 等（2004）分析认为投资者股票市场参与程度受到良好的社会信用体系影响，金融市场参与度高的通常是社会化程度高的家庭部门。社会资本还通过降低交易成本来促进金融发展。因此，在那些社会信用水平发展程度较高的经济体中，人与人之间普遍信任关系较强，这样的经济体倾向于选择“市场主导型”金融体系；反之，社会信用文化发展程度较低的经济体，其金融演变更倾向于“银行主导型”金融结构。

4.2.3.3 “金融化—产业发展”关系演进是一般经验与制度禀赋的有机结合

在解释国家或地区经济增长绩效时，理论经济学界倾向于分裂为两个阵营。第一个阵营的经济学家从制度给定这一前提假设出发，或者强调单一生产要素积累，或者强调生产率进步。这包括强调土地核心作用的重农学派、强调资本积累的早期增长理论、在资本积累前提下考虑劳动力作用的发展经济学、更加突出人口结构作用的人口红利学派，以及认为全要素生产率是经济增长唯一可持续源泉的新古典增长理论。另一个阵营的经济学家则将研究重心放在制度与经济增长作用方面。这类理论解释门类繁多，如把经济增长的成功经验归结为新教伦理的资本主义精神、抑制利益集团的活动机制、产权的清晰界定，以及完善的市场环境与中性政府的作用等。然而，简单地按照两个阵营把众多经济理论进行分类并不科学，特别是实证经济学家运用各种手段尝试把要素积累、生产率提高、制度禀赋、政府职能等种种变量兼收并蓄于计量经济学模型中的同时，理论经济学家却难以将生产要素、生产率、制度禀赋对经济增长的作用做出统一阐释的理论模型，从而未能搭建理论一般经验与制度特殊环境逻辑上的一致性与连贯性。主流经济学的这种倾向，导致各种理论在指导追赶型国家、转轨经济体的实践时，或者在解释经济增长、发展转型的成功经验与失败教训时，往往显得捉襟见肘、力不从心。

实际上，这一分析角度表明“金融化—产业发展”关系的本质是金融与经济增长；其基本理论是金融与实体经济的互动关联，在此基础上遵循现代经济运行的内在规律。然而基本理论与内在规律的有效性不仅取决于该理论与规律是否来自根据它的一般假设条件所做出符合逻辑的判断与推演，更在于其在何种程度上能更加科学地阐释并指导实践。由于基本理论与内在规律在不同国别、不同时期等众多约束条件下可能会产生完全不同的结果，因此相关理论与规律在指导国家或地区实践时，既要符合国际一般经验，又要充分考虑与反映出国家或地方特质。在“演进—制度观”的视域，“金融化—产业发展”关系从来都不是一个孤立的现象，一个国家或地方的特质—制度禀赋（政治、法治、社会资本）对其产生了深刻的影响。这些影响因素不仅关系到特定历史条件下一国或地区“金融化—产业发展”路径的具体选择，而且在很大程度上决定了长期经济进程中“金融化—产业发展”路径的战略方向。可以说，“金融化—产业发展”关系的一般经验与地方特有制度禀赋的良好结合，是从理论与规律的有效性到实践的有效性的关键连接点。因此，“金融化—产业发展”关系的动态演进就必须立足于国别或地区的一般经验，充分考虑制度禀赋的差异性，探索一般经验与特殊禀赋有机结合的改革合理路径与协调发展机制。

第 5 章　经济金融化对区域产业发展影响的机制分析

5.1　经济金融化与产业发展：从总量配置到结构协调

经济金融化与产业发展的关系实质是金融与实体经济的关系，一个高效而稳定的金融体系必定建立在实体经济基础之上，并服务于实体经济阶段性发展的客观需要。在前文的相关章节中，我们已经反复阐明，过度金融化与滞后的金融发展都会对一国或地区实体经济长期发展产生巨大的负面影响。只有在正确理解金融与实体经济内在关联机制的前提下，才能建立并完善"总量—结构"层面均协调有序的现代金融体系。

5.1.1　"金融化—产业发展"的总量关系

从总量关系来看，根据新古典经济增长理论，假设封闭经济体系中简化为两部门——金融部门与实体经济部门。资源自由流动，技术进步中性，劳动具有同质性，经济结构不变，资本与其他要素处于最优配置状态，当给定资源约束条件，金融部门与实体经济部门之间社会资本分配决定了实际产出，相应的生产函数可表示为：

$$Y = F(K_1,\ K_2) \tag{5-1}$$

$$\text{s. t. } K_1 + K_2 = K \tag{5-2}$$

其中，K 为社会总资本，K_1 为实体经济资本存量，K_2 为金融部门资本存量，Y 为实际产出。假定资本同质，实际产出函数为一次齐次型，则实际产出函数可表示为：

$$y = Y/K = f(K_2/K_1) = f(k) \tag{5-3}$$

按照经济学一般假定，当产出函数具备索罗新古典经济增长理论模型形式时，由于资本边际产出递减，则实际产出函数具有以下四个方面性质：一是实际产出随金融资本存量增加而上升，即 $f'(k) > 0$；二是金融资本存量边际产出递减，存在 $f''(k) < 0$；三是当金融资本与实体资本的存量之比非常小时，金融资本存量边际产出效应趋于无限大，即 $f'(0) = \infty$；四是当金融资本与实体经济资本存量之比非常大时，金融资本存量边际产出效应非常小，即 $f'(\infty) = 0$。对于符合上述条件实际产出函数，将存在如下特征：

$$K' = K'_2/K_2 - K'_1/K_1 \tag{5-4}$$

$$Y'/Y - n = \delta(k)(K'_2/K_2 - n) \tag{5-5}$$

$$k' = k(bY/K_2 - n) = b(Y/K_2)(K_2/K_1) - nk = bf(k) - nk \tag{5-6}$$

其中，实体经济资本存量增长率为 $K'_1/K_1 = n$，$\delta(k) = kf'(k)/f(k)$ 则表示金融资本存量产出弹性，$b = K'_2/Y$ 为实际产出中金融资本增量占比。式（5-5）表明，实际产出按实体经济资本存量增长速度保持同步增长的前提是金融资本存量、实体经济资本存量同步增长。从式（5-6）可以看出，若 n 与 b 恒定，则存在一个金融资本存量与实体经济资本存量稳态比例 k^*，使得经济处于稳定增长状态。当 $k^* > k$，$k' > 0$ 时，k 将上升；当 $k > k^*$，$k' < 0$ 时，k 将下降；当 $k' = 0$ 时，k 将稳定在合意比例 k^*。根据式（5-4）与式（5-5）还可以看出，当 k 位于合意比例 k^* 时，金融资本存量、实体经济资本存量与实际产出增速相同，经济处于稳态均衡增长状态。

上述模型推导对于理解金融与实体经济的总量配置关系具有重要的实践意义，即在一定时期内给定经济发展的预算约束，稳定增长将符合最优经济增长状态，此时任何背离或偏离金融与实体经济合意资本存量比例的组合，都将对经济增长造成负面影响，导致稳态增长状态下最优产出高于实际产出。因此，无论是过度金融化——社会总资本存量中金融资本存量占比过高，或是金融化滞后——金融资本存量在社会总资本存量中比例过低，都会有损于一国或地区长期经济增长。只有与实体经济发展规模、速度、阶段动态匹配的金融化演进，才能实现最优增长状态。

5.1.2 “金融化—产业发展”的结构关系

在金融与实体经济之间总量配置关系基础上，进一步将分析框架拓展到金融与实体经济之间的结构协调关系，即论述金融结构与产业结构升级之间的内在联系。根据 Chenery 等（1989）在《工业化和经济增长的比较研究》中分析过程，假定宏观经济涉及两大部门：第一大部门（A 部门）表示在经济结构转变中的传统部门，第二大部门（B 部门）代表在经济结构转变中日益需求增加的新兴产业部门。同时，假定 A 部门、B 部门均可划分为隶属于实体经济部门的传统产业部门以及为传统产业部门提供金融服务的传统金融服务部门，实体经济部门中为实现产业结构升级主要依靠代表更高生产力的新兴产业部门。第一大部门中的传统产业部门标示为 K_{1a}，传统金融服务部门的资本存量为 K_{2a}，第二大部门中的新兴产业部门标示为 K_{1b}，新兴金融服务部门的资本存量为 K_{2b}，则存在如下等式关系：$K_{1a}+K_{2a}=K_a$，表示传统部门（A 部门）的资本存量；$K_{1b}+K_{2b}=K_b$，表示新兴产业部门（B 部门）的资本存量；$K_{1a}+K_{1b}=K_1$，即实体产业部门的资本存量为传统产业部门与新兴产业部门二者资本存量之和；$K_{2a}+K_{2b}=K_2$，即金融服务部门的资本存量为传统金融服务部门与新兴金融服务部门资本存量之和。若经济均衡发展，则第一大部门的传统产业部门与传统金融服务部门资本配置比例达到合理状态，即最优比例 k_a^*，第二大部门的新兴产业部门与新兴金融服务部门资本配置也达到最优比例 k_b^*。基于上述假设，并假定劳动力因素 L 不变，构造生产函数如下：

$$Y=F(K_a,\ K_b,\ L) \tag{5-7}$$

$$\text{s.t.}\quad K_{1a}+K_{2a}=K_a,\ K_{1b}+K_{2b}=K_b,\ K_a+K_b=K \tag{5-8}$$

其中，A 部门和 B 部门的内部结构分别标示为 K_a 与 K_b，当实体经济结构与金融结构保持不变，第一大部门与第二大部门处于稳定增长状态时，整个经济也将处于稳定增长状态。A 部门与 B 部门的实体经济部门与金融部门资本存量均实现合意比例，即：

$$k_a^* = K_{2a}/K_{1a} \tag{5-9}$$

$$k_b^* = K_{2b}/K_{1b} \tag{5-10}$$

随着经济发展、财富增加，居民收入水平不断提升，将促进消费结构升级。因此，实体经济部门的产业结构必须不断升级以适应人民群众日益增长的新的物质需求，实体经济结构将经历不断改变的过程。同时，消费结构升级将会使得具有更多知识与技术含量的产品生产过程更加复杂化，因此实际生产要求加大对人力资本、技术创新等的投资，新兴部门中实体经济部门投资会增加，且新兴部门中金融服务部门更大规模、更多样的金融服务需求提升。因此，K_{1a}与 K_{2a}会不断减少，K_{1b}和 K_{2b}会不断增加，表明在产业结构升级与实体经济转型过程中，K_a 的投资趋于减少，K_b 的投资会趋于增加。

根据经济学家 Patrick（1966）提出的需求追随与供给领先理论，若金融机构的设立及相关金融服务是对实体经济需求做出的反应，这种现象称为需求追随；若金融机构设立及提供的金融服务是先于经济增长产生需求而主动供给的，则称为供给领先。因此，随着经济转型与产业升级，必然引起金融结构相应调整，实体经济规模扩大要求金融部门提供更加复杂的金融服务和更为丰富的金融工具。这表明为同样数量实体经济资本存量提供的金融服务，B 部门比 A 部门要求更多的金融服务，即 A 部门的合意比例 k_a^* 小于 B 部门的合意比例 k_b^*。存在关系式：

$$k_a^* < k_b^* \tag{5-11}$$

由于该模型框架为简化推导，当涉及结构转变问题时，假定总量保持恒定，即实体经济部门与金融部门所提供的产品与服务种类不变，只是每种产品或服务相对规模产生了明显改变，这意味着结构转变过程中 A 部门、B 部门的合意比例均保持不变，即：

$$k_a^* = (K_{2a} - \Delta K_{2a})/(K_{1a} - \Delta K_{1a}) \tag{5-12}$$

$$k_b^* = (K_{2b} + \Delta K_{2b})/(K_{1b} + \Delta K_{1b}) \tag{5-13}$$

通常在经济发展过程中，一定时期内预算约束是保持不变的，因此当涉及结构转变时，B 部门的新增投资规模不可能持续扩张；此时的经济结构转变将通过消费需求对实体经济部门产业结构的导向作用以及新兴实体经济部门产业结构对新兴金融部门的导向作用实现，传统部门 A 社会可利用资源将流向新兴产业部门 B，基于式（5－7）和式（5－8）可得：

$$\Delta K = \Delta K_{1a} + \Delta K_{2a} = \Delta K_{1b} + \Delta K_{2b} \tag{5-14}$$

其中 ΔK 为总资本流动量，结合上述公式，经过推导得到：

$$\Delta K_{1b}/\Delta K_{1a} = (1 + k_a^*) / (1 + k_b^*) \tag{5-15}$$

进一步根据式（5－11），可以得到：

$$\Delta K_{1b}/\Delta K_{1a} < 1 \tag{5-16}$$

因此，可以得到：

$$\Delta K_{1b} < \Delta K_{1a},\ \Delta K_{2b} > \Delta K_{2a} \tag{5-17}$$

$$\Delta K_{1a} - \Delta K_{1b} = \Delta K_{2b} - \Delta K_{2a} \tag{5-18}$$

从上述一系列模型推导可以发现，产业结构的客观演进引起了资金再配置，进而引起了金融结构变化，实体经济部门产业结构升级使得金融资源从传统部门 A 流出，流入新兴部门 B，且从传统实体经济部门流出的资源 ΔK_{1a}大于流入新兴实体经济部门的资源 ΔK_{1b}为内部结构变动表现，超过部分流入了新兴金融部门，从而导致流入新兴金融部门的资源 ΔK_{2b}大于从传统金融部门流出的资源 ΔK_{2a}。这表明，在新兴产业部门结构升级之后，产业结构提升前所需的金融资源要低于同样的实体经济资本存量所需要的金融规模。这意味着产业结构升级会引起金融结构变革，金融结构是产业结构升级的必要条件；反之，若金融结构滞后并不能适应于产业结构，将阻碍产业升级。

总体来看，“金融化—产业发展”的总量模型与结构模型均表明，正确看待并处理金融与实体经济之间的关系，既要求保持总量上的匹配，也需要维持结构上的协调。无论是总量层面还是结构层面的失衡，最终都会对一国或地区经济长期发展造成负面影响。

5.2 经济金融化影响区域产业发展的作用途径

5.2.1 总量视角作用途径

总量视角下的金融化影响区域产业发展的作用途径，实质上是从整体层面分析金融体系的功能对经济增长的影响渠道。市场配置资源的核心问题在于如何将包括金融资本在内的各种要素投入到更高效率的生产和服务项目中去，在这一过程中，金融体系以支付清算、交易媒介、动员储蓄、资源配置、产权安排、风险管理、提供信息、公司治理等微观层面功能的释放，经过利率传导途径、信贷传导途径、资产价格传导途径、预期传导途径，联系了宏观层面并作用于资本积累与技术进步，最终推动经济增长并维持经济稳定运行（见图5－1）。

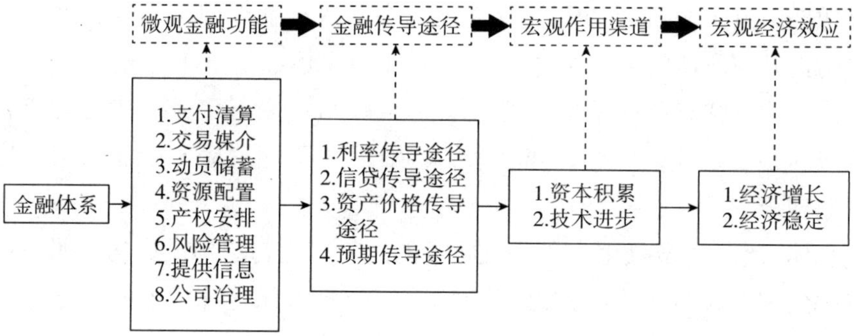

图5－1 总量视角作用途径

这四个金融传导途径立足于微观市场主体的经济行为，同时又将这些微观行为置于宏观经济系统运行框架中予以考虑，即金融体系作用途径的微观基础需要从金融机构的信贷行为、居民储蓄消费行为、企业投融资行为、政府政策行为中去探寻，而这些行为构成的整体环境及内生性关联模式则构成了总量视角下的金融体系核心作用路径。其中，利率传导途径重视价格发现与投融资功能，并构筑一般价值基准影响市场主体的行为；信贷传导途径与金融部门主要经济行为相关联，更加重视提供信息、风险管理与公司治理功能；资产价格传导途径立足于市场主体的信用能力与资产负债状况，强调金融顺周期效应对微观主体的系统性影响；预期传导途径通过市场主体决策的信息处理模式与前瞻性本质，为理解分散个体行为向集中群体性行为演变提供了一个基本的心理学解释路线。因此，上述四个金融传导途径实现了微观基础与宏观渠道、宏观效应的有机联系。

5.2.2　结构视角作用途径

在现实经济发展过程中，根据作用主体的结构差异，金融化对区域产业发展的影响可分为“银行中介主导型”与“资本市场主导型”两类；同时，无论是银行作用途径还是资本市场作用途径，从制度安排的角度来看，都包含政策性金融与市场性金融渠道。显然，在“银行中介主导”金融结构体系国家中，通过银行部门导入实体经济的资金比例要明显高于“资本市场主导”金融结构体系的国家；反之，通过金融市场配置资金比例更高。

5.2.2.1　银行中介途径

银行中介途径主要体现了通过间接融资渠道的政策性金融与市场性金融功能（见图 5 -2）。

首先，银行的信用活动影响了产业结构升级。资金从低效率部门行业流向高效率部门行业是产业结构变革能力及效果提升的重要标志。因此，银行的作用是通过市场化的资金价格——利率以及市场化的资金分配渠道合理有效地配置金融资源，引导其他生产要素在产业部门间的再分配，从而影响产业结构升级的方向。一方面，银行中介对以农业和传统工业为主的产业结构调整通过生产信贷活动发挥重要作用。在产业发展的早期阶段，产业结构以农业与传统工业为主，经济发展水平、居民收入水平较低，

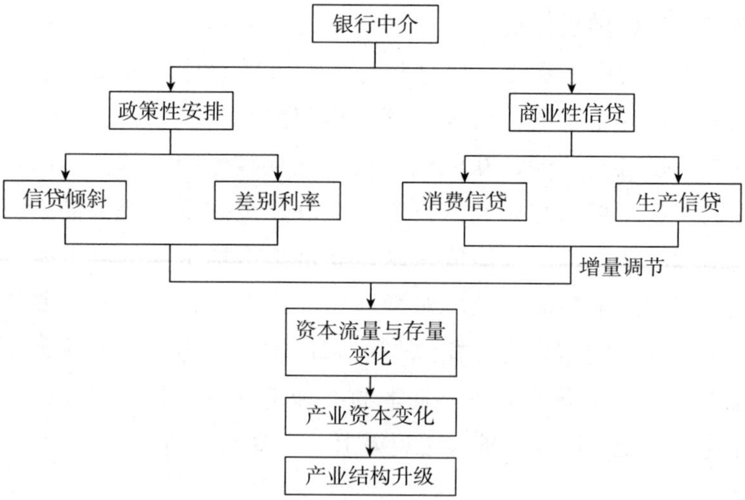

图 5－2　银行中介作用途径

市场主体风险规避动机较强，法律体系不健全、市场制度环境不完善，在此阶段银行中介间接融资能够有效地动员储蓄，并利用与生产企业的长期合作关系降低道德风险；同时，银行作为企业债权人与大股东，通常能获取企业运营、治理与项目实施等全面信息，协调企业战略规划、投资计划，最大限度地降低信贷风险，并通过对生产企业的监督与激励，弥补了制度环境发育不完善的欠缺。另一方面，银行中介通过消费信贷促进消费结构升级，进而推动产业升级。消费结构具有层次性，一般可分为生存消费、享受消费与发展消费三个层次，产业结构会适应消费结构的调整而相应调整，如经典的恩格尔定律就揭示了随着人均收入水平上升，第一产业产品消费额在居民消费支出中比重不断下降，居民消费倾向及结构向耐用消费品转移，规模化、科技化的工业生产迅速发展。因此，消费信贷规模与方向反映了市场主体消费结构升级的客观需求，尤其是现代产业发展受到科技创新部门的引导趋势越发显著，这不仅在于对预期收益的市场化判断，更在于对消费结构变动的客观把握。

其次，政策性金融安排影响了产业结构调整。间接融资渠道下的政策性金融旨在体现国家对重点产业的支持。一方面，通过信贷倾斜，政府干预商业银行的信贷投向与规模，贯彻国家产业选择意图，这在追赶型国家中较为普遍。商业银行采取鼓励或限制性信贷措施，对符合国家政策导向的项目予以积极扶持；同时，鼓励居民消费和信贷资金向国家重点支持的产业部门转移，从而影响产业结构调整。另一方面，政府通过实施差别利率政策，鼓励或抑制特定产业的发展。例如，政府对不同产业规定不同的官方利率，官定利率较低者则意味着享受了政策优惠，从而达到扶持特定行业的目的；或者通过制定低于市场均衡水平的利率，降低特定企业融资成本，影响投资方向与结构，最终达到促进产业结构调整的目标。

5.2.2.2　资本市场途径

资本市场途径主要体现了通过直接融资渠道的政策性金融与市场性金融功能（见图 5－3）。

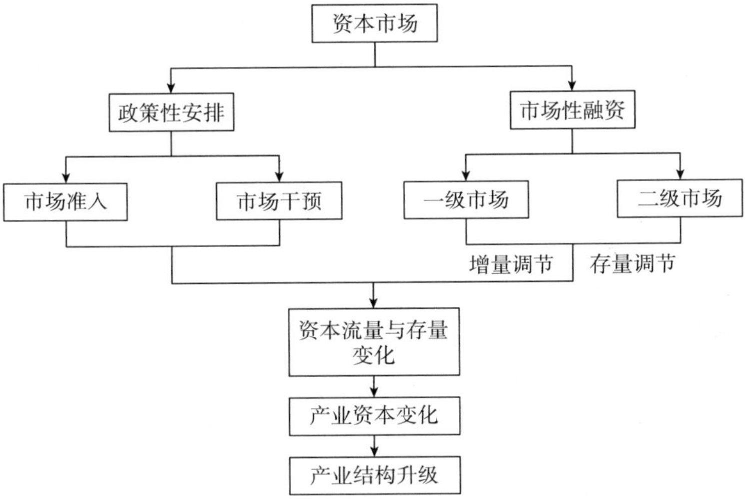

图 5－3　资本市场作用途径

首先，资本市场通过市场性融资促进产业结构升级。一方面，资本一级市场新发行证券实现了对产业结构的增量调节。资本市场越发达、层次越丰富，用于增量调节的资金规模越大、投入越集中，在短时间内筹集到巨额社会资本推动产业结构调整的功能越突出。同时，不同于财政资产与银行资产的投资主体风险承担相对集中问题，证券资产能够有效实现风险分散，有利于证券资产的迅速发展壮大。资本市场产业结构增量调节注重投资资金的使用效益，证券工具价格信息不仅反映了市场需求变化，而且其代表的资金流动反映了使用效益最大化的选择，引导增量资金配置到加快产业升级的创新部门。另一方面，资本二级市场的生产要素再配置实现了对产业结构的存量调节。产业结构升级高度依赖于生产要素跨部门、跨行业、跨地区的流动、组合与配置。而现代资本市场不仅是实现资金供求平衡的交易场所，也是一个资产存量与资本存量的交易市场。在发达资本市场条件下，资产并不以实物形态出现，而是通过资产货币化、证券化等金融形式表现出来，这使得资产存量突破了实体资产流动的时空限制，为产业结构调整与改变创造了前提条件，为企业产权交易提供了高效率、低成本转换机制与途径，并通过企业间兼并、重组、控股、参股等形式，实现了存量资产在产业部门间的优化配置，推动了产业结构升级。

其次，政策性金融安排与行为影响了产业结构调整。直接融资渠道下政府的行政计划安排一方面体现在资本市场的准入限制，主要通过证券发行市场规定上市门槛及标准在配股再筹资上给予政策倾斜，支持符合国家产业政策要求的实体企业融资，并对不符合国家政策导向的行业或产业予以严格的融资限制。另一方面政府干预资本市场运行的行为日益多样化，这在追赶型国家表现得尤其显著。例如，我国地方政府对金融业干预行为与手段不断拓展，从传统的银行业延伸到证券业，通过将债券融资、企业上市、基金设立等纳入区域目标管理考核体系，有选择性地扶持属地企业上市，给予上市公司税收减免、财政补贴等倾斜性政策；同时，地方政府介入私募股权投资与风险投资，积极设立产业投资基金。近年来，随着多层次资本市场体系建设步伐的加快，地方政府还参与到区域性股权交易市场的构建与管理中，积极发挥地方政府部门协调、监督、审批职责，并依托省、县、乡行政体系开展相关管理工作，旨在维护区域资本市场稳定发展，有利于有选择性地支持区域支柱产业、扶持特色产业。

5.3　经济金融化影响区域产业发展的作用机制

金融功能决定了金融体系的基本特性，金融作用途径表现在差异化的传导过程，而金融作用机制反映的是产业发展受金融体系影响的内在机理。具体来看，金融作用机制涵盖资本形成机制、信用催化机制、产业整合机制、资本导向机制、信息揭示机制、分散风险机制。事实上，这六方面作用机制均具有总量与结构视角的功能，但是相对而言，资金形成机制、信用催化机制、产业整合机制主要从金融体系的整体角度阐释影响机理，资金导向机制、信息揭示机制、分散风险机制则依据不同的金融结构，其影响机理具有明显差异性。

5.3.1　总量视角作用机制

（1）资本形成机制。资本形成机制反映了金融体系将社会储蓄转化为产业投资的功能。形成产业资本关键在两个环节：一是政府、企业与居民部门持有货币类、证券类等金融工具以储蓄方式投入形成金融资本；二是金融资本通过企业部门转化为机器设备、原材料等实物资本的过程。有效的金融体系发挥着促进国民储蓄与资金大规模积累的作用，通过多样化的金融资产为社会提供了多元化的投融资组合；尤其在经济体系的市场化水平较高时，通过建立良性的资本形成与转化机制，可扩大产业规模、拓展产业资本渠道。同时，金融体系依靠融资制度创新安排在一定程度上弥补了市场缺陷，能够有效缓解信息不对称问题，提高资金形成转化的效率，进而有利于扩大社会生产要素规模，为产业投资与经济发展积累大量资本。

（2）信用催化机制。金融与产业关系并不仅仅体现在服务于产业发展的客观要求，而是更加凸显金融通过信用创造活动，渗透到产业部门转换过程中，发挥促进产业扩张与调整的功能。因此，金融体系信用催化机制就是指信用创造活动加速了资本形成，提升实际产出中的资源使用效率，以此推动经济增长。信用扩张对产业发展的加速与催化效应，使得资本形成机制突破了社会闲散资金规模限制，资本流向通过资金增值返还为出发点，使其不局限于已存在的明显效益项目或产业，并通过甄选具有广泛前向、后向与旁侧扩散效应产业，以及具有前沿性的项目进行投资，在资金良性循环基础上实现经济发展，促进相关产业体系的构建与调整。

（3）产业整合机制。金融通过影响公司治理及控制方式，对于产业组织演化发挥着重要作用。金融发展提供了完备的信用扩张手段，促进了资本集中及转移，推动了现代企业向大型化、集团化发展。同时，企业集团化、规模化发展借助于金融体系的支持与服务，实现了集团内部联结与控制手段多样化，并打破了国界、地区、行业及部门的限制，以跨国公司的形式在全球进行要素配置，这种在全球范围内的资金流动，引导劳动力、技术、商品等资源的空间转移，改变了区际资源规模，推动了区域产业发展。特别是在当前垄断金融资本与产业资本高度融合的时代，发达国家通过有选择性地把部分资本由实业转移到金融业（由产而融），或者由金融行业向工商业渗透（由融而产），构建综合化、集团式运营的大型跨国金融控股集团实现多元化发展，并深刻影响了产业成长进程与全球产业价值链，真正实现了产业整合功能。

5.3.2 结构视角作用机制

（1）资本导向机制。资本导向机制表现在各生产部门之间产业增量资本与存量资本流动、再配置与重新组合。金融机构组织层次丰富、金融市场高度发达的金融结构体系为产业资本流动与配置提供了保障，进而有利于产业结构的调整与升级。具体来看，资本导向机制通过政策性金融的补充、校正、倡导机制，商业性金融的市场竞争与利益导向机制实现对生产要素在产业部门之间的优化配置。政策性金融在运用一般性金融调控工具调节货币供应量的同时，通过金融中介途径实施信贷选择与差别利率政策，制定严格的金融市场准入规则，引导资金投向国家支持的重点产业或区域。

商业性金融通过金融市场资金供求关系决定的金融价格与风险收益水平投融资活动，遵循市场主体利益最大化原则，按照流动性、收益性、安全性三性原则评估竞争行业投资项目，引导金融资源从创新能力差、效益低的部门向创新能力强、效益高的部门转移，提高了投资收益与要素生产率，致使产业成长呈现差异化趋势，竞争力强的产业快速发展，竞争力弱的产业不断萎缩，最终产业结构得以优化调整。

（2）信息揭示机制。金融的资源优化配置并促进产业结构升级功能需要一个基本前提，即金融体系高效地识别并评价投资项目，从中甄别最具投资价值的行业与企业。市场中的单一投资者由于单一市场主体普遍缺乏时间、能力与专业方法来收集和分析公司信息及市场状况，高昂的信息成本阻碍投资流向更高价值的生产部门。一方面，在信息揭示方面金融机构具有明显的规模效益，以及信息数量大、专业程度高、获取渠道广、加工集中化等比较优势，能够有效降低交易成本、改善资本配置效率，准确研判具有高成长性、高附加值、高创新性的产业部门。另一方面，金融市场不仅是一个资金汇集的市场，其产生还源于解决资本流动中的信息问题，特别是随着市场机制的完善与宏观环境的优化，在信息揭示方面资本市场的功能愈发凸显。在有效的资本市场中，各类证券工具价格以及公开发布的多样化研究分析报告，能够充分反映宏观经济运行、企业运营、行业发展最新信息并及时对外披露（包括强制性披露与自愿披露），这些权威、准确、及时的信息会降低投资者获取信息成本，提升金融市场交易效率，增加交易透明度，引导生产要素流向收益水平高的企业与行业，从而促进产业结构升级。

（3）分散风险机制。金融影响产业结构升级除了资本配置基本功能外，另一项重要功能则体现在风险分散及管理方面。首先，金融机构运作就是在聚集、交易、配置及管理风险，促使高风险、高创新性、高效率的技术获得更多资本投入，从而推动产业升级。对于处于萌芽期的创新型产业、高新技术产业，尚不成熟的新兴产业一般蕴含了较大风险，金融机构通过专业化的手段、技术与团队对高风险、高收益行业进行风险评估与防范，建立风险管理机制，保障了符合国家政策导向、具有发展潜力但不确定性较高的企业能够获得更大规模的资金支持；特别是在高质量的经济发展阶段，从事风险投资的金融机构在鼓励创新活动的投资行为，服务新兴实体经济方面的重要作用愈发凸显。同时，保险类机构的失业、医疗等社会保险与商业险种，在很大程度上消除了经济主体各项隐忧，优化了外部环境、维持了资金良好运营，为产业结构升级过程提供了保障。其次，金融市场通过分散风险推动产业升级具有天然的比较优势。例如，股票市场通过提供流动性风险分散机制，鼓励储蓄者扩大财富中的长期资本投资形式，随着股票市场交易成本的下降，非流动性、高收益、高风险的创新性产业项目与企业将获得更大规模的持续金融支持。而随着多层次资本市场的建立与完善，尤其是场外市场的多层次建设，风险投资、私募基金等机构将借助场外市场分散与转移风险，实现甄别高新技术项目与企业的功能，有利于加速技术创新。此外，资本市场还能通过国际金融市场一体化强化风险分散效果，提高资产投资多样化水平与国家风险共担的能力，将更多的资源要素配置到收益更高的项目中，有利于本国企业向全球产业价值链的中高端攀升。

第6章 经济金融化对我国区域产业发展影响的概述、问题及原因分析

改革开放后，我国进行了渐进式的体制转轨与经济转型，区域经济由计划经济时期的均衡发展阶段进入了非均衡发展阶段。正是由于邓小平提出“两个大局”宏伟构想，制定的区域经济非均衡发展总体战略为改革开放后举世瞩目的中国式增长奇迹奠定了思想基础，使得国民经济保持了长期稳定的中高速增长。并且改革开放以来，我国初步确立了东部率先发展、中部崛起、西部大开发和东北振兴四大经济区域联动发展的空间格局。然而，国民经济中高速增长与区域发展不平衡相背离的矛盾愈发凸显，尽管国家特别强调了实施区域协调发展的重要性，但是区域发展不平衡、不协调、不可持续的格局仍未得到根本改变，区域发展差距仍然较大，这不仅表现在区域经济金融化的演进方面，而且还体现在区域产业发展方面。本章基于“总量—结构”视角，通过对我国经济金融化、区域产业发展的历程、变化趋势与现状进行详细的描述分析、比较研究，试图阐述金融化对区域产业发展影响存在的矛盾与问题，并深入揭示问题的根源，捋清表象背后的深层次本质。

6.1 我国经济金融化的发展历程与现状分析

6.1.1 金融化演进与现状——总量视角

经济金融化从总量上看，表现在金融体系规模的不断扩张、金融部门在国民经济体系中逐步占据主导地位的过程；金融化的社会属性还表明，它是一种对其他所有资源（包括自然资源与社会资源）具有配置调节功能的关键环节。因此，为充分反映我国东部、中部、西部、东北四大经济区域金融化演进的时空特征，考虑到在银行业主导的金融体系基础上，我国各地区证券业、保险业发展迅猛，金融资产日益多样化、金融工具日趋复杂化，通过（存贷款余额+股票市价总值+保费收入）/地区生产总值指标来衡量金融化整体状况，试图反映区域层面金融化演进由少到多的积累过程。

2003~2015年四大经济区域金融化演进趋势如图6-1所示。总体上看，各区域金融化水平呈现出小幅波动的缓慢上升特征。具体来看，东部地区金融化指标上升幅度最大，从3.57扩大到5.29；西部地区上升幅度最小，从2.03扩大到2.99。从东部、中部、东北到西部金融化程度逐渐递减，东部金融化水平一枝独秀，历年来始终保持在高位运行，西部与东北地区较为相近，金融发展水平普遍落后，并且发达地区与欠发达地区金融化不平衡的总体规模差距仍然十分显著。

6.1.2 金融化演进与现状——结构视角

金融化演进从结构视角来看，核心在于金融结构的变迁；而根据经典的二分法，金融结构变迁就表现在经济系统中的非金融部门间接融资与直接

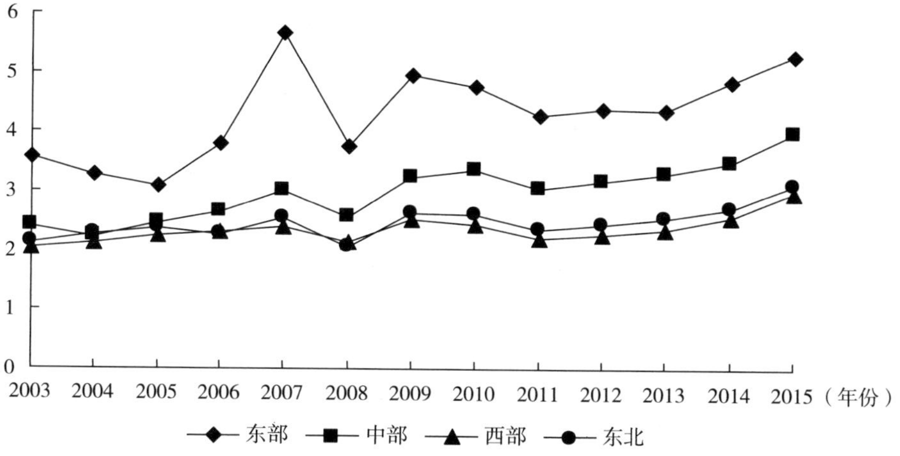

图 6 -1　2003 ~2015 年区域金融化演进趋势

资料来源：根据历年《中国区域金融运行报告》《中国统计年鉴》《中国金融年鉴》整理计算而得，通过插值法补齐缺失数据。

融资的比重关系。我国作为一个转轨、发展中、非中心货币的新兴经济体，长期以来一直是以间接融资为主导的金融结构。从流量上看，2016 年社会融资增量规模中间接融资占比为 75.3%；从存量上看，2016 年社会融资存量规模比重中间接融资占比为 84.8%；从金融资产结构角度来看，2016 年银行存款与信贷合计占比为 65.8%，表明当前我国金融资产配置仍然集中在银行体系。从中观层面上看，各区域经济金融发展程度的客观差异性，使得融资结构在各地区表现出不平衡的态势。

由于融资结构是一个动态变迁过程，涉及了间接融资与直接融资主导地位的更替与相对比重的变化，而根据一般演进规律，融资结构变迁是一个直接融资相对比重不断提升、资本市场地位与功能在一国或地区作用愈发显著的过程。同时，这一指标也充分考虑到我国区域层面各省份相关统计数据的可得性与一致性。因此，本书以我国四大经济区域直接融资额/间接融资额，即（股票筹资额 + 债券筹资额）/银行贷款融资额作为融资结构替代性度量指标，力求更客观地揭示区域融资结构经历由浅化到深化、由简单到复杂、由低级到高级的动态趋势。

2000～2016 年四大经济区域融资结构变动趋势如图 6－2 所示。总体上看，随着我国金融市场化程度的不断提升，直接融资在融资结构中的比重逐年上升，反映出资本市场在现代金融体系中地位愈发重要。具体来看，2005 年前，四大经济区域融资结构均呈在低位波动的特征；股权分置改革后，通过资本市场直接融资额度均呈现较明显的上升趋势，其中东部地区 2007 年融资结构指标达到 0.431，在金融危机冲击下银行信贷大规模投放导致杠杆率攀升，而 2009 年融资结构比则迅速下降到 0.220；此后呈现小幅波动的上升趋势，2016 年达到 0.575，表明非金融部门融资规模中通过直接融资的比重超过 1/3，在四大经济区域中排名第一。2010 年后中部地区融资结构变动缓慢，维持在 0.30～0.34 的区间平稳运行。近年来西部地区借助于第二轮西部大开发的政策支持，特别是“一带一路”的历史机遇，大力推进金融开放，2013 年后融资结构改善显著，2016 年达到 0.252 的历史高位。2012 年后东北地区融资结构变动反而有小幅下降，这与其较低的市场化水平、国有金融体系主导下的金融压抑有较大关系，因此东三省面临着严峻的转型困境。

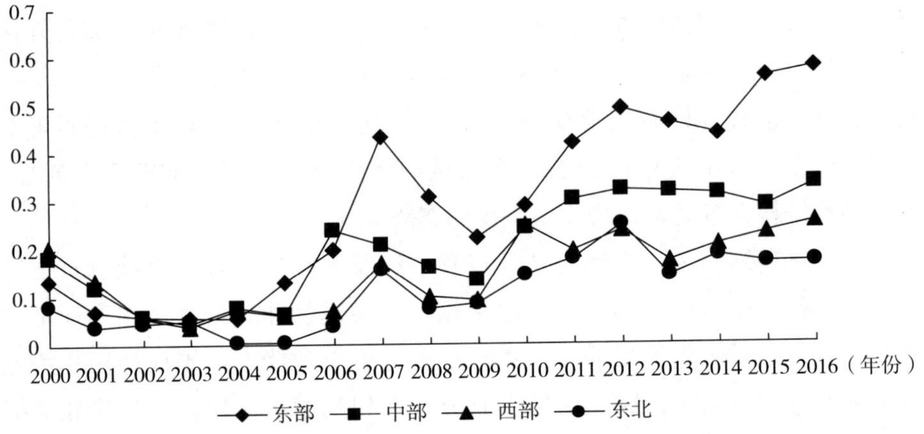

图 6－2　2000～2016 年区域融资结构变动趋势

资料来源：根据历年《中国区域金融运行报告》《中国金融年鉴》及地区社会融资规模统计表整理计算而得。

6.2　我国区域产业发展的历程与现状分析

6.2.1　区域产业发展演进与现状——总量视角

经过四十年的改革开放，我国已形成了较完备的工业体系，全球制造大国的地位进一步巩固，产业发展迅猛得益于经济总量持续扩张，国家整体经济实力有了很大提升。从区域层面来看，产业发展衡量某一区域在一定时间内第一产业增加值、第二产业增加值与第三产业增加值之和，也就是在报告期内以货币形式表现的产业生产活动的最终生产成果总和，即地区生产总值。同时，区域产业规模由少变多的不断累积，需要经历一个动态演进过程，这表明区域产业发展还具有时空上的阶段性与差异性特征。

表6－1与图6－3、图6－4、图6－5显示了四大经济区域生产总值、全国总量占比以及人均地区生产总值的演进趋势。具体来看，首先，东部地区经济总量长期居于四大区域之首，1990～2016年扩张了47倍多，2016年达到41.02万亿元，国民经济的贡献率从1993年后始终平稳地保持在50%以上，2016年高达52.6%；人均地区生产总值也呈现出稳定的逐年上升态势，2016年达到8.36万元，分别是同期中部、西部与东北地区的约1.93倍、1.94倍与1.73倍。可见，东部发达地区总体经济实力雄厚，作为全国经济重心的地位明显。其次，中西部欠发达地区具有相似的变化趋势。1990～2016年中部地区生产总值扩张了近40倍，2016年为16.06万亿元，对国民经济的贡献率达到20.6%，人均地区生产总值也保持了平稳的上升趋势；西部地区生产总值在27年间从0.37万亿元上升到15.68万亿元，人均地区生产总值从0.13万元攀升到4.32万元，对国民经济的贡献率则围绕在20%左右小幅波动。西部幅员辽阔却人口相对稀少，占全国地理面积71.5%却只占全国总人口的28.6%，尽管从纵向上看经济总量逐年提升，

但横向上比较与沿海发达地区仍有较大差距。最后，东北地区除了人均地区生产总值领先于中西部外，从经济总量上看在四大经济区域中扩张最慢，1990～2016年增长了近23倍，2016年为5.24万亿元，仅相当于东部、中部、西部同期指标的12.8%、32.6%、33.4%；国民经济贡献程度也为所有区域中最低，尤其是全国占比还呈现出逐年下降的态势，从1990年的11.9%下降到2016年的6.7%，近年来东北地区自然资源逐渐枯竭、经济增速放缓、传统产业转型困难，产业发展陷入衰落与停滞的恶性循环，突出表现在经济总量的相对下滑。

表6-1　1990～2016年四大经济区域生产总值变动基本状况

年份	地区生产总值（万亿元）				地区生产总值全国占比（%）				人均地区生产总值（万元/人）			
	东部	中部	西部	东北	东部	中部	西部	东北	东部	中部	西部	东北
1990	0.85	0.40	0.37	0.22	46.1	21.8	20.3	11.9	0.27	0.13	0.13	0.22
1991	1.00	0.44	0.43	0.25	47.3	20.7	20.3	11.7	0.31	0.14	0.14	0.24
1992	1.26	0.53	0.51	0.30	48.6	20.3	19.5	11.5	0.39	0.16	0.16	0.29
1993	1.72	0.67	0.64	0.39	50.2	19.5	18.8	11.5	0.52	0.20	0.20	0.37
1994	2.32	0.87	0.84	0.50	51.3	19.1	18.6	11.0	0.68	0.26	0.26	0.47
1995	2.98	1.13	1.05	0.59	51.9	19.6	18.2	10.3	0.85	0.33	0.31	0.56
1996	3.47	1.44	1.23	0.69	50.8	21.1	18.0	10.1	0.98	0.39	0.36	0.64
1997	3.91	1.64	1.36	0.77	50.8	21.3	17.8	10.1	1.10	0.44	0.40	0.71
1998	4.23	1.73	1.46	0.82	51.3	21.0	17.8	10.0	1.20	0.47	0.44	0.76
1999	4.54	1.80	1.54	0.87	51.9	20.6	17.5	10.0	1.30	0.49	0.46	0.80
2000	5.10	1.98	1.67	0.97	52.5	20.4	17.1	10.0	1.44	0.54	0.51	0.89
2001	5.86	2.07	1.87	1.05	54.0	19.1	17.3	9.7	1.57	0.60	0.56	0.96
2002	6.57	2.27	2.07	1.14	54.5	18.8	17.2	9.5	1.75	0.66	0.62	1.04
2003	7.70	2.59	2.37	1.27	55.3	18.6	17.0	9.1	2.01	0.75	0.71	1.16
2004	9.28	3.16	2.86	1.45	55.4	18.9	17.1	8.7	2.39	0.91	0.85	1.33
2005	11.05	3.74	3.41	1.72	55.5	18.8	17.1	8.6	2.75	1.06	0.98	1.56
2006	12.92	4.35	4.03	1.98	55.5	18.7	17.3	8.5	3.12	1.22	1.15	1.79
2007	15.40	5.30	4.92	2.36	55.1	18.9	17.6	8.4	3.63	1.47	1.38	2.12
2008	18.04	6.40	6.04	2.84	54.1	19.2	18.1	8.5	4.13	1.82	1.76	2.57
2009	19.67	7.06	6.70	3.11	53.8	19.3	18.3	8.5	4.39	1.98	1.93	2.81
2010	23.20	8.61	8.14	3.75	53.1	19.7	18.6	8.6	5.06	2.42	2.35	3.37
2011	27.14	10.45	10.02	4.54	52.0	20.0	19.2	8.7	5.79	2.93	2.88	4.07

续表

年份	地区生产总值（万亿元）				地区生产总值全国占比（%）				人均地区生产总值（万元/人）			
	东部	中部	西部	东北	东部	中部	西部	东北	东部	中部	西部	东北
2012	29.59	11.63	11.39	5.05	51.3	20.2	19.8	8.8	6.25	3.25	3.24	4.53
2013	32.48	12.79	12.70	5.47	51.2	20.2	20.0	8.6	6.78	3.55	3.59	4.90
2014	35.01	13.87	13.81	5.75	51.2	20.3	20.2	8.4	7.24	3.81	3.88	5.15
2015	37.30	14.70	14.50	5.78	51.6	20.3	20.1	8.0	7.65	4.00	4.04	5.20
2016	41.02	16.06	15.68	5.24	52.6	20.6	20.1	6.7	8.36	4.33	4.32	4.84

资料来源：根据历年《中国统计年鉴》数据整理计算而得。

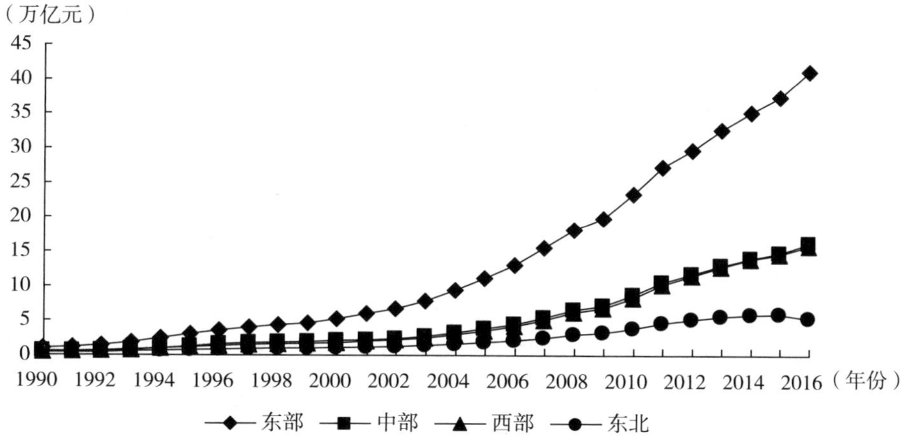

图 6－3　1990～2016 年地区生产总值变动趋势

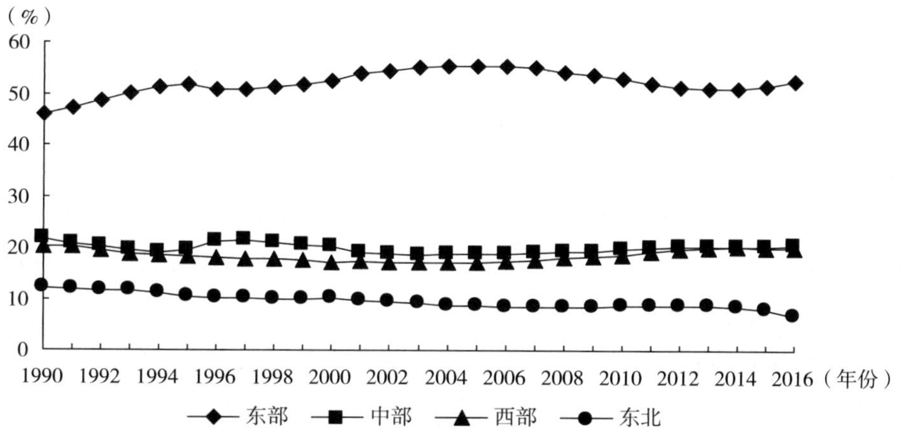

图 6－4　1990～2016 年地区生产总值占比变动趋势

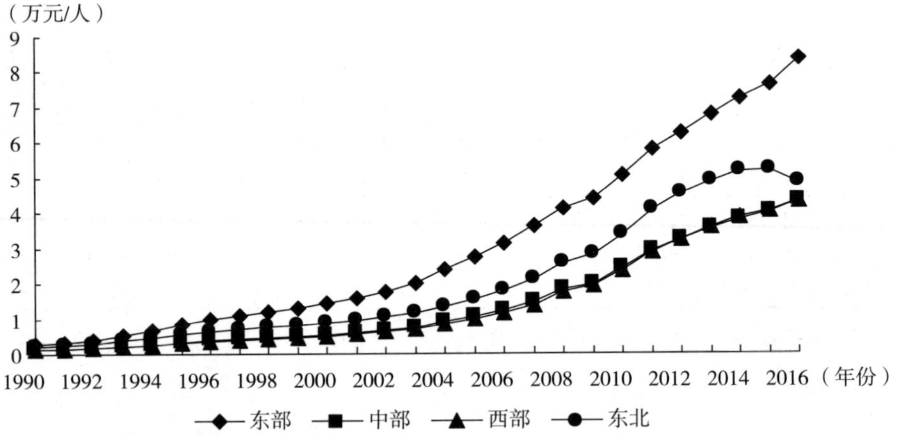

图 6－5　1990～2016 年人均地区生产总值变动趋势

6.2.2　区域产业发展演进与现状——结构视角

区域产业发展相互作用、相互依赖的关系需要深入到产业结构层面进行系统分析，而区域产业发展水平与质量的关键因素是区域产业结构。区域产业结构演进是一个阶段性的动态过程，根据 Kuznets 经典理论，三次产业结构演进通常可以划分为五个阶段：一是前工业化阶段，产业结构特点是一产比重大于二产比重；二是工业化初期，特点是一产比重小于二产比重，且一产比重大于 20%；三是工业化中期，特点是一产比重小于 20%，二产比重大于三产比重；四是工业化后期，特点是一产比重小于 10%，二产比重大于三产比重；五是后工业化阶段，特点是一产比重小于 10%，二产比重小于三产比重。同时，根据配第—克拉克定律，随着人均国民收入水平提高，劳动力从第一产业向第二产业转移，当人均国民收入水平进一步提高时，劳动力向第三产业转移。因此，该部分通过三次产业产值比例及劳动力构成状况，反映四大经济区域产业结构变迁的客观趋势。

表 6－2 显示了四大经济区域三次产业产值结构变动状况，图 6－6、图 6－7、图 6－8 则分别反映了三次产业在不同经济区域的演进态势。1990～

2016 年，东部、中部、西部、东北地区三次产业产值构成具有一定程度的相同变化趋势：第一产业产值比重大幅下降，第二产业产值比重维持小幅波动且 2011 年后均表现出明显的下降态势，第三产业产值比重逐渐攀升且 2011 年后均表现出明显的上升态势，表明四大经济区域产业结构演进呈现出不断优化的总体轨迹。

表 6－2　1990～2016 年四大经济区域三次产业产值结构变动

年份	第一产业比重（%）				第二产业比重（%）				第三产业比重（%）			
	东部	中部	西部	东北	东部	中部	西部	东北	东部	中部	西部	东北
1990	22.5	34.8	34.8	20.6	45.7	37.1	34.9	49.3	31.8	28.2	30.3	30.1
1991	20.8	30.8	32.4	18.1	45.4	38.6	35.6	48.5	33.8	30.5	32.0	33.4
1992	18.0	28.3	29.9	16.5	47.7	40.3	36.8	49.9	34.3	31.3	33.3	33.6
1993	15.8	26.2	26.9	15.7	50.3	42.5	40.0	51.9	33.8	31.3	33.1	32.4
1994	15.8	27.2	27.3	17.7	50.2	41.4	40.1	50.1	34.0	31.4	32.7	32.3
1995	15.8	28.3	27.0	18.0	49.2	39.9	39.5	49.2	35.0	31.8	33.5	32.8
1996	15.1	27.9	26.9	18.8	48.7	39.7	39.1	48.7	36.2	32.4	34.0	32.5
1997	13.9	26.6	26.1	16.9	48.6	39.9	38.9	48.5	37.5	33.5	35.0	34.6
1998	13.1	25.0	24.9	16.9	48.1	40.1	38.7	47.7	38.8	34.9	36.4	35.5
1999	12.6	21.6	23.8	15.1	48.7	44.4	41.0	48.8	38.7	34.0	35.2	36.1
2000	11.5	20.2	22.3	12.9	49.1	44.6	41.5	51.5	39.4	35.2	36.2	35.6
2001	10.9	19.4	21.0	12.8	48.7	44.9	40.7	50.1	40.4	35.7	38.3	37.1
2002	10.1	18.5	20.0	12.8	49.0	45.6	41.3	49.7	40.9	35.9	38.6	37.5
2003	9.1	16.8	19.4	12.4	51.4	46.8	42.9	50.7	39.5	36.4	37.8	36.9
2004	8.9	17.8	19.5	12.7	53.3	47.7	44.3	51.6	37.8	34.5	36.2	35.7
2005	7.9	16.7	17.7	12.8	51.6	46.8	42.8	49.6	40.5	36.6	39.5	37.6
2006	7.3	15.3	16.2	12.1	51.9	48.5	45.2	50.8	40.8	36.2	38.6	37.1
2007	6.9	14.6	16.0	12.1	51.5	49.5	46.3	51.4	41.6	35.9	37.7	36.4
2008	6.8	14.6	15.6	11.7	51.7	50.9	48.1	53.0	41.5	34.5	36.3	35.3
2009	6.5	13.6	13.7	11.4	49.3	50.4	47.5	49.9	44.1	36.0	38.8	38.7
2010	6.3	13.0	13.1	10.6	49.4	52.4	50.0	52.5	44.3	34.6	36.9	36.9
2011	6.2	12.3	12.7	10.8	48.9	53.5	50.9	53.1	44.9	34.1	36.3	36.1
2012	6.2	12.1	12.6	11.3	47.8	52.8	50.1	50.8	46.0	35.1	37.3	37.9
2013	6.2	11.8	12.5	11.7	46.9	52.1	49.5	49.7	47.0	36.1	38.1	38.7

续表

年份	第一产业比重（%）				第二产业比重（%）				第三产业比重（%）			
	东部	中部	西部	东北	东部	中部	西部	东北	东部	中部	西部	东北
2014	5.8	11.1	11.9	11.2	45.4	49.6	47.4	47.4	48.8	39.3	40.7	41.5
2015	5.6	10.8	12.0	11.4	43.5	46.8	44.6	43.0	50.8	42.4	43.4	45.6
2016	5.3	10.4	11.9	12.1	42.3	45.4	42.9	38.2	52.4	44.2	45.2	49.7

资料来源：根据历年《中国统计年鉴》数据整理计算而得。

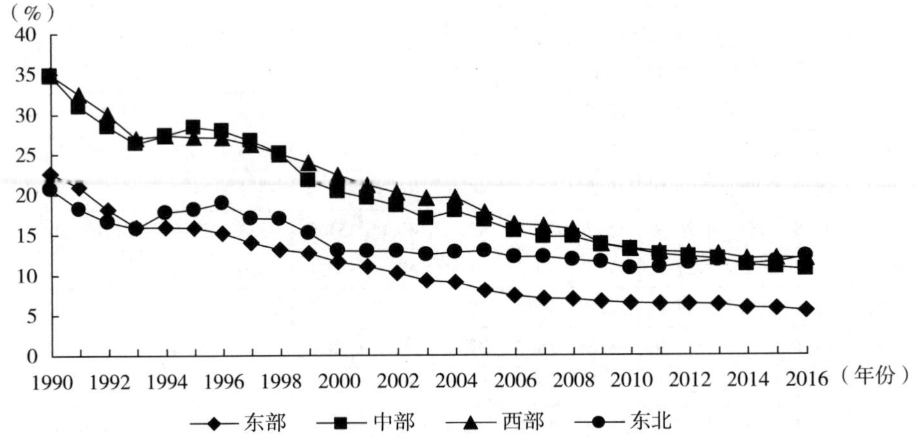

图 6-6　1990～2016 年四大经济区域第一产业产值占比变动趋势

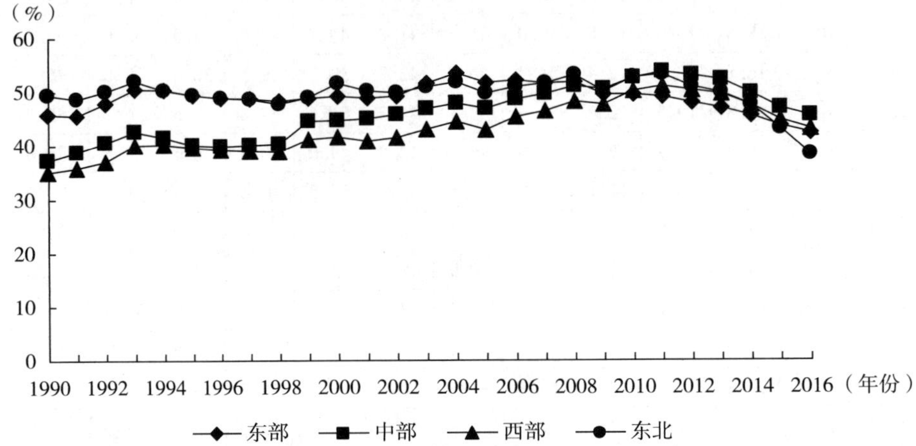

图 6-7　1990～2016 年四大经济区域第二产业产值占比变动趋势

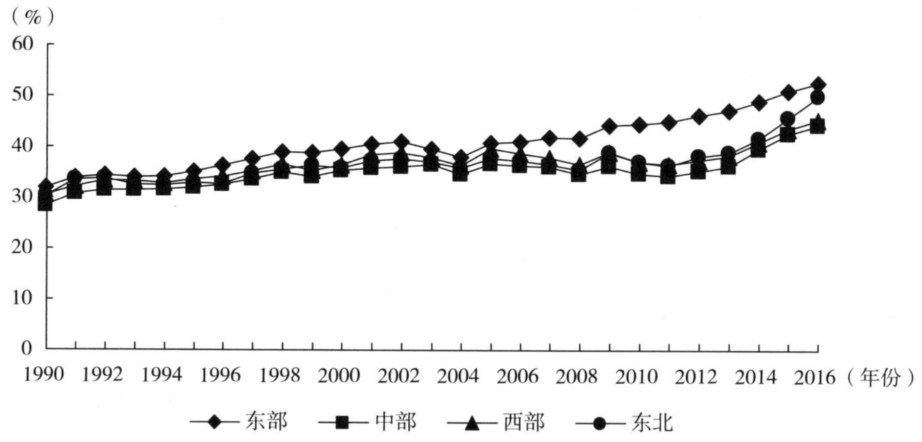

图6-8　1990~2016年四大经济区域第三产业产值占比变动趋势

同时，四大经济区域产业结构演进也具有显著的差异性，东部地区1990年三次产业产值比重为22.5∶45.7∶31.8，2016年为5.3∶42.3∶52.4，产业结构从工业化初期演进到后工业化阶段；中部地区1990年三次产业产值比重为34.8∶37.1∶28.2，2016年为10.4∶45.4∶44.2，产业结构从工业化初期演进到工业化中期；西部地区1990年三次产业产值比重为34.8∶34.9∶30.3，2016年为11.9∶42.9∶45.2，产业结构从工业化初期演进到工业化中后期；东北地区1990年三次产业产值比重为20.6∶49.3∶30.1，2016年为12.1∶38.2∶49.7，产业结构从工业化初期演进到工业化中后期。可见，区域间产业结构水平差距日益凸显，东部地区产业结构调整力度远大于其他地区，已率先进入后工业化阶段，服务经济发展迅猛，产业知识化成为主要特征，第三产业已超过第二产业成为地区经济发展的支柱。西部与东北地区当前已进入工业化中后期阶段，第三产业有了较大发展，然而传统农业占比仍然较高，区域二元经济结构的特征依然明显。中部地区当前仍处于工业化中期阶段，产业结构调整滞后，工业重心由基础工业向高加工度工业转变，第二产业在地区生产总值中占比最大，第三产业还未能成为区域经济的支柱产业，经济增长服务化程度有待提升。

表6-3显示了四大经济区域三次产业劳动力结构变动状况，图6-9、

图6－10、图6－11则分别反映了三次产业劳动力在不同经济区域的演进态势。1990～2016年，东部、中部、西部、东北地区三次产业劳动力构成变动总体上符合产业结构演进一般规律：随着经济阶段性发展，第一产业劳动力所占比重处于稳步下降的态势，第二产业劳动力比重小幅度波动，第三产业劳动力占比则上升明显。同时，四大经济区域产业结构演进也具有显著的差异性。其中，东部地区劳动力结构有很大程度改善，从1990年的54.2∶27.7∶18.1变动为2016年的22.3∶37.7∶40.0，由“一、二、三”演变为“三、二、一”劳动力结构关系。中西部地区第一产业劳动力比重仍然过高，虽然呈现下降趋势，但2016年占比分别高达35.9%与45.0%，传统农业部门劳动力过多的就业结构与产值过低的产业结构背离说明了我国欠发达地区第一产业发展效率较低，农业生产仍然受到落后技术水平的限制。而中西部第二产业与第三产业劳动力比重相对较低，则表明欠发达地区劳动力由传统农业部门向现代工业与服务业部门的转移还不充分，第二、第三产业吸纳第一产业劳动力的能力有待提升。东北地区第二产业劳动力占比相对下降而第三产业劳动力比重有所提升，然而第一产业劳动力占比则长期维持在一个较为稳定的区间且下降幅度较小，2016年为33.6%，相对于1990年仅降低了5.9%，东北地区振兴与产业结构优化调整仍面临诸多困难。

表6－3　1990～2016年四大经济区域三次产业劳动力结构变动

年份	第一产业劳动力比重（%）				第二产业劳动力比重（%）				第三产业劳动力比重（%）			
	东部	中部	西部	东北	东部	中部	西部	东北	东部	中部	西部	东北
1990	54.2	63.9	68.6	39.5	27.7	19.3	15.5	35.9	18.1	16.8	15.9	24.6
1991	53.9	63.9	71.1	39.1	27.8	19.2	14.1	35.9	18.3	16.8	14.7	25.0
1992	52.2	62.9	67.0	38.2	28.4	19.8	15.8	36.1	19.4	17.4	17.2	25.6
1993	49.7	60.6	65.1	37.6	29.9	20.8	16.3	36.2	20.3	18.6	18.5	26.2
1994	47.3	59.0	63.0	36.8	30.7	21.5	16.6	34.6	22.0	19.5	20.4	28.6
1995	45.8	56.9	61.6	36.6	30.6	22.1	17.5	34.2	23.6	21.0	20.9	29.2
1996	44.5	55.6	59.9	36.4	30.5	22.4	17.7	33.3	25.0	22.0	22.4	30.2
1997	44.3	54.8	59.6	36.5	30.3	22.0	17.3	31.8	25.5	23.3	23.1	31.7
1998	44.5	54.3	59.1	42.4	29.2	20.9	16.9	27.2	26.4	24.8	24.1	30.5

续表

年份	第一产业劳动力比重（%）				第二产业劳动力比重（%）				第三产业劳动力比重（%）			
	东部	中部	西部	东北	东部	中部	西部	东北	东部	中部	西部	东北
1999	44.1	55.5	58.4	42.2	28.4	20.4	16.3	26.4	27.5	24.1	25.3	31.5
2000	43.0	56.2	56.7	43.0	28.4	20.4	16.5	25.3	28.5	23.4	26.7	31.6
2001	42.1	55.7	57.7	43.0	28.7	19.8	15.7	24.4	29.2	24.6	26.5	32.5
2002	40.3	54.5	56.5	43.5	29.7	20.0	15.7	23.6	29.9	25.5	27.8	32.9
2003	38.2	52.6	55.5	43.9	32.0	21.1	16.1	22.6	29.8	26.3	28.4	33.5
2004	35.7	50.9	54.2	41.9	33.2	21.7	16.1	23.4	31.1	27.4	29.7	34.7
2005	33.1	49.0	57.4	41.0	34.7	22.4	14.9	23.4	32.1	28.6	27.6	35.7
2006	31.4	47.3	56.0	40.4	35.6	23.2	15.5	23.3	33.0	29.6	28.5	36.3
2007	29.6	45.4	54.7	39.2	36.6	24.1	16.9	23.5	33.8	30.5	28.4	37.3
2008	28.8	44.2	53.4	38.8	36.6	24.6	17.3	23.3	34.6	31.2	29.3	37.9
2009	27.7	43.6	52.3	38.1	37.0	25.8	18.6	23.3	35.3	30.6	29.2	38.6
2010	26.2	42.6	51.1	37.2	38.0	26.0	19.3	23.0	35.8	31.4	29.6	39.8
2011	25.0	41.1	49.9	36.5	38.7	26.2	19.9	22.9	36.3	32.8	30.1	40.6
2012	24.3	39.7	49.9	35.4	38.9	26.8	19.3	23.0	36.8	33.5	30.8	41.6
2013	23.4	38.3	48.5	33.9	38.8	27.6	19.8	24.2	37.8	34.1	31.8	41.8
2014	22.6	37.6	47.0	32.7	38.4	27.5	20.0	23.9	39.1	34.8	33.0	43.4
2015	22.0	36.6	41.6	33.5	37.9	27.6	21.3	23.1	40.1	35.8	37.2	43.4
2016	22.3	35.9	45.0	33.6	37.7	27.5	19.6	21.6	40.0	36.5	35.4	44.9

资料来源：根据历年《中国统计年鉴》《中国人口和就业统计年鉴》及各省份统计年鉴整理计算而得。部分省份个别年份未公布相关统计数据，采用插值法补齐缺失数据。

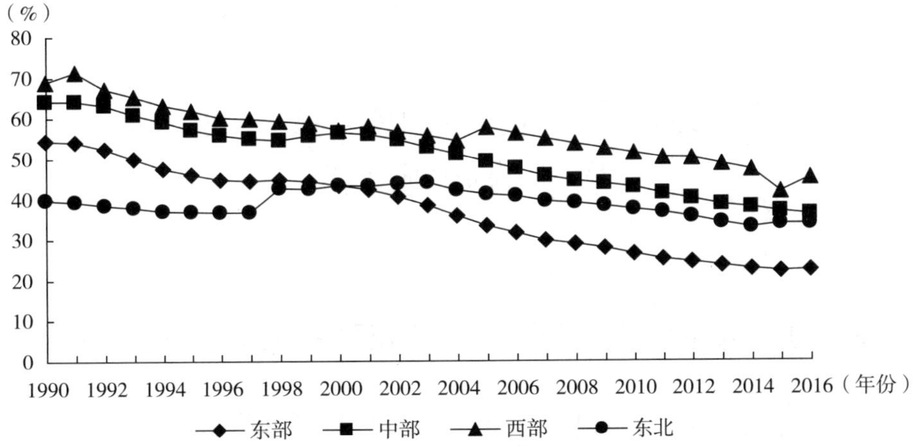

图6-9　1990~2016年四大经济区域第一产业劳动力占比变动

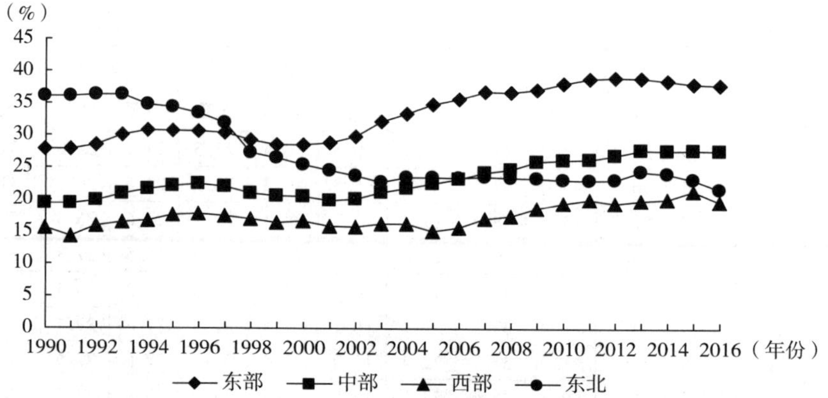

图 6-10　1990~2016 年四大经济区域第二产业劳动力占比变动

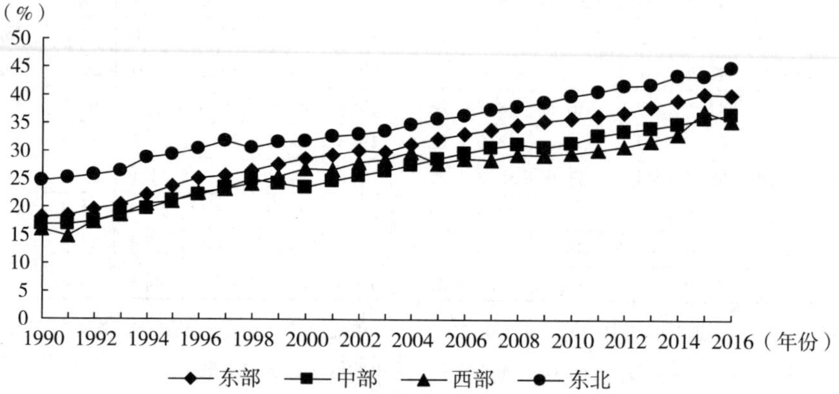

图 6-11　1990~2016 年四大经济区域第三产业劳动力占比变动

6.3　经济金融化对我国区域产业发展影响的问题分析

6.3.1　资金总量差距引致区域产业规模分布不平衡

总量层面上，我国经济金融化的空间差异与多年来资金要素流动的规模与方向失衡有直接关系，而我国资金流动的区域差异则引致了产业规模空间分布不平衡，使得在资本形成机制与信用催化机制作用下，各地区产业资本规模具有明显差异。尤其是我国作为一个典型的转轨经济体，区域资金流动受到市场自动均衡机制与政府行政性非自动均衡机制的共同影响，使得政策导向下与市场导向下的要素空间流动加剧了区域分化。

本书借鉴郭金龙和王宏伟（2004）、时光（2010）、彭文斌（2011）的研究方法，采用政府驱动的财政资金流动、金融部门的信贷资金流动以及国外资本流动来粗略反映区域间资金流动及分配状况。考虑到我国金融体系以银行中介为主导，且历年资本市场途径资金分配缺乏地域层面的长期数据，因此将各地区信贷资金流动作为金融部门总体资金流动的替代度量指标。

首先，政府驱动的资金流动是指在区域发展总体战略指导下，通过行政性手段来完成的空间资本配置。在我国计划安排仍然对资金流动有较强的导向力，政府一般通过政府预算在不同地区进行分配，另一种方式则是通过制定区域信贷政策影响资本规模与投向。鉴于我国国有金融产权仍然居于核心地位，且区域信贷政策形成的政策性资金流动包含在银行信贷途径中，因此在讨论政府驱动的资金流动时，主要考虑地区间财政资金竞争。各地区对财政资金的争夺引致区域资金流动，主要表现在各地区的中央财政转移支付规模差异。一般来说平衡各地区经济差距以及区域产业政策的需要决定了中央财政转移支付主要流向，这种形式下资金流动主要涉及中央财政支出中用于规范的转移支付制度资金、支持欠发达地区财政资金等。假定中央对地方财政返还是地区间财政资金转移支付的主要途径，同时考虑到中央在各地区投资形成的中央财政直接支出数额相对较小且缺乏中观层面的统计数据，因此，以地方财政支出与地方财政收入差额近似地表示中央对地方的转移支付。

表 6－4 显示了中央财政转移支付额度在四大经济区域的差异，由于各地区经济规模不同，以（地方财政支出－地方财政收入）/GDP 来消除区域经济规模的影响，反映中央财政转移支付的力度。可以看出，自 1994 年分税制改革以来，各区域财政支出均大于财政收入，其缺口主要由中央税收返还来弥补。西部大开发实施以后，西部落后地区获得财政返还形式转移

支付与其他地区差距逐渐增大，但东部发达地区上缴税收要明显高于中西部，因此实际形成了国民收入通过财政返还形式的转移支付在空间层面的再分配，从东部向中西部转移。进一步从中央财政转移支付力度来看，东部上升幅度最小，2016 年占地区生产总值比重为 4.4%，仅比 1994 年上升了 2.4 个百分点，为四大区域中最低；而欠发达的西部地区上升幅度最大，占比最高，2016 年占比 18.5%，相较于 1994 年上升了 11.6 个百分点。从这一角度数据的粗略统计可以看出，在政府驱动下东部地区的资金是通过中央财政转移支付的形式向中西部流动的。

表 6-4　1990～2016 年中央财政转移支付区域差异

年份	东部		中部		西部		东北	
	数额（亿元）	占 GDP 比重（%）	数额（亿元）	占 GDP 比重（%）	数额（亿元）	占 GDP 比重（%）	数额（亿元）	占 GDP 比重（%）
1990	-151.71	-1.8	44.89	1.1	186.51	5.0	30.02	1.4
1991	-159.83	-1.6	72.90	1.7	163.66	3.8	21.99	0.9
1992	-178.72	-1.4	67.88	1.3	186.53	3.7	37.84	1.3
1993	-247.19	-1.4	30.83	0.5	150.69	2.3	7.52	0.2
1994	466.09	2.0	318.35	3.7	577.78	6.9	180.96	3.6
1995	634.94	2.1	350.11	3.1	637.47	6.1	220.32	3.7
1996	678.60	2.0	421.43	2.9	688.96	5.6	254.23	3.7
1997	786.76	2.0	461.55	2.8	777.68	5.7	280.36	3.6
1998	896.33	2.1	564.67	3.3	913.73	6.2	323.73	3.9
1999	1035.58	2.3	742.77	4.1	1137.45	7.4	480.50	5.5
2000	1107.05	2.2	891.52	4.5	1473.83	8.8	575.82	5.9
2001	1234.92	2.1	1239.67	6.0	2121.75	11.3	734.95	7.0
2002	1755.64	2.7	1543.20	6.8	2645.26	12.8	822.34	7.2
2003	2081.34	2.7	1694.59	6.6	2695.33	11.4	908.61	7.1
2004	2574.04	2.8	2023.82	6.4	3150.20	11.0	1151.39	7.9
2005	2609.34	2.4	2450.22	6.5	3787.88	11.1	1422.63	8.3
2006	2746.65	2.1	3153.74	7.3	4567.45	11.3	1659.93	8.4
2007	2897.07	1.9	4113.35	7.8	5764.78	11.7	1991.46	8.5

续表

年份	东部		中部		西部		东北	
	数额（亿元）	占 GDP 比重（%）	数额（亿元）	占 GDP 比重（%）	数额（亿元）	占 GDP 比重（%）	数额（亿元）	占 GDP 比重（%）
2008	4007.88	2.2	5465.60	8.5	8606.54	14.2	2518.69	8.9
2009	6164.90	3.1	7433.51	10.5	11523.76	17.2	3319.37	10.7
2010	7176.83	3.1	8690.85	10.1	13530.18	16.6	3873.51	10.3
2011	8508.47	3.1	10689.60	10.2	16577.65	16.5	4410.87	9.7
2012	9414.00	3.2	12298.25	10.6	19506.30	17.1	4891.51	9.7
2013	10617.20	3.3	13459.48	10.5	21119.26	16.6	5533.24	10.1
2014	10564.25	3.0	14122.44	10.2	22921.73	16.6	5730.49	10.0
2015	16979.95	4.6	16936.04	11.5	26220.85	18.1	7196.75	12.4
2016	17857.13	4.4	18450.42	11.5	29026.14	18.5	7778.22	14.8

资料来源：根据历年《中国财政年鉴》及各省份统计年鉴整理计算而得。

其次，金融部门途径的资金流动更多体现了市场驱动机制。地区之间市场机制驱动下的资源竞争，包括商品交易途径、金融部门途径（银行信贷市场、资本市场）。现代市场经济中，商品交易与资金流动是直接相关联的，一是东部发达地区商品市场吸引中西部欠发达地区消费资金形成的资金流动；二是欠发达地区低附加值初级产品与发达地区高附加值工业加工品之间不平等交换形成的资金流动。这两方面因素使得在商品市场上通过生产与交换后，资金仍然流向发达地区。金融部门途径包括政策性金融与商业性金融途径，尽管我国存在政策性金融导向的资金空间配置，但随着金融市场化进程的不断推进，其主体仍然是在市场机制驱动下各地区间关于国内金融资源的竞争，主要途径包括银行信贷市场与资本市场。考虑到我国仍然是银行中介主导的金融体系，且大多数省份区域资本市场数据的统计缺失，因此以银行信贷市场的资金流动来近似反映金融部门途径下的资金空间再配置。

表 6－5 显示了四大经济区域历年新增存款、新增贷款与新增存贷差的变动趋势。1990～1998 年，东部地区大多数年份存差意味着银行信贷资本净

表 6－5　1990～2016 年四大经济区域历年新增存贷差变动

单位：亿元

年份	东部			中部			西部			东北		
	新增存款	新增贷款	新增存贷差	新增存款	新增贷款	新增存贷差	新增存款	新增贷款	新增存贷差	新增存款	新增贷款	新增存贷差
1990	1562.27	1272.42	289.86	631.68	718.90	-87.22	600.38	641.20	-40.82	282.34	524.65	-242.31
1991	1917.58	1372.77	544.81	576.81	664.86	-88.05	719.47	767.94	-48.46	385.54	492.12	-106.58
1992	2936.83	2045.60	891.23	663.39	764.66	-101.27	885.65	945.57	-59.92	528.61	527.01	1.61
1993	2479.29	2556.16	-76.87	941.62	1052.98	-111.36	976.21	1247.69	-271.48	410.79	812.34	-401.55
1994	5267.01	3098.97	2168.04	1504.07	1322.42	181.65	1998.06	1690.83	307.23	830.33	845.30	-14.97
1995	9212.76	6184.39	3028.36	2145.40	1900.07	245.33	2338.30	2101.55	236.75	1321.70	942.07	379.62
1996	7934.35	4647.10	3287.25	2195.41	2097.54	97.87	2390.84	2046.74	344.10	1558.35	1306.72	251.63
1997	8087.99	6409.66	1678.33	1601.52	2001.01	-399.49	1253.88	1331.55	-77.67	1099.37	1150.62	-51.26
1998	7395.79	5207.95	2187.83	2007.43	1817.56	189.88	2206.43	1513.92	692.50	1099.12	995.04	104.09
1999	7694.95	5362.57	2332.38	1866.53	922.43	944.10	2221.84	1857.56	364.28	1461.82	1104.73	357.09
2000	8304.01	5105.50	3198.51	2584.03	1121.91	1462.11	2699.80	770.66	1929.14	1262.66	473.77	788.89
2001	11688.96	7273.35	4415.61	3115.05	1523.43	1591.62	3230.85	1793.19	1437.66	1367.55	792.37	575.18
2002	17141.20	12243.57	4897.62	3866.68	2713.73	1152.95	3688.85	2813.08	875.76	1897.38	1144.86	752.52
2003	22314.01	17660.19	4653.83	5121.76	3622.51	1499.24	5318.67	4189.08	1129.59	2344.73	1563.40	781.33

续表

年份	东部			中部			西部			东北		
	新增存款	新增贷款	新增存贷差	新增存款	新增贷款	新增存贷差	新增存款	新增贷款	新增存贷差	新增存款	新增贷款	新增存贷差
2004	22295.89	12940.69	9355.20	5396.49	2806.61	2589.88	5586.12	3324.87	2261.25	2131.04	734.49	1396.55
2005	27407.75	11811.05	15596.71	6433.94	1656.35	4777.58	6890.42	2588.09	4302.33	3181.71	-277.48	3459.19
2006	34856.33	24913.61	9942.71	7896.17	4927.20	2968.97	8540.15	5610.00	2930.15	3834.96	2456.19	1378.76
2007	15194.70	22103.45	-6908.75	7471.94	5214.61	2257.33	9035.77	6413.13	2622.64	2405.50	2049.00	356.50
2008	56378.14	23503.07	32875.07	12768.55	4676.04	8092.51	15720.58	7787.79	7932.79	5675.82	2378.34	3297.48
2009	74267.84	59424.92	14842.92	19018.84	14789.87	4228.97	24717.23	19545.14	5172.09	8584.76	6835.21	1749.55
2010	69722.71	49681.53	20041.18	19163.24	12523.51	6639.73	22758.59	16726.07	6032.52	7810.15	5624.00	2186.15
2011	52715.83	40979.19	11736.64	16648.25	10889.29	5758.96	20800.11	16710.69	4089.42	5526.85	5541.78	-14.93
2012	64234.39	42595.78	21638.61	22010.47	13532.37	8478.10	27002.59	19278.36	7724.23	8445.40	6002.20	2443.20
2013	67282.85	47298.86	19983.99	22883.36	15565.65	7317.71	27092.94	21078.86	6014.08	7941.30	6473.50	1467.80
2014	49749.80	48607.51	1142.29	17304.42	17274.02	30.40	22168.61	11271.40	10897.21	5405.20	7201.10	-1795.90
2015	136324.90	50682.19	85642.71	26966.36	20267.98	6698.38	32285.87	38495.28	-6209.41	9869.10	8727.90	1141.20
2016	85891.02	65767.28	20123.74	31213.59	23366.02	7847.57	30360.69	25280.97	5079.72	7369.90	5744.00	1625.90

资料来源：根据《新中国六十年统计资料汇编》、历年《中国金融年鉴》及各省份统计年鉴整理计算而得。

流出，而中西部地区多数年份存贷差表明本地金融资源的净流入，资本通过国家银行的信贷途径从发达地区流向欠发达地区。1998 年后，除个别年份外，四大区域基本呈现出正向存贷差的变动趋势，这与 1998 年后我国强化银行信贷风险管理机制，信贷投放趋于谨慎有关联。由于东部发达地区与中西部欠发达地区信贷效益的差距逐渐增大，在总分行制度下，银行内部资金调动成为信贷资源在空间配置的重要渠道，大量资金由此源源不断地从落后地区向发达地区转移，引发了市场机制驱动下的马太效应。从各地区新增贷款数据可以看出，1990 ~ 2016 年，东部地区新增贷款占比从 40.3% 上升到 54.7%，中部地区新增贷款占比从 22.8% 下降到 19.5%，西部地区新增贷款占比从 20.3% 小幅上升至 21%，东北地区该指标则从 16.6% 大幅下滑到 4.8%。2000 ~ 2008 年，东部地区新增贷款占比超过了 60%，尤其是 2005 年，东部地区新增贷款占比达到了 74.9%，即当年全国新增信贷的 3/4 投向了发达地区。显然，银行的信贷投放一直在向东部倾斜，这得益于中西部地区的存款再配置；虽然这一阶段国家也出台了一些再贷款（如扶贫再贷款、支农再贷款）等针对落后地区的金融支持政策，然而在利益驱动市场机制下的资金流动占据了主导地位，长期形成了金融资源通过银行渠道向东部地区配置的途径，加剧了金融化的区域差距。

最后，地区之间的外资竞争基本反映了市场导向的资金流动途径。我国自 1978 年实施对外开放政策以来，在利用外资方面幅度不断提升，国外资本成为仅次于国内投资导致区域经济差距的重要因素。作为各地区吸引属地外资金流入的重要途径，国外资本流入规模在很大程度上影响着各地区总体资金流动的方向及规模。为测算国外资金流入水平，我们采用各地区对外贸易中净出口额（出口 - 进口）来衡量。如果净出口为正，意味着该地区商品净流出，而国外资金净流入；反之则相反。表 6 - 6 显示了四大经济区域历年对外贸易净出口变动趋势，可见 1991 ~ 1993 年，东部地区进口大于出口，表现为资本净流出；2011 ~ 2016 年，东北地区为净进口，表现为资本净流出。其他年份各地区均表现为正向的净出口，即国外资本净流入。然而，外资流入在四大区域之间存在明显的空间不平衡性，东部发达地区历年占比始终维持在较高水平，2016 年为 80.1%，历年所占比重的平均值为 68.8%；中部地区 2016 年为 14.0%，历年所占比重的平均值为 12.7%；西部地区 2016 年为 9.2%，历年所占比重的平均值为 11.8%；东北地区 2016 年为 -3.3%，表现为净进口，历年所占比重的平均值为 6.8%。外资流入呈现出向东部沿海地区集聚的现象，其区位选择受市场化因素影响。

表 6-6　1990～2016 年四大经济区域对外贸易净出口变动

年份	东部		中部		西部		东北	
	净出口（亿元）	占比（%）	净出口（亿元）	占比（%）	净出口（亿元）	占比（%）	净出口（亿元）	占比（%）
1990	14.29	2.5	142.98	25.1	118.37	20.8	293.09	51.5
1991	-26.50	-4.1	174.14	27.2	158.51	24.8	332.91	52.1
1992	-100.21	-18.4	158.37	29.1	145.96	26.8	340.32	62.5
1993	-650.60	336.6	103.80	-53.7	106.50	-55.1	247.01	-127.8
1994	316.31	24.9	297.42	23.4	265.42	20.9	393.66	30.9
1995	706.52	36.9	370.58	19.4	364.16	19.0	472.84	24.7
1996	876.78	49.0	300.18	16.8	169.08	9.5	442.03	24.7
1997	2284.16	68.1	401.39	12.0	372.41	11.1	296.36	8.8
1998	2762.10	76.6	344.70	9.6	251.76	7.0	249.05	6.9
1999	1839.47	76.0	252.88	10.4	143.71	5.9	184.01	7.6
2000	1180.17	59.1	383.12	19.2	222.46	11.1	210.33	10.5
2001	1294.81	69.4	321.20	17.2	104.21	5.6	145.94	7.8
2002	1728.02	68.6	342.54	13.6	244.71	9.7	202.95	8.1
2003	1283.37	60.9	341.20	16.2	377.07	17.9	106.34	5.0
2004	1712.51	64.5	522.07	19.7	370.03	13.9	51.94	2.0
2005	6741.27	79.9	606.66	7.2	527.98	6.3	566.18	6.7
2006	11710.53	81.8	924.71	6.5	852.61	6.0	834.72	5.8
2007	16951.97	82.9	1046.79	5.1	1208.59	5.9	1234.15	6.0
2008	17251.18	79.3	1419.05	6.5	1749.14	8.0	1342.99	6.2
2009	11966.31	89.4	404.38	3.0	848.13	6.3	159.82	1.2
2010	10324.07	83.3	684.79	5.5	1068.15	8.6	316.68	2.6

续表

年份	东部		中部		西部		东北	
	净出口（亿元）	占比（%）	净出口（亿元）	占比（%）	净出口（亿元）	占比（%）	净出口（亿元）	占比（%）
2011	7196.88	70.2	1552.73	15.1	2115.65	20.6	-608.74	-5.9
2012	8253.47	56.9	3006.17	20.7	3847.93	26.5	-597.85	-4.1
2013	8073.73	49.6	3556.65	21.8	4925.25	30.2	-264.40	-1.6
2014	14013.92	59.6	4291.09	18.2	6181.54	26.3	-956.06	-4.1
2015	27006.87	73.0	4788.11	12.9	5763.51	15.6	-567.80	-1.5
2016	27110.32	80.1	4748.00	14.0	3123.57	9.2	-1125.76	-3.3

资料来源：根据《新中国六十年统计资料汇编》、历年各省份统计年鉴整理计算而得。

综合上述三种因素，可以清晰地发现国内资金流动中，过渡经济时期的行政计划机制与市场机制同时发挥作用，尽管政府导向的资金旨在弥补区域差距，但总体来看，随着改革开放的深入推进，市场机制的力量超过行政机制，国内资金流动表现在资本从收益率较低的欠发达地区向东部发达地区流动的总趋势。国外资本流动体现了市场机制驱动作用，表现为资本收益率高的东部地区在吸引外资过程中占据绝对主导的地位。因此，一方面存量资金存在空间上的不均衡性；另一方面从时间序列上看，流量资金随着深化市场化改革而不断向东部地区累积，使得相对于中西部而言，东部地区在资本形成与资本积累方面更为有效，资金收益率更高，东部产业资本不断扩大，产业发展进入良性循环的轨道，与中西部欠发达地区的低产出水平、产业规模空间不平衡性愈发凸显。

6.3.2 金融结构失衡影响区域产业结构升级

结构层面上，我国经济金融化的空间差异表现在金融结构失衡，进而阻滞了区域产业结构升级。一方面，从银行中介角度来看，存在着银行体系信贷资产错配问题，且金融所有制结构单一化程度具有明显的地区差异。另一方面，从资本市场角度来看，存在着资本市场区域结构失衡的问题。

首先，银行体系存在着信贷资产错配与所有制结构单一问题，导致资源集中在部分产业，容易形成产能过剩，阻碍了区域产业结构升级。我国银行中介普遍存在“短存长贷”的期限配置现象，银行的短期贷款用于借款人生产、经营中流动资金需要，以及满足部分中小企业短期信贷需求，而中长期贷款发放对象则主要针对大型企业的大型项目，尤其是国有企业占有了较大规模的中长期信贷资源。表 6－7 显示了 2016 年四大经济区域信贷期限结构状况，可以直观地看出，东部地区短期贷款与中长期贷款数额最大，且信贷期限结构相较其他地区更为均衡，短期信贷余额占比 44.4%，中长期信贷余额占比 55.6%；西部地区短期贷款余额与中长期贷款余额比重失衡情况最严重，短期信贷余额占比 26.8%，中长期信贷余额占比 73.2%。这一方面反映了西部大开发的政策导向，使得基本建设、大型项目、房地产开发等中长期信贷占比较高，另一方面则说明西部地区信贷结构更为单一，效率较为低下的国有企业以人为压低的价格获得信贷资源配给，国有企业不断加杠杆，大量金融资源集中在部分产业，过度投资从而导致产能过剩。事实上，中小企业才是技术创新、产业升级的重要动力，特别是 90% 的中小企业属于非公有制企业，从这些企业的银行融资状况来看，往往难以获得较大规模与较高比例的中长期信贷，从而难以支撑西部地区的技术创新与产业结构升级。特别是欠发达地区金融机构在金融产品创新、收益渠道多元化等方面普遍落后于东部地区，难以缓解资产负债的期限错配问题，最终导致银行体系支持地区实体产业发展的功能与机制受到抑制。

表 6－7　2016 年四大经济区域信贷期限结构

区域	东部	中部	西部	东北
短期贷款余额（亿元）	264784.5	54439.5	55175.23	23899.9
中长期贷款余额（亿元）	331593.7	105675.3	150326.63	32698.3
短期贷款占比（%）	44.4	34.0	26.8	42.2
中长期贷款占比（%）	55.6	66.0	73.2	57.8

资料来源：根据《中国区域金融运行报告》《中国金融年鉴》整理计算而得。

同时，欠发达的西部地区信贷结构单一化与其银行业金融机构体系中国有银行主导的所有制结构失衡又形成了强化的互动关系。表6－8显示了2016年四大经济区域金融所有制结构状况，以各地区国有银行、非国有银行资产总额占比分别作为国有金融、非国有金融比重的替代变量。可以看出，2016年东部地区国有金融比率最低，为40.5%；西部最高，为46.9%。非国有金融比率显示东部地区最高，达到59.5%；西部最低，为53.1%。结果表明，西部地区金融资源分配受国有金融控制更为严厉，国有企业、关系型企业获得大量资金。西部地区银行业结构过度集中，银行体系产权多元化程度低，导致整个金融体系竞争缺失，资金运用成本上升，交易费用与代理成本增加，大量高新技术企业、中小企业缺乏必要的长期资金支持，引发了国有企业的产能过剩，僵尸企业不断涌现，国企杠杆率不断攀升，严重阻碍了地区产业结构升级。而西部较为严重的金融控制又强化了金融机构资金流出，在追逐利润的市场化机制驱动下金融机构将资金从金融压抑程度较高的欠发达地区转移到市场化程度、收益率水平更高的东部发达地区，这种情况使得本已扭曲的空间资金配置与供求状况面临更加严峻的失衡态势。

表6－8　2016年四大经济区域金融所有制结构

区域	东部	中部	西部	东北
国有银行资产总额（亿元）	486744.68	140313.92	177344.2	63133.7
非国有银行资产总额（亿元）	715650.58	162158.51	201023.7	81227.9
银行体系资产总额（亿元）	1202395.26	302472.43	378367.9	144361.6
国有金融比率（%）	40.5	46.4	46.9	43.7
非国有金融比率（%）	59.5	53.6	53.1	56.3

资料来源：根据《中国区域金融运行报告》《中国金融年鉴》整理计算而得。

其次，资本市场发展规模的空间失衡及行业分布差异，加剧了区域产业结构的失衡状况。资本市场是一国或地区产业结构的现实反映，资本市场区域发展滞后，直接影响了地区产业结构的调整与升级。衡量资本市场区域发展规模的指标主要包括：①地区生产总值中股票市值比重，反映地区证券化率水平；②国内股票（A股）筹资额，反映一个地区股票市场资源重要指标；③各层次市场募集资金，反映场内市场的层次结构状况；④证券公司、基金公司、期货公司等非存款类金融机构的地区规模。从表6－9可以直观地看出，东部地区证券化水平最高，且发育程度与其他三个地区差距非常大；当年A股筹资额比重为71.0%，而非存款类机构也呈现向东部集聚的态势。这也反映出欠发达地区金融结构单一的状况，金融控制下银行中介间接融资主导的区域金融体系从长期来看，不利于技术创新与产业升级。从表6－10可以看出，2016年东部地区上市公司从主板市场募集资金6608.07亿元，占比62.0%，东北地区占比最低；从中小板募集分布来看，东部地区占比近3/4，其他三个地区总和比重仅为1/4；以高成长特征、新兴产业为代表的创业板不仅在增量资金配置方面具有高效率优势，而且通过并购重组进行存量资本优化还提高了上市公司研发与科技创新能力，提升了其核心竞争力，从创业板募集资金状况来看，也显示出向发达地区聚集的态势，东部地区占比高达72.8%。整体上看，2016年场内市场募资数据表明2/3的资金支持了东部地区上市企业，其他三个地区仅获得了1/3的资金支持。欠发达地区直接融资比重较低，资本市场规模偏小，在发挥市场价格机制功能、引导资源高效配置方面还很滞后，这些都加剧了区域产业结构的失衡状况。

表6－9　2016年四大经济区域资本市场发展规模

区域	东部	中部	西部	东北
证券化率	7.9	3.1	3.8	2.6
当年国内股票（A股）筹资额（亿元）	10803.1	1857	2098.7	464
当年国内股票（A股）筹资额比重（%）	71.0	12.2	13.8	3.0
总部设在辖内证券公司数（家）	84	12	21	6
总部设在辖内证券公司数占比（%）	68.3	9.8	17.1	4.9
总部设在辖内基金公司数（家）	112	0	3	0
总部设在辖内基金公司数占比（%）	97.4	0	2.6	0
总部设在辖内期货公司数（家）	105	14	16	9
总部设在辖内期货公司数占比（%）	72.9	9.7	11.1	6.3

资料来源：根据《中国区域金融运行报告》《中国金融年鉴》《中国证券期货统计年鉴》整理计算而得。

表 6-10　2016 年四大经济区域上市公司场内市场募集资金

区域	东部	中部	西部	东北
主板募集资金（亿元）	6608.07	1337.92	2133.93	585.61
主板募集资金占比（%）	62.0	12.5	20.0	5.5
中小板募集资金（亿元）	2956.63	605.65	382.12	17.71
中小板募集资金（%）	74.6	15.3	9.6	0.4
创业板募集资金（亿元）	1506.73	334.28	221.02	7.12
创业板募集资金（%）	72.8	16.2	10.7	0.3
场内市场募集资金（亿元）	11071.43	2277.85	2737.07	610.44
场内市场募集资金（%）	66.3	13.6	16.4	3.7

资料来源：根据《中国证券期货统计年鉴》整理计算而得。

同时，各地区产业结构演进过程会随着主导产业的变化而阶段性更替，主导产业凭借其较高的增长速度与较强的扩散能力对产业结构升级起着至关重要的作用，而资本市场则助推了主导产业的成长。各地区上市公司行业分布的差距可以反映出资本市场促进主导产业发展的结构特征，如表 6-11 和表 6-12 所示，2016 年东部地区上市公司主要集中在第二产业，为 1186 家，在总体上市公司中占比 69.4%，虽然第二产业上市公司数为四大区域中最多，但地区占比却显示出在四大区域中最低，同期中部、西部、东北分别为 78.0%、76.8%、75.0%。东部地区农业占比在空间横向上比较也是最低，仅为 1.2%；西部地区最高，为 2.6%。服务业指标表明东部地区数量最多，上市公司多达 503 家，同时在三次产业中占比最高，为 29.4%。而中部、西部、东北第三产业上市公司数仅分别为 84 家、89 家、29 家，远低于东部地区。如果以第二产业与第三产业上市公司总和代表产业结构升级的阶段性特征，横向上看，东部地区第二、第三产业上市公司在四大区域中数量最多，尤其是制造业占据主导地位；纵向上看，东部地区第二、第三产业在本地区所有上市公司中占比高达 98.8%，而同期西部地区为 97.4%。说明一方面资本市场发挥了融资支持的功能，直接融资向东部发达地区倾斜；另一方面资本市场在服务于区域产业发展过程中，向第二产业、第三产业上市公司倾斜，东部发达地区不仅资本密集型产业得到了较大程度的外源融资，而且服务业也获得了很大幅度的长期资金支持，其产业结构演进阶段性领先于其他地区，造成了产业转型升级的区域失衡状况。

表 6-11　2016 年四大经济区域上市公司行业分布　　　　单位：家

产业分类	行业分类	东部	中部	西部	东北
第一产业	农、林、牧、渔业	21	9	11	3
第二产业	采矿业	30	15	29	1
	制造业	1067	289	267	83
	电力、热力、燃气及水生产和供应业	38	17	25	10
	建筑业	51	8	10	2
第三产业	批发和零售业	80	24	19	7
	交通运输、仓储和邮政业	52	11	8	4
	住宿和餐饮业	7	1	1	0
	信息传输、软件和信息技术服务业	135	11	18	7
	金融业	38	7	9	2
	房地产业	85	9	12	4
	租赁和商务服务业	25	0	6	0
	科学研究和技术服务业	20	1	1	0
	水利、环境和公共设施管理业	8	8	10	2
	教育	2	0	0	0
	卫生和社会工作业	5	1	0	0
	文化、体育和娱乐业	27	11	3	2
	其他	19	0	2	1

资料来源：根据《中国区域金融运行报告》《中国证券期货统计年鉴》整理计算而得。

表 6-12　2016 年四大经济区域上市公司产业分布及占比状况

区域	东部	中部	西部	东北
第一产业上市公司总数（家）	21	9	11	3
第一产业上市公司占比（%）	1.2	2.1	2.6	2.3
第二产业上市公司总数（家）	1186	329	331	96
第二产业上市公司占比（%）	69.4	78.0	76.8	75.0
第三产业上市公司总数（家）	503	84	89	29
第三产业上市公司占比（%）	29.4	19.9	20.6	22.7

资料来源：根据《中国区域金融运行报告》《中国证券期货统计年鉴》整理计算而得。

6.4 经济金融化对我国区域产业发展影响问题的原因分析

我国作为一个仍处于过渡经济时期的转轨经济体，“金融化—产业发展”的空间层面关系具有多维的动态性与复杂性。上文从“总量—结构”视角研究了金融化、产业发展的历程、现状及矛盾，深入探讨了纷繁复杂表象背后的事物本质，这要求必须清晰地揭示经济金融化影响我国区域产业发展的根源。而一国或地区金融部门或者金融系统的形成与演进不仅受到经济因素的制约，如各地区由传统农业经济向现代工业经济的工业化转型的阶段、过程、效果差异影响了区域金融发展；而且还受到制度因素的深刻影响，如传统农业社会向工业社会的跃进、传统文化与现代文明的融合、国民的心理与人格上的现代性转变。因此，该部分从经济金融因素与非经济因素的制度禀赋角度，对“总量—结构”层面问题的原因进行全面而深入的剖析。

6.4.1 总量视角

6.4.1.1 经济因素

首先，市场化进程的区域差异。市场化水平与市场化进程对金融化不同阶段的时间演化、不同空间的分布格局之所以会产生重要影响，关键在于市场化有利于优化配置生产要素与不断提升经济效益。金融资源作为市场经济条件下居于主导与核心地位的生产要素，其对高收益、高回报的追逐特性，使得在市场驱动的自由转移与流动的环境中自然会被配置到具有更高收益与回报的地区。同时，市场化进程的阶段性领先使得区域获得了制度创新与体制变革的先发优势，进而促使地区在争夺发展资源的博弈过程中形成了螺旋式上升的良性循环机制，并带来了制度变革与创新的积极效应，使得我国四大经济区域的空间层面上存在着风险与收益的梯度差距，促使金融资源向东部沿海地区集聚，从而制约了欠发达地区产业资本形成与规模扩大，加剧了区域产业发展差距。从表6－13可以直观地看出，在空间层面上形成了一个市场化水平的梯度变化，东部地区市场化进程大幅领先，而西部市场化水平较为落后，这种梯度差距是区域间资金流动不平衡的直接动力。

表6－13　2008～2014年四大经济区域市场化平均指数变动趋势

地区＼年份	2008	2009	2010	2011	2012	2013	2014
东部	6.19	4.98	5.72	5.12	5.59	6.26	6.07
中部	4.56	2.66	3.56	4.78	4.05	6.14	4.50
西部	4.30	2.94	3.73	3.64	2.87	4.46	3.65
东北	4.08	4.81	3.44	4.70	2.00	4.30	4.55

资料来源：根据《中国分省份市场化指数报告（2016）》整理计算而得。

其次，金融排斥的空间失衡。金融排斥是指社会中的特定对象缺乏进入金融体系的能力，无法以恰当的形式获得实质性的金融服务，使得欠发达地区、低收入群体、民营小微企业等被排斥在主流金融服务框架之外，具体包括金融服务空间可获得性的地理排斥、风险评估限制经济主体的评估排斥、金融产品价格超过经济主体偿付能力的价格排斥、目标营销仅针对特定经济主体的营销排斥，以及由于被排斥主体自身认知、心理因素等原因主动放弃获得金融服务机会的自我排斥。学术界与实务界在成熟与发达的金融体系能够在一定程度上弥补区域发展差距这一问题上有较为一致的意见，但是现实中并非各个区域都具有高效率与稳定性的、成熟的金融体系，因此，金融排斥程度的强弱反映了在某地区金融系统功能发挥的阻力，是一个地区金融服务可获得性的标志，而金融增量资源的区际流动失衡与金融存量资源的空间分布不均都是金融排斥的现实表现。

根据中央财经大学专项课题组（2017）调查结果，通过不同银行业、证券业、保险业、互联网金融分类，绘制的我国31个省份金融排斥强度地图显示，银行业排斥指数在宁夏（2.87）、广西（2.82）、甘肃（2.76）排位最高，同一指标在东部沿海的北京（1.92）、河北（1.95）、天津（1.96）金融排斥强度较弱。证券业排斥指数显示，全国31个省份中宁夏（3.33）、西藏（3.15）、广西（3.12）的证券业排斥强度位列前三，同一指标在河北（1.91）、天津（1.94）、北京（1.95）的金融排斥强度较弱。保险业排斥指数则表明，西部省份西藏（2.96）、广西（2.92）与中部省份安徽（2.92）位列前三，该指标在河北（2.07）、山东（2.07）、北京（2.15）的排斥强度较弱。互联网金融排斥指数显示，西部省份广西（2.92）、四川（2.98）、宁夏（3.06）的金融排斥强度最强，该指标在河北（1.79）、北京（1.84）、山东（1.91）金融排斥强度则位列最后三位。综合各类指数排位来看，西部欠发达地区金融服务的可获得性较差，而东部发达地区金融排斥程度较弱，金融体系的各项功能得以更充分发挥，金融要素的吸引力更强。

6.4.1.2 制度因素

（1）财税体制改革从总体上引发了区域金融化的不平衡问题。1978年后，我国的经济体制改革也是一个围绕着放权与收权的过程。20世纪90年代的分税制改革体现了中央政府对20世纪80年代财政分权导致严重的市场分割、地方保护主义行为泛滥以及宏观经济不稳定的制度性回应，旨在解决中央与地方政府的激励不相容、不一致问题。因此，20世纪90年代后加速工业化进程并不仅是中央政府自上而下实施产业政策的结果，更重要的是分税制改革带来的地方政府竞争与地方政府对财政收入最大化的追逐，使其逐渐成为加速资本积累、实施工业化战略的主导力量，并在推动区域金融化中扮演着重要角色。

一方面，财政体制改革仍不完善。长期以来欠发达地区面临着严峻的财政收支压力，财权、事权、税权不匹配，其市场化进程又相对落后，国有经济比重较高，以国有大中型央企为主，民营中小企业数量少，而这些大中型央企的利润所得税与属地无关联，全部上缴中央。另一方面，税收政策引致的区域差异。我国东部地区作为对外开放的前沿与窗口，获得了很大程度上的自主投资决策权、外资审批权、税收优惠与减免；针对当地弱小的企业，欠发达地区难以进行税收返还，致使企业获得政策优惠少。

同时，中西部地区投融资环境滞后于沿海地区，使得大多数税收优惠政策并未在欠发达地区得以落实，实际效果反而成为针对发达地区对外开放、吸引外资的政策优惠。此外，分税制改革后中央对地方的转移支付体现了行政性导向下弥补区域发展差距的目的，近年来我国为实现精准扶贫、精准脱贫而加大了对落后地区尤其是中西部集中连片特困区财政专项扶贫资金的投入，然而从中央对贫困省区拨付以及财政专项扶贫资金运用情况来看，历年来对贫困省区的拨付以及财政专项扶贫资金数额还无法弥补市场化机制驱动下资金向发达地区流动而出现的空间不平衡状况。

（2）地方政府行为影响了属地金融业发展。我国在改革过程中形成的中国特色发展型政府或者中性政府（姚洋，2010），无疑对于迄今为止的高速经济增长做出了重要贡献。自分税制改革以来，中央赋予地方政府更大的自主权利，加强了其推动工业化进程的动力，然而中央与地方在支出责任方面却未能做出适当调整，造成了政府间事权与财权不匹配，加重了地方政府财政负担，使地方政府产生了强烈财政竞争激励的各种行为。同时，中国式财政分权的基本特点是政治集权与财政分权体制并存，政治集权表现在中央政府决定着地方官员升迁，面对政治晋升压力与自上而下的激励，以推动地区经济增长为重要标准的晋升锦标赛由于地方政府官员的争相加入而如火如荼（周黎安，2007）。

由于地方政府官员面临的晋升压力与财政收支压力，迫使其主动干预属地金融业运行攫取金融资源弥补财政能力不足。地方政府"掠夺之手"的行为模式就主要表现为影响金融体系资金流向与规模，通过隐性担保、利率优惠等方式主导金融价格，从而控制金融资源流向政策扶持的产业。一是通过控制金融机构信贷是最主要的地方政府干预形式。例如，地方政府约束国有银行分支机构领导层决策，给予其考核与奖励；通过主导城商行、农商行、村镇银行等地方法人银行机构设立与发展，实现干预本地银行运营的行政行为；危机后各地纷纷建立地方融资平台套取银行资金，拉长融资链条，干预信贷投向。二是区域金融业复杂化，尤其是各地方直接融资比重不断提升，地方政府干预属地证券业手段日益多样化。例如，通过大力扶持属地企业到场内市场上市与场外市场挂牌，给予上市公司税收减免、政府补贴等政策性资源；尤其是近年来积极促进区域性股权交易市场建设。三是区域保险业发展迅猛，保险资金规模逐年扩张，特别是2014年保险业新“国十条”等一系列政策出台，随着地方性保险公司相继成立，地方政府更是找到了直接干预地方法人保险机构的突破口。近年来，各地积极推动“政保”合作，通过股权投资、债权投资计划参与地方PPP项目，引导保险资金流向产业政策支持的领域，如城市群建设、重大基础设施项目、棚户区改造等民生工程，缓解地方财政压力。四是大力推进区域金融中心建设。特别是在2008年金融危机后，越来越多的省会城市纷纷提出了打造具有地域特色的金融中心方案与规划，旨在发挥金融集聚效应，并通过金融辐射带动区域产业扩张，而区域金融中心的建设则体现了地方政府意志，成为近年来地方政府行为影响下区域发展差距的又一驱动力。

（3）金融调控政策直接影响着区域金融化进程。改革开放后，我国金融调控政策框架不断完善，然而金融调控政策最显著的特征还是平均式的“一刀切”，即全国统一性的行政安排，使得宏观调控的同一性与区域金融化的不平衡性矛盾愈发明显。欠发达地区金融抑制程度严重，发达地区金融市场化进程领先，区域发展的“二元性”与“一刀切”的统一政策对部分地区金融化演进产生了负面影响，降低了金融政策效率。

一是统一的货币政策加剧了区域金融化差异。尽管近年来我国创新了各类结构性货币政策工具，但货币政策的功能还是需求端的总量调控。统一的货币政策在面对地区经济周期、金融周期阶段性差异化的状况下，往往主要参照发达地区经济发展客观实情，使得东部地区经济部门能较准确、可预料地进行政策反应，而欠发达地区的经济金融周期、政策传导机制、经济部门反应灵敏度与发达地区不同，可能会出现在东部地区政策效果显著而欠发达地区政策效果不明显甚至相悖的效果。二是金融价格管制（利率管制）并未彻底消除。尽管我国已经放开了贷款利率下限与存款利率上限，然而真正的市场化改革并未完成，一系列制约我国金融体系深层次体制机制问题并未消除，特别是市场利率定价与传导机制仍不完善。发达地区与欠发达地区市场化进程、投资效率、企业业绩、行政执行力等差异，使得东部实际资金成本要普遍低于中西部，促使了资金为追求高收益向发达地区的流动。三是统一的存款准备金制度导致区域政策效果差异。发达地区货币化程度高于欠发达地区，欠发达地区资金周转速度也明显滞后。中西部现金漏损率高、资金周转速度低，央行通过调整法定存款准备金率增加基础货币的政策，会造成欠发达地区货币乘数大幅低于发达地区，即东部地区调控效应更显著，服务于实体经济的效率相对更高。四是金融监管制度效果的区域差异。过渡经济时期，我国金融监管仍普遍采用行政统一命令的方式，发达地区金融体系更具有复杂性与层次性，监管能力有限且监管人员任务繁重，因此市场准入成为监管重点，而市场准入统一标准对于东部地区显得门槛较低，对于落后地区则显得门槛过高。中西部地区金融体系层次较为单一，监管侧重于合法性监督与经营风险控制，受到的行政性管控更为严厉，使得大量金融资源流向了监管环境更为宽松的发达地区，同样加速了东部地区资本形成与积累。

（4）渐进式对外开放政策造成经济金融发展的空间差异。中国四十多年的中高速经济增长得益于一贯坚持的对内改革与对外开放，二者相互促进共同驱动着我国经济发展取得了一个又一个奇迹。然而我国施行的对外开放政策并非一蹴而就，而是根据区域非均衡发展战略呈现出由东向西的梯度式时空差异，这也决定了大规模国内投资与外商直接投资主要集中在了东部沿海地区，发达地区也纷纷涌现了增量改革的试点，较早获得了改革开放的制度红利。

我国实行的由沿海向内陆推进的对外开放政策，秉持效率优先、注重区位优势的原则，表现出由点到面、由局部到整体、由沿海到内陆的基本特征，如图6-12所示。改革开放以来，以梯度转移为空间导向，以放权让利为政策条件，发达地区率先获得了一系列改革试点与政策优惠，以城市群、经济带等空间试点在东部率先深入，赋予沿海经济特区、对外开放城市很大的自主权，并获得了信贷、投资、税收等制度倾斜。一方面为区域发展创造了一种强调市场机制与效率驱动的良好外部环境，提高了区域经济发展效率，进而带动了整体国民经济的快速增长；另一方面使得各类生产要素的区域投放、区际流动以及生产力空间布局发生了重大变化，通过金融要素引导各类生产要素向潜力大、基础条件好、接近消费市场的东部地区进行优化配置，提高了经济发展效率。而从东部到西部、从沿海到内陆，政策优惠与效果不断减弱，导致区域经济差距与金融化不平衡性持续扩大。

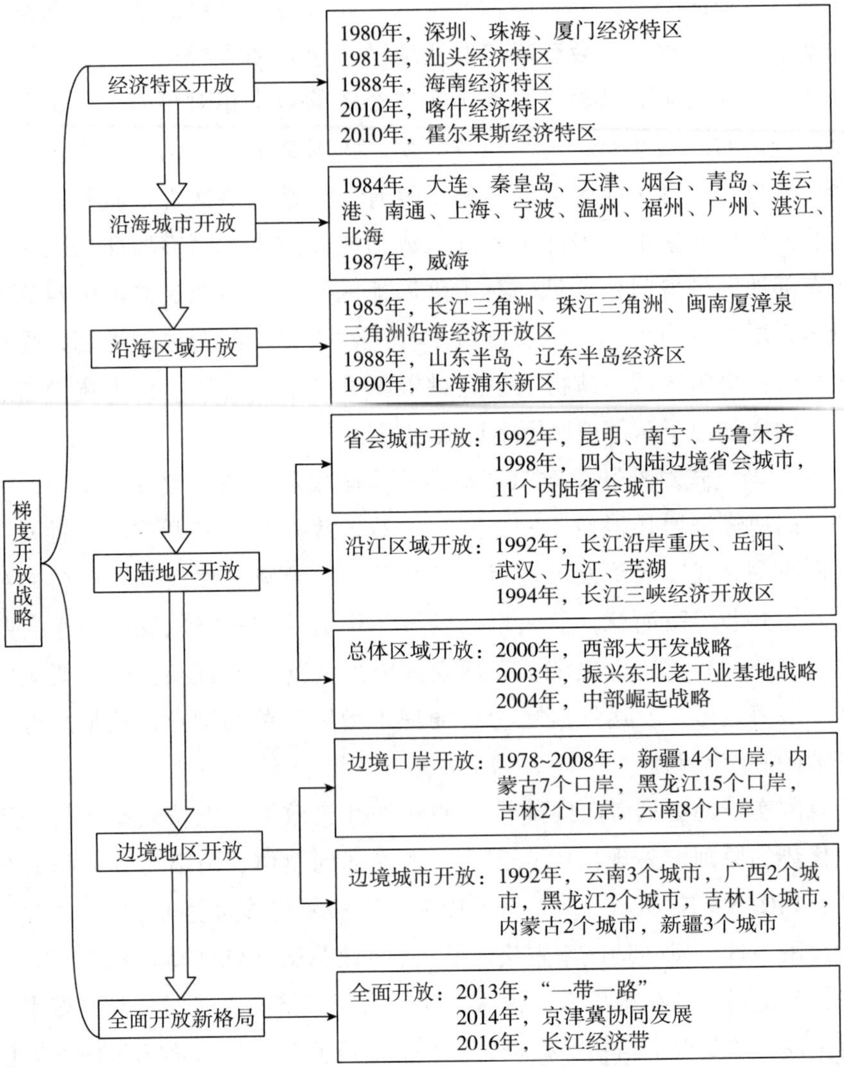

图6－12　我国对外开放时空进程

（5）法治环境差异是影响区域金融化进程的重要正式制度因素。健全的法制是成熟市场经济体制的标志，法治经济也是社会主义市场经济的本质，充分发挥市场在资源配置中的决定性作用，市场参与主体行为就应受到法律保护与约束。通过维护金融契约有效执行、保护投资者合法权益，法治环境能够弱化金融运行中信息不对称的负面影响，有利于充分发挥金融功能。通常一国或地区法律保护越完善，执法水平越高，则金融市场越活跃，资本配置效率越高，实体企业更容易低成本获得外部融资，有利于产业规模的扩张。同时，法治效率的提升会增加投资者进入市场参与金融交易的信心，资本市场增量资本配置与存量资本再配置功能得以发挥，有利于引导其他生产要素向高效率、创新型产业部门集聚。当爆发企业债务违约等风险问题时，较高的法治水平意味着较强的契约执行力度，能够降低债权人预期损失，阻滞金融风险传染与扩散，维护金融稳定。

我国当前仍然是处于过渡经济时期的转轨中新兴经济体。中央与地方在制度供求上的沟通与博弈，各个地方政府之间的激励与资源争夺，导致地方保护主义长期盛行，设置的各种制度藩篱表现在市场分割的诸侯经济上。各地区经济实力、市场化进程、对外开放程度存在差异，受到外部经济发展影响的程度亦不相同。特别是我国各地区法治化存在明显的不平衡性，不仅表现在法律制度的完善程度差异，而且相对于健全法律体系与颁布法律条款，区域金融化演进受执法水平影响更显著，在特定制度环境下，法治效率越高，越有助于资金“脱虚向实”而流向企业、居民部门，从而促进区域产业发展。从表6-14可以直观地看出，历年东部市场中介组织发育与法律制度环境平均指数在各地区中排在第一位，而西部欠发达地区指数则始终位列最后一位，东部在市场经济体系、市场中介组织发展、法治体系建设等方面均优于内陆地区，成为促进区域金融化的重要制度保障。

表6-14 2008~2014年四大经济区域市场中介组织发育与法律制度环境平均指数变动

地区＼年份	2008	2009	2010	2011	2012	2013	2014
东部	5.46	6.16	6.95	7.39	9.24	9.48	10.22
中部	2.73	2.85	3.18	3.40	3.68	3.81	4.93
西部	2.44	2.55	1.87	1.90	2.96	3.09	3.51
东北	3.58	3.68	2.52	2.70	5.00	5.00	5.40

资料来源：根据《中国分省份市场化指数报告（2016）》整理计算而得。

6.4.1.3 非正式制度因素

非正式制度是相对于法律制度、政治制度、产权制度等正式制度而言，通过文化传统、价值观念、道德伦理、风俗习惯、社会资本等非正式规则及其调节机制影响人的行为与决策，从而有利于金融功能的发挥，促进金融化进程。我国作为一个民族多样、文化多元、历史悠久的大国，各地区长期积淀的差异非正式制度对经济金融活动影响更为深刻，是区域制度变迁的重要影响因素。

首先，文化环境差异与金融的关系。在经典经济学文献中，文化主要是指具有持续生命力的社会世代传承下来的民族传统、宗教习俗及价值观念。文化的演进状况会影响到正式制度变迁的成功与否，进而关系到一国或地区经济金融发展（North，1994）。宗教历来被视为文化的重要组成部分，我国西部地区伊斯兰教、佛教分布广泛，还有基督教、天主教、道教以及西南少数民族省份的多重宗教信仰；自鸦片战争后，基督新教逐渐从中国东部沿海进入西部内陆，浙江温州是全国基督教徒最多的地区之一，东部省份浙江、福建、山东、河南也是基督教徒分布较多的省份；扎根于本土生长的道教文化历史久远、影响深刻，在西南省份与不同少数民族传统信仰相结合，带有明显的地域文化习俗特点。

其次，社会资本差异对金融的影响。作为社会学研究范畴的重要思想，社会资本自 20 世纪 80 年代以来成为物质资本、人力资本之后受到经济学界关注并研究的另一项资本。作为重要的非正式制度，社会资本通过协调行动提高社会个体之间、社会网络的效率，在此基础上形成相互信赖、互助互惠的价值规范，从而影响了社会信用水平。社会资本存量具有自我强化与积累的倾向，存在公共产品的特征，其建立是一个长期的社会、历史变迁过程，往往需要几代人的共同努力，一旦社会信任关系遭受侵蚀或破坏便很难得以修复。因此，一国或地区社会资本越丰富，即社会信任度水平越高，该国或地区越容易发展交易与实现合作，因而就越有利于市场经济运行；反之则阻碍了市场经济发展（Fukuyama，1995）。

从社会资本与金融的关系来看，良好的社会资本能够降低信息不对称与交易成本，增进市场主体合作关系，约束企业家道德风险。特别是在转型国家或地区，在其法治体系尚不健全、执法效率不高、教育水平落后的情况下，社会资本就变得十分重要（Guiso et al.，2002）；从而在一定程度上对正规金融缺失进行弥补，同时企业家群体的知识溢出、技术传播功能引导金融要素流向实体经济，有利于产业规模扩张。一方面，企业家为获得长期低成本信贷资源，在竞争性市场体系中会积极提高自身职业素养，这种基于信用的隐性契约机制保护了投资者权利，限制了道德风险，提高促成金融契约交易效率。另一方面，中国传统农耕文化中“乡土社会”的网络特征通过非正式规则，很大程度上也维护了社会正常运转，地域差异的文化习俗与民族传统亦影响了社会信任水平，进而衍生出农村金融中具有特色的非正式金融，降低了预期风险、流动性风险，拓展了二元结构中非正式部门融资渠道，弥补了正式金融体系不完善的欠发达地区金融服务需求（林毅夫，2005）。我国历史文化积淀深厚，特别是长期的西部内陆文明积累了丰富的社会资本，而社会资本作为一种文化驱动力，是促进地区经济发展、维护区域金融稳定的重要机制。悉心维护并培育我国多样化的社会资本，也就是在践行对中华优秀传统文化的继承、弘扬与复兴。

6.4.2　结构视角

6.4.2.1　银行信贷结构单一

首先，信贷管理体制改革。我国是典型的间接融资主导金融结构，改革开放后，通过打破计划安排与资金控制的信贷管理体制变革成为金融体制改革的突破口，而区域金融政策就主要表现在区域信贷管理权限的调整上。一是央行自 1979 年 4 月将信贷资金管理制度修订为“统一计划、分级管理、存贷挂钩、差额控制”，这一改革举措逐渐打破全国集中统一的金融体制，赋予了地区基层银行吸收存款、发放贷款的部分自主权利，激发了其开展金融业务的积极性。二是国务院于 1983 年 9 月正式宣布确立中央银行制度，中国人民银行从 1985 年开始专司中央银行职能，信贷管理政策也相应调整为“统一计划、划分资金、实存实贷、相互融通”。该政策的出台使得市场化进程较快、资金需求量较大，东部地区获得了更为宽松的信贷支持，而较为落后的中西部地区的存款资源则加速向发达地区流动。三是“计划指导、自求平衡、比例管理、间接调控”的信贷管理制度自1998年确立为实施、履行的核心目标，取消了国有商业银行贷款规模限制，在市场环境优越、对外开放程度高、政策倾斜力度大的沿海地区优势不断强化的同时，中西部欠发达地区却并未享受到政策扶持带来的正向效应。

改革开放后，我国信贷管理体制改革体现了过渡经济时期“二元性”特征。国有银行的地区分行、支行获得了一定程度的权限，因而能够对属地存款资金的调动与信贷资金的运用进行调节。而长期以来“短存长贷”的期限配置现象，也表明了在国家强大的金融控制下，金融支持的主要功能还是推进与支持工业化进程，为维持体制内的平稳产出而服务，因此金融资源一方面集中在大型项目、基础设施建设等领域，另一方面又使得东部经济发展大为受益，加剧了信贷结构空间失衡状况。

其次，金融机构体系转轨。国家控制下的金融机构体系改革，突出表现在金融所有制结构变迁的区域差异上。一是国有金融产权长期占据垄断地位。尽管发达地区与欠发达地区金融机构市场化程度不同，但国有银行仍然在各地区处于金融支持的主导，国有金融的主体地位具有现实的客观性，改革开放后我国面临着资本短缺的状况，此时的金融机构体系转轨的目标是最大限度地获取金融资本，而并非最有效率的获取金融资源的方式，因此维持国有金融垄断与组织扩张符合渐进式改革的取向。同时，国有金融机构、基层网点、人力资源在区域中向东部发达地区集聚，在城乡中向城市聚集，逐步收缩基层网点，这使得城市化水平较低、普遍贫困落后的中西部地区成为撤并机构的主要地域，而金融产权的单一化又导致欠发达地区金融供给主体缺失，金融排斥严重，大量的金融需求主体难以获得正规金融服务，加剧了区域金融不平衡。二是地方金融机构不断涌现。改革开放后，为适应多种经济成分的发展需要，国家通过多种方式引导各地区建立地方金融产权，地方政府致力于积极设立地方金融机构以支持体制外产出增长，城市信用社、农村信用社、投资公司、信托公司、财务公司等应运而生。东部地区市场化进程更快，非公有制经济成分较高，中小企业较多的金融需求也客观上催生了地方金融机构的试点与成长，进一步强化了金融所有制结构的区域差异。三是民营金融机构兴起，空间布局向东部倾斜。长期以来，我国效率低下的国有部门占用了近 70% 的信贷资源，而只创造了三成的国民财富，效率较高的民营部门则只获得了 30% 的金融资源却创造了高达七成的国民财富，国有银行的各项利润指标也低于非国有银行，这意味着民营经济的崛起客观上要求产权同构的民营金融提供针对性的金融服务，且银行中介的民营化对于资金配置效率存在很大的帕累托改进。党的十八届三中全会后，银行业逐步向民营资本放开，发展民营金融机构是提升金融市场化水平，发挥市场在资源配置中起决定性作用的必然要求。2014～2017 年，我国批准开设了 17 家民营银行，其中 2014 年获批 5 家、2016 年 11 家、2017 年 1 家；从区域分布来看，东部 10 家、中部 3 家、西部与东北地区各 2 家。整个发达地区银行业市场化程度遥遥领先。尤其是民营金融机构的互联网特征明显，科技化与信息化是其发展的主要特色；在金融脱媒的大趋势下，民营银行充分运用金融科技，大力发展普惠金融以提供层次化、差异化的金融服务，在降低实体企业融资成本的同时，还为创新型中小企业提供了外源融资支持，有利于促进区域产业结构升级。

6.4.2.2　资本市场结构不合理

首先，资本市场功能定位制约。我国资本市场的功能定位是指其在国民经济现代化长期发展及经济体制改革中的地位与作用，主要包括融资功能、配置功能与风险定价功能。因此，筹资机制、信息揭示、产权关系流动重组等完善投融资过程能同时实现增量资本形成与存量资本再配置，资本市场直接融资途径才能发挥间接融资难以比拟的结构调整功能。我国资本市场的建立不同于发达经济体依托于单一的自由市场经济体制，而是被深深打上了双轨制的烙印，其建立的功能定位核心就在于在资本相对短缺、筹资渠道单一的金融体制下，为国有企业提供融资渠道，奉行的基本原则是“为国企解困、改革与发展服务”以及“保护国有资产不流失”，存在制度性的先天缺陷。因此，学界与业界长期以来对于资本市场的认知就停留在其无条件为国有企业提供充裕资金的误区上，一方面片面强调了增量融资功能而忽视了资源再配置功能，导致资本市场功能扭曲下的市场混乱无序；另一方面忽视了非国有企业的金融需求，造成了金融服务实体经济主体之间不平衡、不充分的矛盾。

从区域中观层面来看，资本市场在功能定位制约下的发展历程，最突出的特点就是证券发行、市场额度与市场交易引发的增量资本大规模扩张，然而股票发行、交易引致了中西部欠发达地区短缺的资金通过资本市场直接融资渠道向发达地区的集聚，这不仅为东部地区众多上市公司、国有企业提供了中长期资本支持，而且加快了实体企业成长壮大，为当地经济良性发展奠定基础；由于在市场机制的资本集聚效应影响下资金趋利性彰显，因此区域两极化趋势不断放大。地方政府积极争取属地公司在场内交易所上市，在场外实现资产重组，或者设立交易所、设立区域性股权交易市场作为深化改革的重要举措与官员重要政绩，而行政权力与行政机制介入，在一定程度上取代或者排斥了市场机制的正常作用发挥，但客观上也推动了属地直接融资市场的建立，尽管金融效率仍然不高。东部地区国有企业、上市公司数量多，质量好，资产规模大，人力资本水平高；从交易中心所在地域分布来看，上海证券交易所于 1990 年 11 月 26 日创立；深圳证券交易所于 1990 年 12 月 1 日成立；全国中小企业股权转让系统（“新三板”市场）于 2013 年 1 月落户北京金融街。全国性证券交易中心城市上海、深圳、北京全部是发达地区。从金融中介服务机构空间分布来看，中介服务机构、金融评级机构主要集中在东部省份，即使为享受欠发达地区政策优惠而在中西部注册的非存款类金融机构也想尽办法向发达地区迁移，如设立第二总部，或者将核心业务部门设置在沿海发达城市，实现将实质性总部职能转移的目的。这一系列方法促使中西部地区本身就稀缺的金融资本大量流向东部，造成了欠发达地区金融结构单一，直接融资发展滞后，支持实体经济功能受到抑制，在推动区域产业结构升级、实现产业阶段性演进方面显得力所不及。

其次，区域资本市场体系不健全。我国直接融资发展次序的颠倒造成了区域资本市场层次不完善。20 世纪 90 年代初我国先后成立了沪深两大全国性的证券交易所，而当时区域性的股票交易还只是处于萌芽状态，并且在随后沪深市场蓬勃发展的 10 年中全面萎缩。2000 年以后，由于资本市场层次的单一化，直接融资的比重始终难以大幅提升，而与各类实体企业不断增长的融资需求与资金再配置需求矛盾越来越突出，地区之间融资结构失衡造成的风险与脆弱性不断集聚，因此决策层才开始意识到发展区域资本市场的客观必要性，并着力于探讨我国多层次资本市场的构建问题。然而，长期以来对多层次市场建设的忽视造成了我国资本市场体系的“倒三角”不稳定结构。按照发达国家成熟资本市场的体系设计，场外市场挂牌公司数量多于场内市场，场内市场的创业板公司数量多于中小板，而中小板公司数量则多于主板市场；即发达国家一般是先设立区域性资本市场与小型地方交易市场，而后才发展壮大全国性的资本市场；区域资本市场本身容量大、层次丰富、门槛较低，构成了全国性资本市场的基础与补充。我国则正好相反，优先发展场内市场，场内市场注重发挥主板市场对国有企业的扶持作用，这在一定程度上符合我国审慎推进资本市场体系建设的国情，但资本市场低效运行的负面影响越来越严重，去杠杆、降成本作用不够明显，在调结构、促创新、化解系统性金融风险方面还未能发挥应有的作用。

同时，欠发达地区资本市场发展理念滞后，市场活力与创新能力不足。中西部地区资本市场的发展理念基本是对东部的从属与跟进，从而在思想观念方面未能获得超前发展的可能，限制了人们对于资本市场理念的变革。特别是中西部内陆地区相对闭塞的人文环境与较低市场认知度的局限性，导致因循守旧，行政干预与计划安排的思想占据主导地位，也制约了欠发达地区资本市场理念的创新。例如，近年来中西部地区在国家政策支持与引导下大力发展区域性股权交易市场，总体呈现“一省一市场”的格局，即一个省级政府一家区域性股权交易市场，并非完全符合当地市场需要，与属地经济社会发展存在一定程度脱节。而各地制定的战略大多停留在单纯的扩大规模，服务于当地企业融资，较少考虑筹措资金创造最佳效益的长期效应，忽视场外市场的并购重组功能；过多考虑并着眼于属地上市企业的盈余管理，较少考虑与制定资本市场运作的长远规划，造成投资者积极性低，优质挂牌企业少，市场缺乏吸引力而交易冷清。从运行机制上看，由于我国资本市场管理机构与运作主体集中在东部地区，无论是证监会、证券交易所，还是大型券商、基金、期货、保险机构、评级公司等。这种失衡的空间结构产生的效果就是中西部地区资本市场运作机制必须从属于上述监管机构与市场主体，从地方利益的角度出发，也需要与东部地区资本市场运作机制保持一致，以尽可能地缩小地区差距。在这种被动局限性思维观念、运作机制的影响下，欠发达地区资本市场创新也远远滞后于发达地区，改良性跟风式创新活动多，根本性创新活动少，浅层次表面性创新多，深层次触及体制机制问题的创新少，再加上相对较为严苛的地方行政管理约束，区域资本市场内生的创新动力与活力被压抑，在推动区域产业转型升级方面显得困难重重，举步维艰。

第 7 章　经济金融化对我国区域产业发展影响的实证分析

——基于省际面板数据的动态研究

经济金融化对我国区域产业发展的影响是在“总量—结构”层面上的动态演进过程，并且金融化不仅使得政治、经济、社会、文化呈现金融关系化，而且金融本身也受到经济因素与非经济因素的制约，体现了全系统的运行状态。特别是当关注到区域中观层面，一个转轨中大国的地域性非经济因素（制度禀赋）则发挥了更为关键的作用。因此，在“总量—结构”两个维度上，金融化对产业发展的贡献效应是否存在明显的区域不平衡性，制度禀赋影响下的金融化演进对产业发展的作用关系在空间静态层面与时序动态层面有何差异，是否显著影响了金融功能的发挥？这成为本章实证研究与探讨的核心问题。

7.1　实证分析的计量方法

为深入分析“金融化—产业发展”之间的量化关系，首先要介绍实证研究所采用的估计方法与基本模型。该部分从面板数据的工具变量法入手，详细说明了面板数据的时间序列模型、动态面板数据模型及中介效应模型，为实证检验提供科学、合理的数理基础。

7.1.1 面板数据估计方法

在回归方法上，本书主要使用工具变量法，包括二阶段最小二乘法（TSLS）与系统广义矩估计法（SYS - GMM）。TSLS 主要应用在面板数据时间序列模型分析中，SYS - GMM 主要运用于动态面板数据模型、中介效应模型检验中。

首先，OLS 和 WLS 估计方法失效的主要原因是遗漏了重要的控制变量，使得随机误差项中含有与解释变量相关的变量，从而导致解释变量与扰动项相关，而 TSLS 可以克服以上问题。合理工具变量的确定主要涉及两个步骤：第一，寻找一组工具变量，模型中每个解释变量分别对这组变量作最小二乘回归；第二，用第一阶段回归拟合值替代所有变量并对原方程回归，得到估计值系数，此时 TSLS 估计量可以证实是一致估计量。

考虑多元线性回归模型的矩阵形式：

$$y = X\beta + u \tag{7-1}$$

其中，y、X、β 分别为因变量向量、解释变量系数矩阵以及系数向量。将 $Z_i =（Z_{1i}, Z_{2i}, \cdots, Z_{ki}）$ 作为工具变量，它与扰动项不相关而与解释变量相关，即 $cov（z_i, u_i）=0$。可以简化并推导出 TSLS 系数估计量 b_{TSLS} 计算公式：

$$b_{TSLS} = [X'Z(Z'Z)^{-1}(Z'X)]^{-1}X'Z(Z'Z)^{-1}Z'Y \tag{7-2}$$

参数估计量的协方差矩阵为：

$$\hat{\sum}_{TSLS} = s^2[X'Z(Z'Z)^{-1}(Z'X)]^{-1} \tag{7-3}$$

其次，系统广义矩估计法（SYS - GMM）是动态面板数据模型中使用的估计方法。由于在动态面板数据模型中组内变化的滞后变量与组内变化的误差项是渐进相关关系，使得动态面板数据模型的组内 OLS 估计量是有偏且非一致的。因此，为了克服内生解释变量问题，一般最常采用的是 Arellano 和 Bond（1991）提出的差分 GMM 与 Arellano 和 Bover（1995）提出的水平 GMM。Blundell 和 Bond（1998）则同时考虑了差分 GMM 与水平 GMM 的估计优点，得到了估计效果更好的 SYS - GMM。

假定一个简单的满足经典假设的 AR（1）模型，有如下形式：

$$y_{it} = \alpha y_{it-1} + u_i + e_{it} \tag{7-4}$$

$$\nu_{it} = u_{it} + e_{it}$$

其中，α 是自回归系数，满足 $|\alpha| < 1$；误差项 e_{it} 满足 $E(e_{it} \mid u_i, y_{it}, y_{it-1} \cdots) = 0$。

SYS－GMM 是利用了如下 $K_s = K_d + (T-2)$ 个矩条件得到：

$$E(Z'_{si}\tilde{v}_i) = 0 \tag{7-5}$$

其中，Z'_{si} 是一个 $2(T-2) \times K_s$ 的工具变量矩阵，$\tilde{v}_i$ 是一个 $2(T-2) \times 1$ 的列向量。一般常用的 SYS－GMM 估计量初始权重矩阵为如下形式：

$$W_N^{sys} = \sum_{i=1}^{N} Z'_{si} H Z_{si} \tag{7-6}$$

其中，H 是一个 $2(T-2)$ 的方阵。

根据以上表示式，SYS－GMM 的目标函数可以表达如下：

$$\hat{\alpha}_{sys} = \underset{\alpha \in (-1,1)}{\operatorname{argmin}} \left[\frac{1}{N} \sum_{i=1}^{N} g_i^{lev}(X_t, \alpha) \right]' W_N^{sys} \left[\frac{1}{N} \sum_{i=1}^{N} g_i^{lev}(X_t, \alpha) \right] \tag{7-7}$$

其中，$g_i^{lev} = \nu_i Z'_{lev,i}$。以一步 GMM 为例，SYS－GMM 估计结果可以表示成如下形式：

$$\hat{\alpha}_{sys} = \frac{q'_{-1} z_s (z'_s z_s)^{-1} z'_s q}{q'_{-1} z_s (z'_s z_s)^{-1} z'_s q_{-1}} \tag{7-8}$$

其中，$z'_s = (z'_{s,1}, \cdots, z'_{s,N})$。Hayakawa（2007）、Bun 和 Windmeijer（2010）指出，通过 SYS－GMM 估计得到的自回归系数 α 估计值 $\hat{\alpha}_{sys}$ 可以表示成差分 GMM 估计值 $\hat{\alpha}_{dif}$ 与水平 GMM 估计值 $\hat{\alpha}_{lev}$ 的加权平均数；因此，记 $\hat{\gamma}$ 为相应的权重系数，$\hat{\alpha}_{sys}$ 可以表示为 $\hat{\alpha}_{dif}$ 与 $\hat{\alpha}_{lev}$ 的加权平均数：

$$\hat{\alpha}_{sys} = \hat{\gamma}\hat{\alpha}_{dif} + (1-\hat{\gamma})\hat{\alpha}_{lev} \quad (0 < \hat{\gamma} < 1) \tag{7-9}$$

Hayakawa（2007）在式（7－9）的基础上，经过一系列理论推导及蒙特卡洛仿真实验的结果表明，差分 GMM 估计量误差为正而水平 GMM 估计量误差为负，SYS－GMM 估计量误差就是差分 GMM 估计量与水平 GMM 估计量的加权平均数，这种加权平均可以抵消两种符号相反造成的偏差。在大多数的动态面板数据模型回归过程中，SYS－GMM 能够较好地解决弱工具变量问题。在现实应用中，一步 GMM 的正定权重矩阵没有约束，即任意的权重矩阵都能得到一致估计量，然而一致并不代表有效。当且仅当恰好识别时，则最优权重矩阵就是单位矩阵；若过度识别，则最优权重矩阵为矩向量渐进协方差矩阵的逆。在这种情况下，采用二步 GMM 可以得到一个一致又有效的估计量。

7.1.2　面板数据单位根检验

传统的面板数据时间序列分析要求数据具有平稳性，即不含随机趋势或者确定性趋势。因此，为避免产生“伪回归”问题，首先应该判断模型中相关变量的平稳性。面板单位根检验由于包含了横截面与时间序列特征，判断单位根存在情况更为准确；通常有同质单位根、异质单位根检验，二者的区别在于面板数据各截面序列单位根过程是否相同。同质单位根检验方法主要有 LLC（Levin – Lin – Chu）检验（2002）、Breitung 检验（2000）、Hadri 检验（2000）；异质单位根检验方法包括 IPS（Im – Pesaran – Shin）检验（1997）、Fisher – ADF 检验（1999）以及Fisher – PP 检验（1932）。本书实证分析主要采用经典的同质单位根 LLC 检验与异质单位根 IPS 检验。

7.1.2.1　LLC（Levin – Lin – Chu）检验

LLC 检验采用 ADF 的判别式形式，引入高阶差分滞后项的模型形式如下：

$$\Delta y_{it} = \eta y_{it-1} + \sum_{j=1}^{p_i} \beta_{ij}\Delta y_{it-j} + x'_{it}\delta + \mu_{it}\ ,\ i=1,\ 2,\ \cdots,\ N;\ t=1,\ 2,\ \cdots,\ T \tag{7-10}$$

其中，$\eta=\rho-1$，在该模型 p_i 表示第 i 个截面成员滞后阶数，可以跨截面变化。LLC 检验原假设为面板数据中各截面序列均具有一个相同单位根，备择假设为各截面序列均没有单位根，即 H_0: $\eta=0$，H_1: $\eta<0$。同时，对参数 η 估计的 LLC 检验并未直接使用 Δy_{it} 与 y_{it-1}，而是通过 Δy_{it} 与 y_{it-1} 代理变量估计参数 η。该检验方法主要包括两个步骤：首先给定各截面成员滞后阶数 p_i，从 Δy_{it} 和 y_{it-1} 中剔出 Δy_{it-j} 与外生变量的影响，获得代理变量标准化

的形式，假设有下列公式：

$$\Delta\bar{y}_{it} = \Delta y_{it} - \sum_{j=1}^{p_i}\hat{\beta}_{ij}\Delta y_{it-j} - x'_{it}\hat{\delta} \tag{7-11}$$

$$\bar{y}_{it-1} = y_{it-1} - \sum_{j=1}^{p_i}\dot{\beta}_{ij}\Delta y_{it-j} - x'_{it}\dot{\delta} \tag{7-12}$$

其中，（$\hat{\beta}_{ij}$，$\hat{\delta}$）与（$\dot{\beta}_{ij}$，$\dot{\delta}$）分别为 Δy_{it} 与 y_{it-1} 对滞后差分项 Δy_{it-j} 以及外生变量向量 x_{it} 回归得到对应参数估计值。则 Δy_{it} 与 y_{it-1} 代理变量 $\Delta\tilde{y}_{it}$ 与 $\tilde{y}_{it-1}$ 表示为：

$$\Delta\tilde{y}_{it} = \Delta\bar{y}_{it}/s_i \tag{7-13}$$

$$\tilde{y}_{it-1} = \bar{y}_{it-1}/s_i \tag{7-14}$$

其中，s_i 为式（7－10）模型对应于第 i 个截面成员 ADF 检验式的估计标准差。

其次利用代理变量估计参数 η，即用代理变量实现回归 $\Delta\tilde{y}_{it} = \hat{\eta}y_{it-1} + \varepsilon_{it}$，估计参数 η。此时获得与参数 η 相对应的渐近服从标准正态分布的 t 统计量。

7.1.2.2　IPS（Im－Pesaran－Shin）检验

同质单位根检验的局限在于要求每个个体自回归系数都相等，而在实践中该假设条件过于苛刻，如不同国家或地区由于制度环境的差异，经济金融的规律与演进路径可能不同。为了克服此缺点，Im、Pesaran 和 Shin 提出了异质单位根检验，该检验有效性更高、制约更少，使其优于其他面板单位根检验方法。在 IPS 检验中，首先对每个截面成员进行单位根检验：

$$\Delta y_{it} = \eta_i y_{it-1} + \sum_{j=1}^{p_i}\beta_{ij}\Delta y_{it-j} + x'_{it}\delta + \varepsilon_{it}\ ,\ i=1,\ 2,\ \cdots,\ N;\ t=1,\ 2,\ \cdots,\ T \tag{7-15}$$

检验原假设为：

H_0：$\eta_i = 0$，*for all* i；

H_1：$\eta_i = 0$，for $i = 1, 2, \cdots, N_1$；

备择假设为：

$\eta_i < 0$, $for\ i = N_1 + 1, N_1 + 2, \cdots, N$

通过对每个截面成员进行单位根检验后，可以得到每个截面个体 η_i 的 t 统计量，记为 t_{iT_i}（p_i），利用每个截面成员 η_i 的 t 统计量，构造出适用于整个面板数据检验是否存在单位根的参数 η 的 t 统计量：

$$\bar{t}_{NT} = (\sum_{i=1}^{N} t_{iT_i}(p_i))/N \tag{7-16}$$

在每个截面成员滞后阶数为 0 的情况下，即式（7－16）中不存在差分项的滞后项，IPS 经过模拟给出了统计量 $\bar{t}_{NT}$在不同显著性水平下的临界值。若截面成员中包含滞后项，即式（7－15）中存在差分项的滞后项，则 IPS 检验利用 $\bar{t}_{NT}$给出了服从一个渐近正态分布的统计量 $W_{\bar{t}_{NT}}$，即：

$$W_{\bar{t}_{NT}} = \frac{\sqrt{N}(\bar{t}_{NT} - N^{-1}\sum_{i=1}^{N} E(\bar{t}_{iT}(p_i)))}{\sqrt{N^{-1}\sum_{i=1}^{N} Var(t_{iT}(p_i))}} \rightarrow N(0,1) \tag{7-17}$$

因此，对于存在滞后项的面板数据，可以利用这个渐近正态分布统计量检验。此外，在 IPS 检验中，每个截面成员需要设定是否存在截距项或时间趋势项。

7.1.3 面板数据协整检验

面板数据模型变量之间是否存在长期均衡关系，需要进行协整检验。较为经典的面板协整方法一类是 Engle 和 Granger（1987）提出的两步检验法，以及在 E－G 两步法基础上改进的 Pedroni 检验（1999）和 Kao 检验（1999）；另一类是通过 Johansen 检验的面板协整检验。当面板数据模型中需要对多个经济变量的长期关系进行判别时，一般采用 Kao 检验。

Kao 检验的两个阶段：第一阶段将回归方程设定为每一个截面个体有不同截距项和相同的系数，第二阶段基于 DF 与 ADF 检验原理，对第一阶段回归得到残差序列进行平稳性检验。其辅助检验形式如下：

$$\hat{u}_{it} = \rho\hat{u}_{it} + \nu_{it} \tag{7-18}$$

或者

$$\hat{u}_{it} = \tilde{\rho}\hat{u}_{it-1} + \sum_{j=1}^{p}\psi_{ij}\Delta\hat{u}_{it-1} + \nu_{it} \tag{7-19}$$

原假设不存在协整关系（$\rho=1$）条件下，Kao 检验列示了以下检验统计量：

$$DF_{\rho} = \frac{T\sqrt{N}(\hat{\rho}-1)+3\sqrt{N}}{\sqrt{10.2}} \tag{7-20}$$

$$DF_{t} = \sqrt{1.25}t_{\rho} + \sqrt{1.875N} \tag{7-21}$$

$$DF_{\rho}^{*} = \frac{\sqrt{N}T(\hat{\rho}-1)+3\sqrt{N}\hat{\sigma}_{\nu}^{2}/\tilde{\sigma}_{\nu}^{2}}{\sqrt{3+36\hat{\sigma}_{\nu}^{4}/(5\tilde{\sigma}_{\nu}^{4})}} \tag{7-22}$$

$$DF_{t}^{*} = \frac{t_{\rho}+\sqrt{6N}\hat{\sigma}_{\nu}/(2\tilde{\sigma}_{\nu})}{\sqrt{\hat{\sigma}_{\nu}^{2}/(2\tilde{\sigma}_{\nu}^{2})+3\hat{\sigma}_{v}{}^{2}/(10\tilde{\sigma}_{\nu}^{2})}} \tag{7-23}$$

当 $p>0$（ADF 检验形式）时，统计量为：

$$ADF = \frac{t_{\tilde{\rho}}+\sqrt{6N}\hat{\sigma}_{\nu}/(2\tilde{\sigma}_{\nu})}{\sqrt{\hat{\sigma}_{\nu}^{2}/(2\tilde{\sigma}_{\nu}^{2})+3\hat{\sigma}_{v}{}^{2}/(10\tilde{\sigma}_{\nu}^{2})}} \tag{7-24}$$

Kao 检验表明该统计量渐近服从标准正态分布，其中方差估计量 $\hat{\sigma}_{\nu}^{2} = \hat{\sigma}_{u}^{2} - \hat{\sigma}_{u\varepsilon}^{2}\hat{\sigma}_{\varepsilon}^{-2}$，长期方差为 $\tilde{\sigma}_{\nu}^{2} = \tilde{\sigma}_{u}^{2} - \tilde{\sigma}_{u\varepsilon}^{2}\tilde{\sigma}_{\varepsilon}^{-2}$。残差向量 ω_{it} 的协方差阵估计为：

$$\hat{\sum} = \begin{bmatrix} \hat{\sigma}_{2} & \hat{\sigma}_{u\varepsilon} \\ \hat{\sigma}_{u\varepsilon} & \hat{\sigma}_{\varepsilon}^{2} \end{bmatrix} = \frac{1}{NT}\sum_{i=1}^{N}\sum_{t=1}^{T}\hat{\omega}_{it}\hat{\omega}'_{it} \tag{7-25}$$

长期协方差阵估计量为：

$$\hat{\Omega} = \begin{bmatrix} \tilde{\sigma}_{u} & \tilde{\sigma}_{u\varepsilon} \\ \tilde{\sigma}_{u\varepsilon} & \tilde{\sigma}_{\varepsilon}^{2} \end{bmatrix} = \frac{1}{N}\sum_{i=1}^{N}\left[\frac{1}{T}\sum_{t=1}^{T}\hat{\omega}_{it}\hat{\omega}'_{it} + \kappa(\hat{\omega}_{i})\right] \tag{7-26}$$

其中，κ 为任意核函数。

7.1.4　面板数据误差修正模型

变量之间长期均衡稳定关系通过面板数据协整检验确定之后，各变量之间短期均衡关系则通过面板数据误差修正模型（ECM）来考察，检验自变量的短期效应。构造如下面板数据误差修正模型：

$$\Delta Y_{it} = \alpha_i + \sum_{j=1}^{m} \theta_j \Delta Y_{i,t-j} + \sum_{j=1}^{m} \beta_j \Delta X_{i,t-j} + \sum_{j=1}^{m} \gamma_j \Delta CONTROL_{i,t-j} + \varphi ECM_{i,t-m-1} + \varepsilon_{it} \quad (7-27)$$

其中，Y、X、$CONTROL$ 分别为因变量、自变量与控制变量，$ECM_{i,t-m-1}$为均衡误差，表示在短期波动中各变量对长期均衡关系的偏离程度，对偏离长期均衡的调整力度则通过误差修正项系数 φ 反映，Δ 为一阶差分运算。短期内自变量 X 对因变量 Y 的贡献程度以 β_j 表示。若 β_j 拒绝零假设，说明在短期内均衡关系成立，即短期内自变量 X 对因变量 Y 产生了显著影响；反之则作用不显著。面板数据误差修正模型的优点是经济含义十分明确，而且可以分别考察长期效应与短期效应。

7.1.5 动态面板数据模型

对个体的动态行为建模是面板数据的优势，很多经济理论指出由于路径依赖、连续惯性或者部分调整，过去行为决定了当前的个体行为与决策。若面板数据模型中的解释变量包含了被解释变量滞后项，则将其称为动态面板数据（Dynamic Panel Data）。如其基本形式是：

$$Y_{it} = \alpha + \sum_{j=1}^{m} \theta_j Y_{i,t-j} + \sum_{k=1}^{K} \beta_k X_{kit} + u_{it} \quad (i=1，2，\cdots，N\ t=1，2，\cdots，T) \quad (7-28)$$

其中，θ_j 为相应自回归解释变量的系数，β_k 为相应外生解释变量的系数，随机误差项 u_{it}满足独立同分布假设。该模型的一个简单形式是：

$$Y_{it} = \alpha + \theta Y_{i,t-1} + \beta X_{it} + u_{it} \quad (t=1，2，\cdots，T) \quad (7-29)$$

由于动态面板数据模型中组内变化滞后变量与组内的误差项是渐进相关的，因此使得组内 OLS 估计量是有偏且不一致的，为解决内生解释变量的问题，这种情况下就要采用上文提及的系统广义矩估计法（SYS－GMM）。

7.1.6 中介效应模型

中介效应是指自变量对因变量的影响是通过一个或多个变量（M）间接

影响产生，而不是直接影响的关系。若以 M 表示中介变量，则 X 通过 M 对 Y 产生间接影响就是中介效应。可知中介变量是一种内部机制，通过这种内部机制自变量 X 对因变量 Y 产生影响。通过简单的三变量说明变量间关系，将变量间中介关系表示为如下三个回归方程：

$$Y = cX + e_1 \tag{7-30}$$

$$M = aX + e_2 \tag{7-31}$$

$$Y = c'X + bM + e_3 \tag{7-32}$$

其中，式（7－30）反映了自变量 X 对因变量 Y 的直接影响，X 对 Y 产生的总效应用 c 标示，式（7－31）、式（7－32）表示 X 经过中介变量 M 对 Y 产生影响，c' 为直接效应，a、b 为中介效应。上述三个回归方程，传统上可采用依次检验法、系数乘积项法与差异检验法，温忠麟（2004，2014）通过改进依次检验法，加入了 Sobel 检验，提出了中介效应检验程序，较好地控制了错误率。具体步骤如下：

步骤一：检验方程 $Y = cX + e_1$，若 c 显著，则进行步骤二；若 c 不显著，则终止中介效应检验。

步骤二：检验方程 $M = aX + e_2$ 和 $Y = c'X + bM + e_3$，若 a、b 均显著，则说明存在中介效应，继续步骤三；若 a 与 b 中至少有一个不显著，则转到步骤四。

步骤三：检验 c'，若 c' 显著，则表明存在不完全中介效应；若 c' 不显著，表明存在完全中介效应。

步骤四：进行 Sobel 检验，Sobel 检验统计量为 $z = \frac{ab}{\sqrt{a^2Sb^2 + b^2Sa^2}}$；其中，$a$ 与 b 的标准误差分别为 Sa^2 与 Sb^2。若通过显著性检验，则说明中介效应存在；反之则中介效应不显著。

7.2 经济金融化对区域产业发展影响的实证分析——总量视角

总量视角下“金融化—产业发展”关系主要研究的是金融业量性扩张对产业总量（地区生产总值）的影响。仅仅分别通过对区域金融化水平、产业发展演进的定性分析与统计描述还难以细致地反映金融化对产业发展的作用效果。因此，该部分基于我国四大经济区域的翔实客观数据，运用准确合理的面板数据模型实证比较各地区经济增长的差异化金融贡献水平，阐明变量之间的作用关系及长短期变动趋势。

7.2.1 研究设计

7.2.1.1 模型构建

根据本书论述，参考 King 和 Levine（1993）、Duenwald 和 Aziz（2002）、冉光和（2006）、徐云松和齐兰（2017）等已有丰富研究成果，建立面板数据模型：

$$\ln GDP_{it} = \beta_0 + \beta_1 FIN_{it} + \gamma_1 CAP_{it} + \gamma_2 TRA_{it} + \gamma_3 HUM_{it} + \gamma_4 URB_{it} + \gamma_5 STA_{it} + \varepsilon_{it} \tag{7-33}$$

其中，i 为省份，t 为时间，ε 为误差项，服从白噪声过程。$\ln GDP_{it}$为产业发展（地区生产总值）变量，FIN_{it}则用于度量区域金融化程度；控制变量体系涵盖固定资产投资（CAP_{it}）、对外开放水平（TRA_{it}）、人力资本（HUM_{it}）、城镇化水平（URB_{it}）、国有经济比重（STA_{it}）。

式（7－33）检验当不考虑地方制度禀赋时，四大经济区域金融化水平提升对产业总体规模扩大的差异化影响效应。

7.2.1.2 变量选取

第一，产业总量指标。总量视角的区域产业发展衡量某一地区在一定时间内第一产业增加值、第二产业增加值与第三产业增加值之和，也就是在报告期内以货币形式表现的产业生产活动最终生产成果总和，即地区生产总值。同时为使检验过程更加有效，尽可能消除数据存在的异方差问题，克服数据扭曲的信息失真问题，对名义 GDP 取自然对数，以 $\ln GDP_{it}$ 表示。

第二，金融化指标。国内外研究成果中关于金融化的度量指标类别丰富。Levine（1998）运用股票总市值/GDP 的证券化水平反映一国或地区金融化程度；Epstein（2006）则通过金融资产收益在国民财富中的比重来反映金融化水平。国内学者张成思（2015）通过金融业、FIRE 行业的 GDP 贡献率度量了我国金融化演进状况；徐浩（2015）则以银行信贷/GDP 作为替代性指标。从统计口径及数据来看，我国区域层面的流动性负债/GDP 指标难以衡量，因为普遍缺乏流动性负债信息；而较为常用的金融机构存贷款/GDP、贷款/GDP 作为替代性指标，则未充分考虑各地区金融发展过程中证券业、保险业规模扩大的实情。特别是近年来，我国各地区的金融工具日益复杂化，非存款类金融资产迅速膨胀。因此，本书构建了拓展指标，即用（存贷款余额 + 股票市价总值 + 保费收入）/GDP 来衡量金融化水平，旨在揭示我国区域中观层面金融化由少到多的总量积累进程，以 FIN_{it} 标示。

第三，控制变量。经济系统中众多因素会制约与影响产业发展，该部分研究中加入有较强解释力与代表性的控制变量体系。以固定资产投资额/GDP（CAP_{it}）表明各地资本形成的状况，以进出口总额/GDP（TRA_{it}）反映地区对外开放的总体水平，以普通高等学校在校学生数/总人口数（HUM_{it}）衡量各地受高等教育的程度，以城镇人口数/总人口数（URB_{it}）反映各地城镇化进程状况；以国有企业职工数/职工总数（STA_{it}）表示区域市场化水平。

7.2.1.3　数据来源

实证分析以我国四大经济区域——东部、中部、西部、东北为研究对象，数据样本范围为 2003 ~ 2016 年，该时间序列选取一方面充分考虑各地区发展客观状况，更重要的是确保在统计口径上，四大区域涵盖的 31 个省份数据的一致性与完整性。金融机构存贷款余额、股票市价总值、保费收入来自历年《中国金融年鉴》及各省《区域金融运行报告》，地区生产总值、固定资产投资、进出口总额、普通高等学校在校学生数、城镇人口数来自历年各省份统计（发展）年鉴，年底总人口数、国有企业职工数及职工总人数根据历年《中国人口和就业统计年鉴》整理而得。进出口额按当年美元兑人民币平均汇率调整为人民币计价数值，历年平均汇率来自中国人民银行官网数据。部分缺失值通过插值法补齐，进而获得了完整的面板数据。

7.2.2 实证结果分析

7.2.2.1 单位根检验

面板数据的时间序列分析要求样本数据具有平稳性，因此要对各变量稳定性进行单位根检验。针对式（7－33）模型中所有变量，分别进行 LLC 检验与 IPS 检验。从表 7－1 可以看出，各变量原序列数据存在单位根，一阶差分后显示在 10% 显著性水平下均通过了稳定性检验，说明模型中所有变量符合一阶单整 I（1）条件。

表 7－1 单位根检验结果

区域	变量	检验方法				平稳性结论
		LLC 检验 t^* 值	P 统计量	IPS 检验 W 值	P 统计量	
东部	$\ln GDP_{it}$	3.441	1.000	5.026	1.000	非平稳
	$\Delta\ln GDP_{it}$	－2.930	0.002	－2.582	0.017	平稳
	FIN_{it}	3.436	0.999	4.582	1.000	非平稳
	ΔFIN_{it}	－11.514	0	－1.472	0.071	平稳
	CAP_{it}	4.125	1.000	5.991	1.000	非平稳
	ΔCAP_{it}	5.380	0	－2.682	0.004	平稳
	TRA_{it}	－0.482	0.256	－8.657	0.906	非平稳
	ΔTRA_{it}	－9.128	0	－4.493	0	平稳
	HUM_{it}	2.481	0.991	5.778	0.985	非平稳
	ΔHUM_{it}	－4.027	0	6.946	0	平稳
	URB_{it}	1.209	0.871	1.576	0.942	非平稳
	ΔURB_{it}	－5.032	0	－4.829	0	平稳
	STA_{it}	－1.013	0.955	－0.559	0.281	非平稳
	ΔSTA_{it}	－3.925	0	7.069	0	平稳

续表

区域	变量	检验方法				平稳性结论
		LLC 检验 t^* 值	P 统计量	IPS 检验 W 值	P 统计量	
中部	$\ln GDP_{it}$	-0.984	0.362	1.445	0.926	非平稳
	$\Delta\ln GDP_{it}$	-4.407	0	5.273	0	平稳
	FIN_{it}	-0.591	0.277	2.156	0.993	非平稳
	ΔFIN_{it}	-3.690	0	6.571	0	平稳
	CAP_{it}	-1.074	0.162	-0.129	0.415	非平稳
	ΔCAP_{it}	-3.452	0	-4.797	0	平稳
	TRA_{it}	-0.354	0.469	1.295	0.831	非平稳
	ΔTRA_{it}	-4.369	0	-2.893	0.002	平稳
	HUM_{it}	1.132	0.871	1.884	0.745	非平稳
	ΔHUM_{it}	2.899	0.026	-3.926	0.001	平稳
	URB_{it}	3.847	0.581	-0.797	0.804	非平稳
	ΔURB_{it}	4.960	0	-5.031	0	平稳
	STA_{it}	-1.240	0.395	-3.178	0.936	非平稳
	ΔSTA_{it}	5.169	0	1.978	0.022	平稳
西部	$\ln GDP_{it}$	0.257	0.602	2.493	0.539	非平稳
	$\Delta\ln GDP_{it}$	5.179	0	4.350	0.001	平稳
	FIN_{it}	0.395	0.452	2.194	0.773	非平稳
	ΔFIN_{it}	4.969	0	3.852	0	平稳
	CAP_{it}	2.218	0.760	0.971	0.463	非平稳
	ΔCAP_{it}	-3.642	0	-5.855	0	平稳
	TRA_{it}	1.728	0.930	0.517	0.392	非平稳
	ΔTRA_{it}	-5.631	0	-4.907	0	平稳
	HUM_{it}	3.823	0.914	1.158	0.396	非平稳
	ΔHUM_{it}	6.257	0	2.184	0.011	平稳
	URB_{it}	1.352	0.641	2.239	0.450	非平稳
	ΔURB_{it}	-4.886	0	-2.103	0.002	平稳
	STA_{it}	2.076	0.981	4.272	1.000	非平稳
	ΔSTA_{it}	6.481	0	5.173	0	平稳

续表

区域	变量	检验方法				平稳性结论
		LLC 检验 t^* 值	P 统计量	IPS 检验 W 值	P 统计量	
东北	$\ln GDP_{it}$	-1.805	0.712	0.497	0.652	非平稳
	$\Delta \ln GDP_{it}$	6.239	0	3.150	0.008	平稳
	FIN_{it}	2.377	0.914	1.179	0.683	非平稳
	ΔFIN_{it}	-3.842	0.011	-1.935	0.072	平稳
	CAP_{it}	1.525	0.344	-0.903	0.842	非平稳
	ΔCAP_{it}	-2.816	0.013	-4.831	0.001	平稳
	TRA_{it}	1.228	0.301	1.892	0.457	非平稳
	ΔTRA_{it}	3.792	0	-2.991	0.015	平稳
	HUM_{it}	1.819	0.957	-1.426	0.590	非平稳
	ΔHUM_{it}	-4.113	0	-5.012	0	平稳
	URB_{it}	0.871	0.699	-1.405	0.792	非平稳
	ΔURB_{it}	-5.103	0	-6.225	0	平稳
	STA_{it}	1.962	0.683	4.081	0.860	非平稳
	ΔSTA_{it}	4.951	0	2.420	0.024	平稳

注：Δ 表示经济变量序列一阶差分；滞后期选择以 Schwarz 为标准；窗宽根据 Newey – West 方法自动选择。

资料来源：笔者根据回归结果整理。

7.2.2.2 协整检验

变量单位根检验符合一阶单整，可以进一步分析变量间的协整关系。表 7 – 2 结果显示，Kao 检验通过了 10% 的显著性水平，表明变量之间存在长期稳定的均衡关系，可以直接对原样本数据进行回归分析。

表 7 – 2　协整检验结果

区域	原假设	Kao 检验		平稳性结论
		T 统计量	P 统计量	
东部	No Con – integration	-1.897	0.029**	平稳
中部	No Con – integration	-1.920	0.017**	平稳

续表

区域	原假设	Kao 检验		平稳性结论
		T 统计量	P 统计量	
西部	No Con - integration	-1.471	0.055*	平稳
东北	No Con - integration	-1.359	0.087*	平稳

注：*、**、***分别表示在 10%、5%、1% 的水平下显著，滞后阶数根据 SIC 信息准则确定。

7.2.2.3　面板数据回归分析

根据面板数据模型式（7-33），为解决变量内生性问题运用 TSLS 工具变量法，以解释变量滞后一期、滞后二期作为其自身工具变量，如 FIN_{it} 工具变量为 FIN_{it-1}、FIN_{it-2}，确保工具变量数多于方程系数，其他变量选择方法相同。检验结果如表 7-3 所示。

表 7-3　面板数据回归结果

自变量	东部	中部	西部	东北
FIN_{it}	0.118* (1.693)	0.260*** (3.872)	0.425* (1.833)	0.213** (2.462)
CAP_{it}	0.597 (0.884)	-1.202 (-1.193)	0.581** (2.950)	0.392 (1.081)
TRA_{it}	0.954* (1.689)	1.213 (1.077)	1.382*** (4.105)	1.406 (0.895)
HUM_{it}	0.794** (2.863)	1.082 (1.335)	0.951 (0.892)	-0.694 (-1.260)
URB_{it}	0.855 (0.491)	0.572* (1.669)	1.241 (1.105)	-1.405** (-2.961)
STA_{it}	-0.229 (-1.081)	0.206 (0.924)	-0.192* (-1.671)	-0.287** (-2.254)
常数项	0.926* (1.801)	1.394*** (4.052)	1.518** (2.406)	1.840** (2.270)

续表

自变量	东部	中部	西部	东北
R^2	0.614	0.759	0.580	0.724
观测个数	140	84	168	42
省份数量	10	6	12	3

注：*、**、***分别表示在10%、5%、1%水平下显著，括号内数值为 t 统计量。

模型式（7－33）检验结果表明，四大经济区域金融化水平提升对产业规模扩张存在显著的正向贡献效应，且从东部、东北、中部到西部，金融化边际贡献度逐次递增。与金融化水平更高、金融资源更丰富的东部地区相比，欠发达地区整体金融发展程度滞后，在市场化机制主导下的金融要素配置过程中，地区产业总量扩张的金融边际贡献效应比东部更大。

回归结果中通过检验的控制变量系数表明，西部地区固定资产投资（CAP_{it}）系数显著为正，西部大开发以来通过大规模固定资产投资、加速资本积累推动区域经济增长效果明显。进出口总额（TRA_{it}）系数在东、西部显著为正，近年来西部地区借助建设“丝绸之路经济带”推进向西开放，开展新金融、新技术、现代物流的跨境合作，在资源、产业方面与欧亚各国寻求优势互补，推动了地区经济增长。东部人力资本（HUM_{it}）系数贡献度为正，改革开放后发达地区成为我国高科技优秀人才的聚集地，强化了人力资本虹吸效应。城镇化水平（URB_{it}）系数在中部显著为正，为变中部塌陷为中部崛起，中部地区加快建设城市群，不断提升新型城镇化水平；在东北该系数为负，近年来东三省城镇化水平位居全国前列，然而建立在计划经济时期重化工业基础上的城镇化建设导向，使得大多数资源型城市转型举步维艰。西部与东北地区国有经济比重（STA_{it}）系数显著为负，欠发达地区市场化程度低，市场化进程较为滞后，而国有经济占据主导地位，制约了市场化资源配置途径，不利于地区产业规模扩张。

7.2.2.4 面板数据误差修正模型

以上回归结果表明四大经济区域金融化、控制变量指标与地区经济增长存在长期稳定关系，应进一步运用面板数据误差修正模型（ECM）判断是否存在短期效应。根据式（7－27）构建误差修正模型如下：

$$\Delta \ln GDP_{it} = \alpha_i + \sum_{j=1}^{m} \theta_j \Delta lnGDP_{i,t-j} + \sum_{j=1}^{m} \beta_j \Delta FIN_{i,t-j} + \sum_{j=1}^{m} \gamma_j \Delta CONTROL_{i,t-j} + \varphi ECM_{i,t-m-1} + \varepsilon_{it} \quad (7-34)$$

根据式（7－33）回归得到的残差项（ECM_{it}），再结合模型式（7－34），为符合误差项经典假设要求条件并取滞后项2；同样采用TSLS工具变量法克服解释变量中滞后内生变量 $\ln GDP_{i,t-j}$ 带来的内生性问题。以 $\Delta\ln GDP_{i,t-3}$ 和 $\Delta\ln GDP_{i,t-4}$ 作为模型中 $\Delta\ln GDP_{i,t-1}$ 和 $\Delta\ln GDP_{i,t-2}$ 工具变量，$\Delta FIN_{i,t-3}$ 和 $\Delta FIN_{i,t-4}$ 作为 $\Delta FIN_{i,t-1}$ 和 $\Delta FIN_{i,t-2}$ 的工具变量，其他变量的工具变量选取方法亦同。表7－4为实证结果。

表7－4　误差修正模型检验结果

变量	东部		中部		西部		东北	
	回归系数	P统计量	回归系数	P统计量	回归系数	P统计量	回归系数	P统计量
$\Delta\ln GDP_{i,t-1}$	1.126	0.530	0.859	0.213	0.338	0.602	－1.204	0.339
$\Delta\ln GDP_{i,t-2}$	0.973	0.682	－0.481	0.362	0.594	0.473	－0.650	0.251
$\Delta FIN_{i,t-1}$	0.158	0.344	0.162	0.074	0.710	0.284	0.483	0.502
$\Delta FIN_{i,t-2}$	0.102	0.095	－0.164	0.680	－0.632	0.189	0.371	0.609
$\Delta CAP_{i,t-1}$	0.757	0.263	－0.892	0.193	1.107	0.350	－1.152	0.144
$\Delta CAP_{i,t-2}$	－0.652	0.401	1.215	0.450	0.991	0.483	0.871	0.267
$\Delta TRA_{i,t-1}$	1.255	0.253	0.932	0.701	0.263	0.185	－1.036	0.392
$\Delta TRA_{i,t-2}$	1.160	0.427	－0.817	0.296	－0.581	0.326	－0.981	0.740
$\Delta HUM_{i,t-1}$	0.510	0.064	0.825	0.193	1.359	0.182	0.749	0.328
$\Delta HUM_{i,t-2}$	0.924	0.139	－0.372	0.641	1.071	0.294	－0.683	0.401
$\Delta URB_{i,t-1}$	1.401	0.328	1.150	0.459	0.464	0.052	0.270	0.162
$\Delta URB_{i,t-2}$	－0.501	0.462	0.361	0.022	0.297	0.081	0.363	0.695
$\Delta STA_{i,t-1}$	－0.691	0.527	1.105	0.542	－0.384	0.016	－0.140	0.368
$\Delta STA_{i,t-2}$	0.782	0.289	0.693	0.388	－0.527	0.309	－0.127	0.042
$ECM_{i,t-3}$	－0.626	0.074	－0.380	0.029	－0.856	0.043	－0.408	0.091

表7－4显示，四大经济区域面板数据检验的误差修正项（$ECM_{i,t-3}$）

均为负且显著，与反向修正机制原理相符。在10%的显著性水平条件下，东部、中部地区金融化指标系数均通过检验，短期效应成立，而西部与东北地区该指标系数未通过显著性检验，短期效应不成立。控制变量中，加快人力资本积累能有效推动东部地区经济增长；提高城镇化水平短期内能促进中部区域经济增长；西部地区通过提升城镇化率、加快市场化进程则能推动区域产业规模扩张；东北地区通过降低国有经济比重能提高市场化资源配置效率，有利于地区经济增长。

7.3　经济金融化对区域产业发展影响的实证分析——结构视角

结构视角下“金融化—产业发展”关系主要研究的是金融结构变迁对产业结构升级的影响。根据经典的“二分法”，一国或地区金融结构的演进就是银行中介间接融资与资本市场直接融资的相互关联与比例关系；在不同的融资模式情况下，其对产业结构升级的功能及效果是有所差异的。该部分基于我国四大经济区域面板数据，实证比较各地区产业结构升级的金融结构贡献度，阐明变量之间的作用关系与动态变化趋势。

7.3.1　研究设计

7.3.1.1　模型构建

根据前文论述，参考 Allen（2001）、刘伟（2006）、徐云松（2017）等已有国内外研究成果，建立面板数据模型：

$$IND_{it} = \beta_0 + \beta_1 FSR_{it} + \gamma_1 CAP_{it} + \gamma_2 TRA_{it} + \gamma_3 HUM_{it} + \gamma_4 URB_{it} + \gamma_5 STA_{it} + \varepsilon_{it} \tag{7-35}$$

其中，i 为省份，t 为时间，ε 为服从白噪声过程的误差项。产业结构升级变量用 IND_{it} 表示，FSR_{it} 为金融结构（融资结构）变量，控制变量仍然包括固定资产投资（CAP_{it}）、对外开放度（TRA_{it}）、人力资本（HUM_{it}）、城镇化水平（URB_{it}）与市场化水平（STA_{it}）。

式（7－35）检验当不考虑地方制度禀赋时，四大经济区域融资结构变迁对产业结构升级的差异化影响效应。

7.3.1.2　变量选取

第一，产业结构升级指标。产业发展遵循从低级向高级形态变迁的一般规律，主导产业有序更替是现代产业结构演变的主要趋势，第三产业增加值在 GDP 中的比重逐步上升，而第一、第二产业所占比重不断下降。为确定合理的指标体系，一些文献的产业结构升级指标以第二、第三产业增加值之和/GDP 表示（范方志，2003）。该部分借鉴干春晖（2011）的方法，产业结构升级以第三产业增加值/第二产业增加值衡量，旨在更清晰地展现产业结构转变与调整基本规律，该指标上升表明经济服务化水平提升，用 IND_{it} 标示。

第二，金融结构指标。一些文献从直接融资、间接融资规模变动分别提出了测度指标，如刘伟（2006）通过（债券筹资额＋股市筹资额）/固定资产投资衡量资本市场融资效率，王晋斌（2007）以贷款/GDP 表示我国银行机构的资本积累能力。事实上，融资结构变迁反映了金融系统中资本市场功能愈发凸显、直接融资相对规模不断扩大的动态过程；考虑到我国省域层面统计数据的一致性与可得性，该部分以（股票筹资额＋债券筹资额）/银行贷款融资额，即直接融资与间接融资比重相对变化作为融资结构替代性指标，用 FSR_{it} 标示，力求清晰地揭示各区域融资结构由低级到高级的演进趋势。

第三，控制变量。众多因素会影响产业结构升级，可将重要因素作为控制变量纳入体系。该部分继续采用固定资产投资额/GDP（CAP_{it}）反映物质资本投入与资本形成状况，进出口总额/GDP（TRA_{it}）反映对外开放水平，普通高等学校在校学生数/总人口数（HUM_{it}）度量受教育程度的人力素质，城镇人口数/总人口数（URB_{it}）反映城镇化水平，国有企业职工数/职工总数（STA_{it}）衡量市场化程度。

7.3.1.3　数据来源

该部分样本对象仍为东部、中部、西部、东北地区，数据序列为2003～

2016年，选取该时序充分考虑我国31个省份数据来源的一致性与合理性。其中，各省份GDP来自历年《中国统计年鉴》，贷款融资额、股票筹资额和债券筹资额根据历年《中国金融年鉴》、各省份《区域金融运行报告》整理而得，固定资产投资、进出口总额、第三产业增加值、第二产业增加值、普通高等学校在校学生数、城镇人口数来自历年《中国区域经济统计年鉴》及各省份统计年鉴，年底总人口数、国有企业职工数及职工总人数来自历年《中国人口和就业统计年鉴》。进出口额按当年美元兑人民币平均汇率调整为人民币计价数据，历年平均汇率来自中国人民银行官网。小部分缺失值通过插值法补齐，从而获得完整的面板数据。

7.3.2 实证结果分析

7.3.2.1 单位根检验

首先要检验面板数据平稳性，运用LLC检验与IPS检验对式（7-35）模型中的所有变量进行单位根检验。从表7-5可以看出，各变量原序列存在单位根，在10%显著性水平下，经过一阶差分后其结果均通过了稳定性检验，说明模型中所有变量符合一阶单整I（1）条件。

表7-5 单位根检验结果

区域	变量	检验方法				平稳性结论
		LLC检验 t^* 值	P统计量	IPS检验W值	P统计量	
东部	IND_{it}	2.359	0.824	3.761	0.755	非平稳
	ΔIND_{it}	6.128	0	2.904	0.006	平稳
	FSR_{it}	-1.905	0.728	5.124	0.683	非平稳
	ΔFSR_{it}	2.372	0.013	2.881	0.004	平稳
	CAP_{it}	4.125	1.000	5.991	1.000	非平稳
	ΔCAP_{it}	5.380	0	-2.682	0.004	平稳
	TRA_{it}	-0.482	0.256	-8.657	0.906	非平稳
	ΔTRA_{it}	-9.128	0	-4.493	0	平稳
	HUM_{it}	2.481	0.991	5.778	0.985	非平稳

续表

区域	变量	检验方法				平稳性结论
		LLC 检验 t^* 值	P 统计量	IPS 检验 W 值	P 统计量	
东部	ΔHUM_{it}	-4.027	0	6.946	0	平稳
	URB_{it}	1.209	0.871	1.576	0.942	非平稳
	ΔURB_{it}	-5.032	0	-4.829	0	平稳
	STA_{it}	-1.013	0.955	-0.559	0.281	非平稳
	ΔSTA_{it}	-3.925	0	7.069	0	平稳
中部	IND_{it}	1.702	0.694	1.853	0.739	非平稳
	ΔIND_{it}	6.612	0	2.327	0.018	平稳
	FSR_{it}	-1.056	0.485	0.972	0.872	非平稳
	ΔFSR_{it}	2.971	0.006	5.963	0	平稳
	CAP_{it}	-1.074	0.162	-0.129	0.415	非平稳
	ΔCAP_{it}	-3.452	0	-4.797	0	平稳
	TRA_{it}	-0.354	0.469	1.295	0.831	非平稳
	ΔTRA_{it}	-4.369	0	-2.893	0.002	平稳
	HUM_{it}	1.132	0.871	1.884	0.745	非平稳
	ΔHUM_{it}	2.899	0.026	-3.926	0.001	平稳
	URB_{it}	3.847	0.581	-0.797	0.804	非平稳
	ΔURB_{it}	4.960	0	-5.031	0	平稳
	STA_{it}	-1.240	0.395	-3.178	0.936	非平稳
	ΔSTA_{it}	5.169	0	1.978	0.022	平稳
西部	IND_{it}	-1.803	0.775	0.937	0.420	非平稳
	ΔIND_{it}	2.894	0.002	6.518	0	平稳
	FSR_{it}	1.162	0.574	1.083	0.161	非平稳
	ΔFSR_{it}	-5.018	0	2.125	0.002	平稳
	CAP_{it}	2.218	0.760	0.971	0.463	非平稳
	ΔCAP_{it}	-3.642	0	-5.855	0	平稳
	TRA_{it}	1.728	0.930	0.517	0.392	非平稳
	ΔTRA_{it}	-5.631	0	-4.907	0	平稳
	HUM_{it}	3.823	0.914	1.158	0.396	非平稳
	ΔHUM_{it}	6.257	0	2.184	0.011	平稳

续表

区域	变量	检验方法				平稳性结论
		LLC 检验 t^* 值	P 统计量	IPS 检验 W 值	P 统计量	
西部	URB_{it}	1.352	0.641	2.239	0.450	非平稳
	ΔURB_{it}	-4.886	0	-2.103	0.002	平稳
	STA_{it}	2.076	0.981	4.272	1.000	非平稳
	ΔSTA_{it}	6.481	0	5.173	0	平稳
东北	IND_{it}	0.943	0.686	-1.201	0.759	非平稳
	ΔIND_{it}	-3.174	0.003	6.031	0	平稳
	FSR_{it}	0.971	0.382	-1.362	0.548	非平稳
	ΔFSR_{it}	6.704	0	4.992	0	平稳
	CAP_{it}	1.525	0.344	-0.903	0.842	非平稳
	ΔCAP_{it}	-2.816	0.013	-4.831	0.001	平稳
	TRA_{it}	1.228	0.301	1.892	0.457	非平稳
	ΔTRA_{it}	3.792	0	-2.991	0.015	平稳
	HUM_{it}	1.819	0.957	-1.426	0.590	非平稳
	ΔHUM_{it}	-4.113	0	-5.012	0	平稳
	URB_{it}	0.871	0.699	-1.405	0.792	非平稳
	ΔURB_{it}	-5.103	0	-6.225	0	平稳
	STA_{it}	1.962	0.683	4.081	0.860	非平稳
	ΔSTA_{it}	4.951	0	2.420	0.024	平稳

注：滞后期选择以 Schwarz 为标准；窗宽根据 Newey - West 方法自动选择；Δ 表示经济变量序列一阶差分。

资料来源：笔者根据回归结果整理。

7.3.2.2 协整检验

上述检验结果说明变量符合一阶单整，可进一步研究是否存在协整关系。从表 7 - 6 可以看出，在 10% 的显著性水平下，Kao 检验结果均通过，即各变量间存在长期稳定的均衡关系，可直接对原始序列数据进行实证分析。

表 7－6　协整检验结果

区域	原假设	Kao 检验		平稳性结论
		T 统计量	P 统计量	
东部	No Con－integration	－2. 549	0. 006***	平稳
中部	No Con－integration	－2. 027	0. 013**	平稳
西部	No Con－integration	－1. 963	0. 061*	平稳
东北	No Con－integration	－1. 742	0. 078*	平稳

注：*、**、*** 分别表示在 10%、5%、1% 的水平下显著，滞后阶数根据 SIC 信息准则确定。

7. 3. 2. 3　面板数据回归分析

采用 TSLS 工具变量法对面板数据模型式（7－32）进行回归，以解释变量的滞后一期、滞后二期作为其自身工具变量，即 FSR_{it-1}、FSR_{it-2} 作为 FSR_{it} 工具变量，保证工具变量个数多于方程系数，其他变量选择相同。回归结果如表 7－7 所示。

表 7－7　面板数据回归结果

自变量	东部	中部	西部	东北
FSR_{it}	0. 287*** (4. 107)	0. 296* (1. 683)	0. 342** (2. 715)	0. 301* (2. 039)
CAP_{it}	1. 631 (0. 982)	0. 725** (2. 980)	1. 230* (2. 164)	－0. 946 (－1. 271)
TRA_{it}	0. 829 (1. 077)	0. 937 (0. 594)	1. 024** (2. 651)	1. 625 (1. 176)
HUM_{it}	1. 326*** (5. 104)	1. 163 (0. 759)	－0. 862 (－1. 078)	1. 217 (0. 653)
URB_{it}	1. 027 (1. 284)	0. 905** (3. 171)	1. 396* (2. 184)	－0. 847 (－0. 964)
STA_{it}	0. 524 (0. 979)	－0. 312 (－1. 078)	－0. 375 (－1. 299)	－0. 490* (－1. 892)

续表

自变量	东部	中部	西部	东北
常数项	1.037** (2.485)	0.962 (1.374)	1.830* (2.256)	1.271*** (4.695)
R^2	0.628	0.691	0.598	0.713
观测个数	140	84	168	42
省份数量	10	6	12	3

注：*、**、***分别表示在10%、5%、1%的水平下显著，括号内数值为t统计量。

根据模型式（7-35）回归结果表明，四大经济区域融资结构（FSR_{it}）系数均显著为正，产业结构升级的融资结构贡献度从东部、中部、东北、西部依次递增，与总量效应下基本相同，然而各地区之间融资结构的贡献度差异却比总量视角下明显缩小。欠发达地区金融结构优化对地区产业结构升级的影响力度更大。从长期来看，仅考虑边际效应作用而不考虑其他因素（非经济因素）制约条件下，欠发达地区提高直接融资比重，大力发展资本市场，更有助于创新型产业发展，从而推动产业结构升级。

控制变量中，西部地区进出口总额（TRA_{it}）与城镇化水平（URB_{it}）系数显著为正，符合发展实情。从长期来看，中西部地区固定资产投资规模扩大有助于地区产业升级。东北国有经济比重（STA_{it}）系数显著为负，东北地区计划经济时期重工业、传统制造业国有企业较多，而经济资本效率会因国有经济比重过高而受到削弱（Wurgler，2000），较严重的金融压抑使得要素资源主要流向国有企业，而代表着创新方向的中小企业却普遍面临融资困境，从而不利于区域产业结构升级。

7.3.2.4　面板数据误差修正模型

上述检验结果表明四大经济区域融资结构、控制变量与产业结构升级存在长期均衡的稳定关系，应进一步通过面板数据误差修正模型（ECM）判断是否存在短期效应的动态关系。根据式（7-27）构建误差修正模型如下所示：

$$\Delta IND_{it} = \alpha_i + \sum_{j=1}^{m} \theta_j \Delta IND_{i,t-j} + \sum_{j=1}^{m} \beta_j \Delta FSR_{i,t-j} + \sum_{j=1}^{m} \gamma_j \Delta CONTROL_{i,t-j} + \varphi ECM_{i,t-m-1} + \varepsilon_{it} \quad (7-36)$$

根据模型式（7－35）回归形成面板数据残差项（ECM_{it}），再结合模型式（7－36），为满足误差项假设要求条件取滞后项 2；通过 TSLS 工具变量法避免解释变量中存在滞后内生变量 $IND_{i,t-j}$ 带来的内生性问题。以 $\Delta IND_{i,t-3}$ 和 $\Delta IND_{i,t-4}$ 作为模型中 $\Delta IND_{i,t-1}$ 和 $\Delta IND_{i,t-2}$ 的工具变量，$\Delta FSR_{i,t-3}$ 和 $\Delta FSR_{i,t-4}$ 作为 $\Delta FSR_{i,t-1}$ 和 $\Delta FSR_{i,t-2}$ 的工具变量，其他变量工具变量选取方法相同。回归结果如表 7－8 所示。

表 7－8　误差修正模型检验结果

变量	东部		中部		西部		东北	
	回归系数	P 统计量	回归系数	P 统计量	回归系数	P 统计量	回归系数	P 统计量
$\Delta IND_{i,t-1}$	-0.951	0.283	1.172	0.817	-1.491	0.545	-1.512	0.493
$\Delta IND_{i,t-2}$	1.062	0.459	0.977	0.560	1.261	0.390	-1.093	0.617
$\Delta FSR_{i,t-1}$	0.170	0.082	-0.085	0.192	-0.952	0.371	0.674	0.891
$\Delta FSR_{i,t-2}$	0.094	0.041	0.136	0.483	1.066	0.714	-0.511	0.742
$\Delta CAP_{i,t-1}$	-1.206	0.748	0.471	0.736	0.941	0.602	-0.991	0.637
$\Delta CAP_{i,t-2}$	1.173	0.559	-0.992	0.801	1.125	0.590	1.082	0.594
$\Delta TRA_{i,t-1}$	-0.935	0.186	1.363	0.514	-1.084	0.472	-0.931	0.425
$\Delta TRA_{i,t-2}$	1.272	0.398	1.074	0.485	0.953	0.761	-0.825	0.601
$\Delta HUM_{i,t-1}$	0.746	0.291	-1.552	0.392	1.113	0.694	-1.152	0.589
$\Delta HUM_{i,t-2}$	0.895	0.070	1.129	0.186	-0.926	0.607	0.371	0.526
$\Delta URB_{i,t-1}$	1.263	0.591	0.347	0.092	0.725	0.460	0.991	0.339
$\Delta URB_{i,t-2}$	-0.472	0.885	0.682	0.475	0.309	0.035	1.034	0.452
$\Delta STA_{i,t-1}$	1.184	0.390	0.184	0.192	-0.281	0.072	0.628	0.470
$\Delta STA_{i,t-2}$	-0.906	0.645	-0.091	0.068	-1.061	0.592	-0.181	0.056
$ECM_{i,t-3}$	-0.923	0.042	-0.691	0.015	-0.708	0.082	-0.269	0.072

表 7－8 显示，四大经济区域面板数据检验的误差修正项（$ECM_{i,t-3}$）均显著为负，符合反向修正机制原理。同时，在 10% 显著性水平下，东部

融资结构变量通过了检验，东部融资结构变动与产业结构升级短期作用关系成立。控制变量中，中部、西部与东北地区国有经济比重提升对产业结构升级有明显的抑制效应，中西部加快城镇化建设则有利于产业升级。

改革开放后，东部沿海相对优越的市场环境使其在经济资源、优惠政策争夺的博弈中具有领先优势，其市场化水平较高，使得该地区在利益驱动机制下的金融贡献作用更大，在短期内金融结构的优化还推动了产业结构升级。反观欠发达地区由于行政计划安排影响较严重，市场环境与机制不完善，金融产权结构单一，长期形成了以国有银行信贷为主体的融资结构体系；同时资本市场规模小、层次少，民营企业特别是创新型中小企业融资困难。即使在短期内迅速提高直接融资比重，金融结构优化的作用机制也难以有效发挥，制约了区域产业升级。

7.4 制度禀赋、经济金融化与区域产业发展的实证分析

“金融化—产业发展”关系不仅要符合经济金融发展的一般规律，同时其从来都不是一个孤立存在的现象，而是一般经验与特殊制度禀赋的有机结合，一个国家或地方的非经济特质——制度禀赋（政治环境、法治环境、社会资本）对其产生了深刻的影响。特别是我国作为一个经济转型与体制转轨的发展中大国，区域之间的差距与复杂性在很大程度上大于国别之间的差距与复杂程度，“金融化—产业发展”关系的动态演进就必须立足于一般经验，充分考虑制度禀赋的异质性。因此，该部分将制度禀赋纳入经典的内生增长模型，实证研究在“总量—结构”两个层面制度禀赋影响四大经济区域金融化演进过程，进而作用于产业发展的空间差异与时间动态关联。将这些非经济因素纳入系统的定量分析框架，有助于从一个更加全面、多维与精确的角度来探究“金融化—产业发展”的效应关系。

7.4.1　理论分析与研究假设

一国或地区经济社会发展的重要保障是制度禀赋。多元产权结构逐渐形成，法治化水平、市场化程度不断提升，通过提高产权保护能力、增进资源配置效率，不仅直接制约着金融化演进、产业发展变迁，而且影响了总量与结构层面“金融化—产业发展”关联关系的作用机制。

7.4.1.1　政治环境、经济金融化与区域产业发展

地方政府行为是区域视域下政治环境的主要表现。1994 年我国实施分税制改革后，地方政府财政负担加剧，中央与地方支出责任未能得到调整；而政治集权体制下中央政府控制着地方政府官员升迁，在考核与晋升压力下，地方政府官员纷纷加入追求地区经济增长的“晋升锦标赛”（周黎安，2007）。在上述因素影响下，地方政府有很强的动力攫取金融资源弥补财政能力缺失。在间接融资主导的金融结构下，地方政府参与控制属地银行行为，干预信贷资源规模与流向。随着区域金融业多样化发展，尤其是地方政府事权、支出责任扩大，其“掠夺之手”还拓展到地区证券业与保险业，如积极设立区域性股权交易市场，推动属地企业到各层次市场上市融资；近年来兴起的以债权与股权投资计划参与地方政府与社会资本合作（PPP）项目，引导甚至直接干预保险业资源支持地区基础设施建设、棚户区改造等民生工程。然而，属地金融业受到地方政府长期干预，容易扭曲市场化资源配置机制，导致效率低下，还会形成投资冲动、地方保护与市场分割，导致区域内产业低层次的趋同。相反，地方政府财政自给能力的提升缓解了收支压力，减轻属地金融业运行受到的控制与压抑，有利于市场化机制与传导渠道下金融本质功能的有效发挥，引导资源流向高效率、创新型实体部门，推动产业发展。基于以上分析，提出如下假设：

H1a：地方政府行为规范的良好政治环境，有利于经济金融化水平提升进而推动区域产业发展。

7.4.1.2　法治环境、经济金融化与区域产业发展

法治环境通过促进契约执行、保护投资者权利从而缓解信息不对称问

题，有利于金融功能发挥、提高传导机制效率。一国或地区法律体系越健全，金融体系越庞大，金融资源配置效率越高，高成长性、高收益性的创新型实体部门获得外部融资概率更大，从而促进产业结构升级（LLSV，2000）。同时，较高的法治效率有利于发挥资本市场增量资金配置与存量资金再配置功能，对市场主体参与金融交易信心有提升作用，促使生产要素流向高效率实体部门。当企业普遍面临债务违约困境时，较强契约执行力度能较好地维护债权人权利，降低预期损失，维持市场平稳与活跃（Qian，2007）。姚洋（2004）认为，我国作为一个典型的转轨经济体，执法效率比法律体系制定与颁布对区域金融化演进的影响更为显著，并且在特定制度环境下，法治效率提升会提高银行信贷资金流向私人企业的规模，创新项目与部门更易获得资金支持，有利于产业升级。基于以上分析，提出如下假设：

H1b：执法效率与水平更高的良好法治环境，有利于经济金融化水平提升进而促进区域产业发展。

7.4.1.3　社会资本、经济金融化与区域产业发展

作为重要的非正式制度，社会资本形成于社会网络、社会群体间的信任与价值规范，表现在良好的信用水平、约束企业家道德风险、缓解信息不对称问题，尤其是在转型国家中对于正规金融缺失起到补充的作用，引导金融要素流向高收益、创新型实体部门，推动产业发展。一方面，在竞争性市场环境条件下，实体企业为筹措低成本信贷资金会努力提升企业价值、规范企业行为，这种以信用为依托的隐性契约机制弱化了机会主义倾向，保护了投资者利益，提高了金融契约成功率（Guiso，2004）。另一方面，我国是一个传统的农业大国，农耕与乡土社会特征高度依赖于非正式规则来维持社会正常运转，地域文化与习俗传统很大程度上影响了社会信任水平，由此衍生出了基于社会声誉和网络关系的非正式金融体系，降低了流动性等金融风险，为非正式部门融资提供了多元途径，不仅弥补了欠发达地区等正式金融发展相对滞后区域的金融需求，而且还为有创新能力的非正式部门企业家提供了金融支持（林毅夫，2005）。根据以上分析，提出如下假设：

H1c：社会资本水平更高的良好信用环境，有利于经济金融化水平提升进而促进区域产业发展。

7.4.1.4　制度禀赋、经济金融化与区域产业发展动态关系

制度禀赋作为金融本质功能发挥的前提条件，总体上看，减少地方政府干预能够缓解对市场化机制的扭曲，提高资源配置效率，从而有利于金融化支持产业发展。提高执法水平对投资者权利保护与契约执行效率有促进作用，能够维持金融运行秩序，有助于市场化配置过程中金融资源流向创新性部门。优化社会资本、改善信用环境能降低信息不对称与道德风险，通过相互信任、网络关系规范市场主体的经济活动，有利于金融体系支持新兴产业发展。综上所述，健全与完善区域制度环境推进了金融化进程，提高了金融功能与传导机制效率，有利于产业规模扩张与结构升级（见图 7－1、图 7－2）。基于以上分析，提出如下假设：

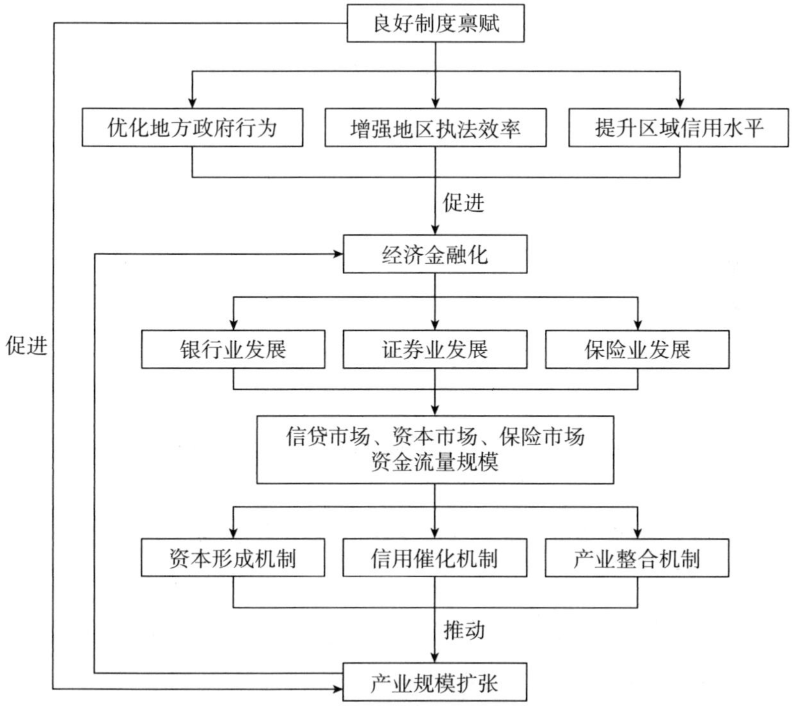

图 7－1　制度禀赋、经济金融化与区域产业发展作用机制——总量视角

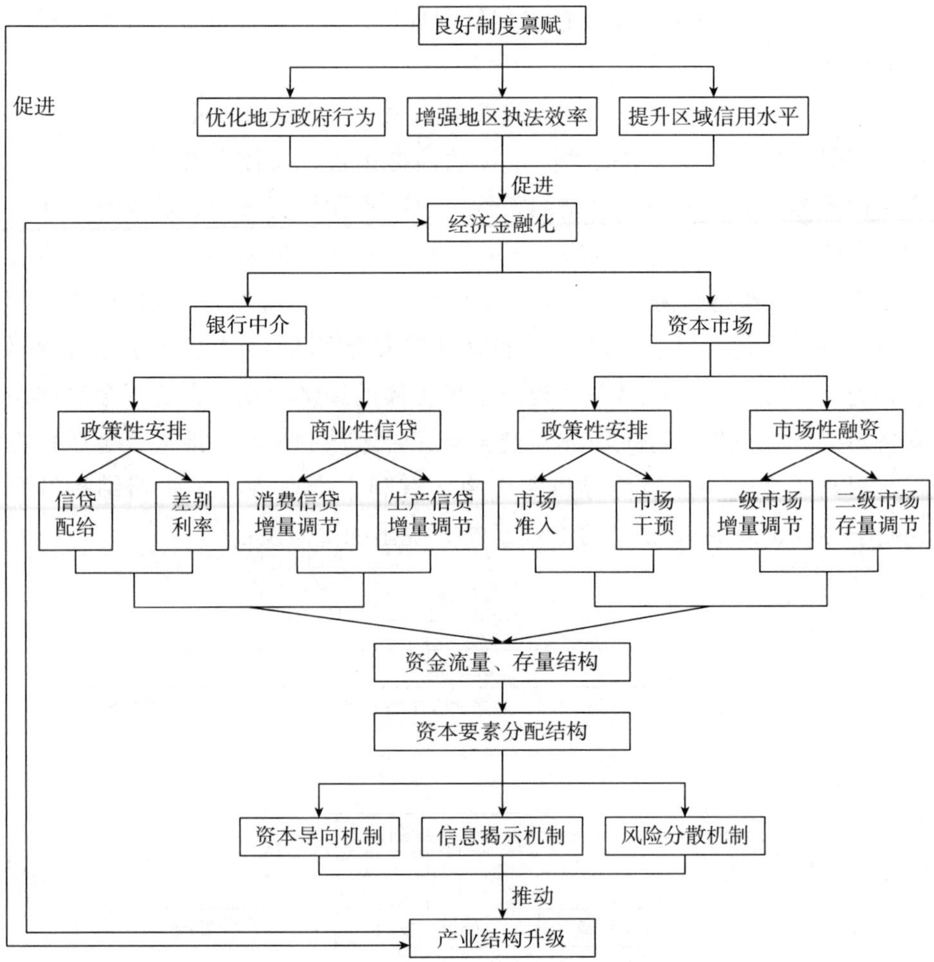

图7-2　制度禀赋、经济金融化与区域产业发展作用机制——结构视角

H1：良好的制度禀赋，有利于经济金融化水平提升进而推动区域产业发展。

同时，制度禀赋内在具有全局性、稳定性属性，无论制度创新还是制度演进，存在于不同地域、不同社会秩序的制度禀赋动态变化都体现了正式与非正式机制长期相互渗透与博弈的过程。例如，俄罗斯推行休克疗法失败的一个重要原因在于其忽略了正式制度建设的长期性，经济转轨进程中其法律体系滞后、法治效率低下，导致经济崩溃与社会动荡（Kolodko，2000）。而作为一种隐性力量的非正式制度，社会资本的稳定性来自历史沉淀与世代传承，特别是在我国这样一个将信誉、伦理置于重要地位的国度，多元文化交融、多样民族传统并存，这些非正式机制对政治、经济、社会生活影响更为深远，这些意识形态的形成或变迁都不是一朝一夕之功。综上所述，提出如下假设：

H2：制度禀赋是一个长期性的变迁过程，短期内改变的金融影响效果不显著。

7.4.2 实证分析——总量视角

7.4.2.1 研究设计

（1）模型构建。为验证相关假设，建立以下面板数据模型：

$$\ln GDP_{it} = \alpha + \beta FIN_{it} + \delta_1 GOVFIN_{it} + \delta_2 GOV_{it} + \gamma CONTROL_{it} + \varepsilon_{it} \quad (7-37)$$

$$\ln GDP_{it} = \alpha + \beta FIN_{it} + \eta_1 LAWFIN_{it} + \eta_2 LAW_{it} + \gamma CONTROL_{it} + \varepsilon_{it} \quad (7-38)$$

$$\ln GDP_{it} = \alpha + \beta FIN_{it} + \lambda_1 SOCFIN_{it} + \lambda_2 SOC_{it} + \gamma CONTROL_{it} + \varepsilon_{it} \quad (7-39)$$

$$\ln GDP_{it} = \alpha + \beta FIN_{it} + \omega_1 ENVFIN_{it} + \omega_2 ENV_{it} + \gamma CONTROL_{it} + \varepsilon_{it} \quad (7-40)$$

上述设定模型中，模型（7－37）检验假设H1a；模型（7－38）检验假设H1b；模型（7－39）验证假设H1c；模型（7－40）检验假设H1。

其中，i为省份，t为时间，ε为误差项，服从白噪声过程。$\ln GDP_{it}$为反映产业规模的地区经济增长变量，FIN_{it}为金融化变量；GOV_{it}衡量政治环境，$GOVFIN_{it}$为地方政府干预行为与金融化交叉乘积项；LAW_{it}衡量执法水平，$LAWFIN_{it}$为法治环境与金融化交叉乘积项；SOC_{it}衡量信用水平的社会资本，$SOCFIN_{it}$为社会资本与金融化交叉乘积项；ENV_{it}度量制度禀赋，$ENVFIN_{it}$为制度禀赋与金融化交叉乘积项；$CONTROL$为一组控制变量向量，包括固定资产投资（CAP_{it}）、对外开放度（TRA_{it}）、人力资本（HUM_{it}）、城镇化水平（URB_{it}）、市场化水平（STA_{it}）。

（2）变量选取。首先，产业总量指标。该变量选取与7.2节指标变量相同，以$\ln GDP_{it}$表示。

其次，金融化指标。该变量选取与7.2节指标变量相同，以FIN_{it}表示。

再次，制度禀赋变量。一是政治环境。衡量地方政府行为，现有指标主要包括政府财政支出/GDP、政府消费/GDP以及财政收入/财政支出，而财政收支压力指标相对于官员晋升压力测度更直接准确、易于统计。本书以地方财政收入/财政支出，即财政自给率反映地方政府财政收支压力，其相对比值越高，地方财政收支压力越小，对属地金融业干预动力越低，以GOV_{it}表示。同时，构建乘积交互项$GOVFIN_{it}$衡量地方政府干预金融业状况下，金融化水平提升对产业发展的影响效果；干预行为越少，市场化机制扭曲的程度越低，越有利于金融功能发挥。二是法治环境。一般而言，地区执法力度越严格，执法效率越高，社会越稳定，犯罪率越低。考虑到省际层面犯罪率数据难以获取，本书参考章元（2011）的指标选取方法，以城镇登记失业率（城镇登记失业人数/总人数）来衡量社会稳定度，其研究表明失业率与犯罪率有显著相关性，可作为替代性指标，该数值越低，表明地方政府提高执法效率越有利于社会稳定，以LAW_{it}表示；同时，构建乘积交互项$LAWFIN_{it}$检验随着法治环境改善（失业率下降），投资者权利保护水平相应提升，营造了良好的社会环境，有利于产业发展的金融支持功能发挥。三是社会资本。借鉴刘长生（2009）的方法，以单位人均产值劳动争议受理率，即各省份相关部门受理的劳动争议案件数/人均GDP反映信用状况，其数值越低，地区信用状况越好，社会资本水平越高，以SOC_{it}表示；同时，构建乘积交互项$SOCFIN_{it}$检验不断优化信用环境（单位人均产值劳动争议受理率下降），降低金融运行信息不对称，弥补正规金融缺失，有利于金融资源流向创新型实体部门。四是总体制度禀赋。通过数据无量纲化处理方法，将正向指标与负向指标进行极差标准化的无量纲变换，转换公式为：

$$u_{it} = \begin{cases} \dfrac{a_{it} - \min\limits_{t} a_{it}}{\max\limits_{t} a_{it} - \min\limits_{t} a_{it}} & （当\ a_{it}\ 为正向指标） \\ \dfrac{\max\limits_{t} a_{it} - a_{it}}{\max\limits_{t} a_{it} - \min\limits_{t} a_{it}} & （当\ a_{it}\ 为负向指标） \end{cases}$$

转换公式中，a_{it}为第i个子环境指标第t年的实际值。其中，$u_{it} \in [0, 1]$，

当 $u_{it}=1$ 时，说明指标达到最大值，功能作用最大；当 $u_{it}=0$ 时，表明指标达到最小值，功能作用最小。在此基础上，通过算术平均法计算出总体制度禀赋 ENV_{it}，并构建乘积交互项 $ENVFIN_{it}$ 检验总体制度禀赋的变迁过程中金融化与产业发展的动态影响关系。

最后，控制变量。以固定资产投资额/GDP（CAP_{it}）反映物质资本投入与形成状况，进出口总额/GDP（TRA_{it}）表明对外开放的宏观环境，普通高等学校在校学生数/总人口数（HUM_{it}）衡量受教育程度的人力资本，城镇人口数/总人口数（URB_{it}）反映城镇化水平，国有企业职工数/职工总数（STA_{it}）测度国有经济比重，反映市场化水平。

（3）数据来源。该部分仍以我国四大经济区域（涵盖 31 个省份）为研究对象，样本序列为 2003～2016 年数据。其中，各省份 GDP 来自历年《中国统计年鉴》，存贷款余额、股票市价总值、保费收入来自历年《中国金融年鉴》。城镇登记失业率、相关部门受理劳动争议案件数来自历年《中国劳动统计年鉴》。地方政府财政收支额、固定资产投资、进出口总额、第三产业增加值、第二产业增加值、普通高等学校在校学生数、城镇人口数来自历年《中国区域经济统计年鉴》及各省份统计（发展）年鉴，年底总人口数、国有企业职工数及职工总人数来自历年《中国人口和就业统计年鉴》。进出口额按当年美元兑人民币平均汇率调整为人民币计价数值，平均汇率来自中国人民银行官方网站。缺失数据根据插值法补齐，由此得到完整面板数据。

7.4.2.2　实证结果分析

（1）单位根与协整检验。面板数据的样本序列首先应具有平稳性，因此对各变量稳定性进行单位根检验。针对式（7－37）至式（7－40）模型中 15 个变量，采用 LLC 检验与 IPS 检验。解释变量与被解释变量原序列非平稳，经过一阶差分后，在 10% 显著性水平下其结果均通过了稳定性检验，表明模型中所有变量符合一阶单整 I（1）条件。进一步以 Kao 检验法对式（7－37）至式（7－40）模型中变量进行协整检验，结果显示均通过了 10% 显著性水平，即变量间存在长期稳定均衡关系，可对样本数据直接进行回归分析。

（2）面板数据回归分析。该部分继续采用 TSLS 工具变量法进行回归分析，选取解释变量滞后一期作为其自身工具变量，如 FIN_{it-1} 作为 FIN_{it} 工具变量，其他变量选择方法相同。根据面板数据模型式（7－37）至式（7－40）验证假设，检验结果如表 7－9 至表 7－12 所示。

表 7－9　东部地区面板数据回归结果

解释变量	被解释变量：地区生产总值（$\ln GDP_{it}$）			
	模型式（7－37）	模型式（7－38）	模型式（7－39）	模型式（7－40）
FIN_{it}	0.254* (1.886)	0.196*** (4.358)	0.225* (1.894)	0.170* (2.142)
$GOVFIN_{it}$	0.237* (1.859)			
GOV_{it}	0.192** (2.873)			
$LAWFIN_{it}$		−0.183** (−2.604)		
LAW_{it}		−0.135* (−1.981)		
$SOCFIN_{it}$			−0.114* (−1.687)	
SOC_{it}			0.096 (1.255)	
$ENVFIN_{it}$				0.192** (2.551)
ENV_{it}				0.137* (1.940)
CAP_{it}	1.437 (0.921)	0.871* (1.894)	−0.926 (−0.580)	1.082 (0.951)
TRA_{it}	0.928 (1.215)	1.351 (0.964)	1.193** (2.685)	0.794 (1.103)
HUM_{it}	−0.942 (−1.327)	1.284*** (4.196)	0.891 (1.179)	1.026* (2.735)

续表

解释变量	被解释变量：地区生产总值（$\ln GDP_{it}$）			
	模型式（7-37）	模型式（7-38）	模型式（7-39）	模型式（7-40）
URB_{it}	1.273** (2.484)	1.182 (1.409)	1.449** (2.735)	0.948* (2.794)
STA_{it}	-0.392* (-1.861)	-0.483 (-1.258)	0.671 (1.045)	-0.528** (-2.799)
α	1.213* (1.694)	1.155** (3.086)	0.982 (1.427)	1.284* (2.130)
R^2	0.637	0.597	0.608	0.645
样本	140	140	140	140
组数	10	10	10	10

注：*、**、*** 分别表示在 10%、5%、1% 的水平下显著，括号内数值为 t 统计量。

表 7-10　中部地区面板数据回归结果

解释变量	被解释变量：地区生产总值（$\ln GDP_{it}$）			
	模型式（7-37）	模型式（7-38）	模型式（7-39）	模型式（7-40）
FIN_{it}	0.271* (1.690)	0.230*** (3.681)	0.193* (2.104)	0.252** (2.791)
$GOVFIN_{it}$	0.285* (2.114)			
GOV_{it}	0.226 (0.971)			
$LAWFIN_{it}$		-0.168** (-2.915)		
LAW_{it}		-0.125 (-1.172)		
$SOCFIN_{it}$			-0.182* (-1.799)	
SOC_{it}			-0.160** (-2.832)	

续表

解释变量	被解释变量：地区生产总值（ln GDP_{it}）			
	模型式（7-37）	模型式（7-38）	模型式（7-39）	模型式（7-40）
$ENVFIN_{it}$				0.215* (1.874)
ENV_{it}				0.185* (1.904)
CAP_{it}	0.962 (1.217)	1.013** (2.851)	-1.427 (-0.945)	0.893 (1.413)
TRA_{it}	0.849** (2.726)	-0.568 (-1.193)	1.146 (0.894)	1.072* (2.365)
HUM_{it}	0.945 (1.238)	1.329 (0.645)	1.174** (2.852)	0.959 (1.146)
URB_{it}	1.336 (0.897)	1.014 (0.856)	1.272 (1.593)	1.429* (1.865)
STA_{it}	-0.724* (-1.891)	-0.683** (-3.127)	-0.513 (-1.296)	-0.450*** (-3.974)
α	1.437* (2.166)	1.392*** (4.621)	1.824 (1.396)	1.572* (1.829)
R^2	0.712	0.735	0.696	0.708
样本	84	84	84	84
组数	6	6	6	6

注：同表7-9。

表7-11　西部地区面板数据回归结果

解释变量	被解释变量：地区生产总值（ln GDP_{it}）			
	模型式（7-37）	模型式（7-38）	模型式（7-39）	模型式（7-40）
FIN_{it}	0.348* (2.154)	0.265* (1.781)	0.244*** (5.075)	0.283** (2.460)
$GOVFIN_{it}$	0.309*** (4.852)			

续表

解释变量	被解释变量：地区生产总值（$\ln GDP_{it}$）			
	模型式（7-37）	模型式（7-38）	模型式（7-39）	模型式（7-40）
GOV_{it}	0.253** (2.827)			
$LAWFIN_{it}$		-0.127** (-2.814)		
LAW_{it}		0.085 (0.941)		
$SOCFIN_{it}$			-0.236* (-1.995)	
SOC_{it}			-0.180 (-1.437)	
$ENVFIN_{it}$				0.259** (2.614)
ENV_{it}				0.227* (1.685)
CAP_{it}	0.085 (0.924)	-0.243 (-1.190)	0.128** (2.541)	0.147 (0.959)
TRA_{it}	0.349 (1.272)	0.301** (2.723)	0.224 (0.975)	-0.431 (-1.126)
HUM_{it}	1.263* (1.972)	-0.968 (-0.745)	1.245 (1.173)	0.891** (3.224)
URB_{it}	1.483** (2.769)	1.271 (1.355)	1.568** (3.140)	1.063 (0.597)
STA_{it}	-0.471* (-1.694)	-0.390** (-2.163)	-0.275 (-1.120)	-0.592 (-1.428)
α	1.025* (1.762)	1.362 (1.455)	0.871** (3.026)	0.914** (2.880)
R^2	0.691	0.560	0.582	0.647
样本	168	168	168	168
组数	12	12	12	12

注：同表7-9。

表 7-12　东北地区面板数据回归结果

解释变量	被解释变量：地区生产总值（$\ln GDP_{it}$）			
	模型式（7-37）	模型式（7-38）	模型式（7-39）	模型式（7-40）
FIN_{it}	0.204* (1.892)	0.232*** (4.109)	0.218* (2.235)	0.197* (1.843)
$GOVFIN_{it}$	0.265*** (4.131)			
GOV_{it}	0.217** (3.240)			
$LAWFIN_{it}$		-0.145** (-2.631)		
LAW_{it}		0.125 (0.984)		
$SOCFIN_{it}$			-0.157* (-1.894)	
SOC_{it}			-0.134** (-2.859)	
$ENVFIN_{it}$				0.183* (2.094)
ENV_{it}				0.164*** (3.972)
CAP_{it}	-0.837** (-2.692)	1.312 (1.248)	-0.974 (-1.125)	-1.124 (-1.085)
TRA_{it}	-0.741 (-1.088)	0.598 (1.492)	-0.652* (-1.871)	-0.913 (-1.275)
HUM_{it}	0.957 (1.148)	-1.250 (-1.434)	1.167 (0.915)	0.872 (1.253)
URB_{it}	1.169 (0.874)	-0.851* (-1.723)	-1.237 (-0.948)	0.952 (1.084)
STA_{it}	-0.780*** (-4.152)	-0.824* (-1.783)	-0.692* (-1.703)	-0.549** (-2.838)

续表

解释变量	被解释变量：地区生产总值（$\ln GDP_{it}$）			
	模型式（7－37）	模型式（7－38）	模型式（7－39）	模型式（7－40）
α	1.264 (0.917)	0.945* (1.823)	1.410** (2.967)	1.153* (2.241)
R^2	0.683	0.677	0.659	0.720
样本	42	42	42	42
组数	3	3	3	3

注：同表 7－9。

综合四大经济区域面板数据回归结果，模型式（7－37）涵盖了政治环境影响因素，在 10% 显著性水平下，金融化指标系数、交叉项系数均通过了检验，说明地方政府干预行为减弱的政治环境有利于经济金融化水平提升，进而推动地区经济增长，假设 H1a 成立。同时，欠发达地区弱化地方政府干预的金融效应更为明显。模型式（7－38）为考虑了法治环境影响因素，金融化指标系数、交叉项系数均通过了 10% 显著性水平检验，说明执法效率提升（失业率下降），维护了社会稳定的良好环境，有利于地区经济增长，符合 H1b 假设条件。同时，四大区域中东部发达地区提高执法效率的金融作用系数最高。模型式（7－39）反映了社会资本影响因素，金融化指标系数、交叉项系数均通过了 10% 显著性水平检验，表明不断优化信用环境（单位人均产值劳动争议受理率下降），降低金融运行信息不对称风险，提高金融资源配置效率，有利于产业规模扩张，假设 H1c 成立。同时，西部欠发达地区提升社会资本的金融作用效应最明显。模型式（7－40）为考虑了制度禀赋影响因素，在 10% 的显著性水平下，金融化指标、交叉项系数均通过了检验，且四大区域回归结果中金融化指标、交叉项两项系数之和远大于模型式（7－33）中不考虑制度禀赋条件下金融化检验系数，说明在长期演进过程中各地区制度禀赋的不断完善，有利于金融化水平提升进而推动区域经济增长，假设 H1 成立。

检验结果还显示，正式制度越薄弱的地区，社会资本与金融化交叉项系数绝对值相对于法治环境与金融化交叉项系数绝对值差距越大，这说明在我国中西部欠发达地区，地域文化、民族传统等作为非正式制度的社会资本不断优化，在一定程度上弥补了作为正式制度缺失引致的金融效率损失。在我国这样一个典型的转轨经济体中，这种特征表现尤其明显。

（3）面板数据误差修正模型。根据回归结果，四大经济区域制度禀赋、经济金融化与产业发展存在长期均衡的稳定关系，而短期效应的动态关系是否显著，则需要通过面板数据误差修正模型予以检验。通过式（7-27）构建如下误差修正模型：

$$\Delta \ln GDP_{it} = \alpha_i + \sum_{j=1}^{m} \theta_j \Delta \ln GDP_{i,t-j} + \sum_{j=1}^{m} \beta_j \Delta FIN_{i,t-j} + \sum_{j=1}^{m} \chi_j \Delta ENVFIN_{i,t-j} + \sum_{j=1}^{m} \pi_j \Delta ENV_{i,t-j} + \sum_{j=1}^{m} \gamma_j \Delta CONTROL_{i,t-j} + \varphi ECM_{i,t-m-1} + \varepsilon_{it} \tag{7-41}$$

根据式（7-40）回归形成的面板数据残差项（ECM_{it}），以滞后项2满足误差项经典假设条件；由于解释变量中存在滞后内生变量 $\ln GDP_{i,t-j}$，继续采用TSLS工具变量法避免内生性问题。以 $\Delta \ln GDP_{i,t-3}$ 和 $\Delta \ln GDP_{i,t-4}$ 作为模型中 $\Delta \ln GDP_{i,t-1}$ 和 $\Delta \ln GDP_{i,t-2}$ 的工具变量，$\Delta FIN_{i,t-3}$ 和 $\Delta FIN_{i,t-4}$ 作为 $\Delta FIN_{i,t-1}$ 和 $\Delta FIN_{i,t-2}$ 的工具变量，其他变量的工具变量选取方法相同。检验结果如表7-13所示。

表7-13　误差修正模型检验结果

变量	东部		中部		西部		东北	
	回归系数	P统计量	回归系数	P统计量	回归系数	P统计量	回归系数	P统计量
$\Delta \ln GDP_{i,t-1}$	1.307	0.641	0.924	0.531	1.275	0.594	0.947	0.628
$\Delta \ln GDP_{i,t-2}$	-1.128	0.794	1.263	0.485	1.461	0.682	-1.184	0.509
$\Delta FIN_{i,t-1}$	0.162	0.085	-0.372	0.499	0.592	0.363	0.314	0.472
$\Delta FIN_{i,t-2}$	0.144	0.531	0.205	0.658	0.488	0.501	-0.265	0.581
$\Delta ENVFIN_{i,t-1}$	0.390	0.682	0.422	0.901	0.523	0.819	0.355	0.804
$\Delta ENVFIN_{i,t-2}$	0.287	0.701	0.371	0.892	0.581	0.764	0.297	0.892
$\Delta ENV_{i,t-1}$	0.219	0.188	0.196	0.713	-1.136	0.925	-0.134	0.915
$\Delta ENV_{i,t-2}$	-0.354	0.496	-0.225	0.569	0.958	0.762	0.251	0.872
$\Delta CAP_{i,t-1}$	1.633	0.590	0.480	0.072	1.157	0.189	0.895	0.360

续表

变量	东部		中部		西部		东北	
	回归系数	P 统计量	回归系数	P 统计量	回归系数	P 统计量	回归系数	P 统计量
$\Delta CAP_{i,t-2}$	0.981	0.356	0.624	0.691	0.864	0.045	-1.127	0.483
$\Delta TRA_{i,t-1}$	0.793	0.084	0.742	0.813	-0.712	0.473	0.751	0.559
$\Delta TRA_{i,t-2}$	1.055	0.212	1.195	0.802	0.591	0.620	-1.184	0.370
$\Delta HUM_{i,t-1}$	0.698	0.175	0.438	0.537	1.143	0.759	1.205	0.817
$\Delta HUM_{i,t-2}$	0.714	0.062	0.291	0.688	-0.932	0.810	1.482	0.923
$\Delta URB_{i,t-1}$	-0.992	0.417	0.932	0.091	0.274	0.091	0.792	0.385
$\Delta URB_{i,t-2}$	1.148	0.703	1.413	0.187	0.371	0.220	1.034	0.282
$\Delta STA_{i,t-1}$	0.384	0.196	-0.942	0.571	0.472	0.351	-0.579	0.035
$\Delta STA_{i,t-2}$	-0.510	0.372	0.834	0.498	-0.563	0.068	-0.486	0.171
$ECM_{i,t-3}$	-0.413	0.016	-0.297	0.084	-0.382	0.067	-0.461	0.058

表 7-13 显示，四大经济区域面板数据误差修正项（$ECM_{i,t-3}$）显著为负，符合反向修正机制原理。各地区回归结果中制度禀赋系数、制度禀赋与金融化交叉项系数未通过显著性检验，相应的短期效应不成立，意味着短期内制度禀赋的改善，并不能通过提升金融化水平迅速促进地区经济增长，假设 H2 成立。

7.4.2.3 稳健性检验

（1）中介效应模型构建。通过上述实证分析，以核心变量、交互项系数等指标反映了总量视角下制度禀赋、经济金融化与区域产业发展的动态关系。为进一步清晰揭示制度禀赋作用于金融化演进，进而影响地区经济增长这种间接效应的存在性、传导机制与作用路径，该部分借鉴温忠麟等（2004、2014）提出中介效应模型的回归步骤，进行稳定性检验。构建如下动态面板模型：

$$\ln GDP_{it} = \beta_0 + \beta_1 \ln GDP_{it-1} + \delta ENVIRO_{it} + \gamma X_{it} + \varepsilon_{it} \quad (7-42)$$

$$FIN_{it} = \alpha_0 + \alpha_1 FIN_{it-1} + \eta ENVIRO_{it} + \gamma X_{it} + \varepsilon_{it} \quad (7-43)$$

$$\ln GDP_{it} = \lambda_0 + \lambda_1 \ln GDP_{it-1} + \omega ENVIRO_{it} + \pi FIN_{it} + \gamma X_{it} + \varepsilon_{it} \quad (7-44)$$

式（7 -42）表示制度禀赋对产业发展的直接影响，δ 为制度禀赋对地区经济增长产生总体效应，其中 $ENVIRO_{it}$ 涵盖制度子环境（政治环境、法治环境、社会资本），以及制度禀赋相关检验。式（7 -43）、式（7 -44）表示制度禀赋通过作用于金融化变迁进而影响地区经济增长，η 和 π 为中介效应，ω 为直接效应；且该检验中金融化（FIN_{it}）为唯一中介变量。

（2）稳健性检验结果分析。动态面板模型中包含被解释变量的滞后项，应该采用工具变量法，通过系统广义矩估计（SYS - GMM）克服模型的内生性问题，使得选取的工具变量得到一致估计。在此基础上，该模型工具变量选取解释变量滞后一期、控制变量滞后一期、被解释变量滞后二期，并以 Sargan 过度识别约束检验来判别工具变量有效性，以自回归（AR）检验残差项是否存在二阶序列相关。四大区域样本数据回归结果表明，各模型 Sargan 检验值与 AR（2）检验值均大于0.1，不能拒绝原假设，即选取的工具变量有效，且不存在残差项二阶序列相关，模型设定合理，广义矩估计可用于解释回归模型。

从表 7 -14 至表 7 -17 及其分别对应的图 7 -3 至图 7 -6 可以看出，各经济区域制度子环境（政治环境、法治环境、社会资本）、制度禀赋对金融化均有显著影响，且金融化在制度禀赋对地区经济增长影响中明显发挥了中介效应。经验结果表明，各区域通过减弱地方政府干预行为，改善政治环境的中介效应最高，东部、中部、西部、东北分别为 0.573、0.480、0.506、0.539，而通过法治环境改善或者社会资本提升的中介效应均不及政治环境优化，这反映了我国经济发展及转型过程中地方政府行为对改革方向、改革路径、改革力度的关键性影响作用。东部地区优化法治环境的中介效应（ -0.496）高于改善信用环境的中介效应（ -0.231），而其他三个地区相反，优化法治环境的中介效应低于改善信用环境的中介效应，即社会资本水平在欠发达地区不断提升，在一定程度上弥补了正式制度不健全所导致的金融运行效率损失。稳健性检验结果进一步支持了假设正确性与上述实证分析的合理性。

表 7 – 14　东部地区基于 SYS – GMM 动态面板的中介效应检验结果

模型	回归系数	金融化在政治环境对地区经济增长影响中的中介效应	金融化在法治环境对地区经济增长影响中的中介效应	金融化在社会资本对地区经济增长影响中的中介效应	金融化在制度禀赋对地区经济增长影响中的中介效应
(7.42)	δ	0.436* (1.794)	−0.372** (−2.963)	−0.159* (−2.034)	0.420*** (3.961)
(7.43)	η	0.573** (3.190)	−0.496** (−3.152)	−0.231*** (−4.891)	0.516** (2.742)
(7.44)	ω	0.128* (2.261)	−0.135** (−2.841)	−0.081* (−1.763)	0.203** (3.164)
	π	0.538** (2.894)	0.478* (1.925)	0.338 (1.241)	0.421* (1.795)
Sobel 检验	z 统计量	—	—	0.528	—
中介效应显著性	检验结论	显著	显著	显著	显著
中介效应	$\eta\pi$	0.308	−0.237	−0.078	0.217
中介效应占比	$\eta\pi/\delta$	70.7%	63.7%	49.1%	51.7%

注：*、**、***分别表示在 10%、5%、1% 的水平下显著，括号内数值为 t 统计量。$z=\eta\pi/\sqrt{\eta^2 S_\pi^2+\pi^2 S_\eta^2}$，z 在 5% 显著性水平下临界值为 0.97。

表 7 – 15　中部地区基于 SYS – GMM 动态面板的中介效应检验结果

模型	回归系数	金融化在政治环境对地区经济增长影响中的中介效应	金融化在法治环境对地区经济增长影响中的中介效应	金融化在社会资本对地区经济增长影响中的中介效应	金融化在制度禀赋对地区经济增长影响中的中介效应
(7.42)	δ	0.392* (1.775)	−0.206* (−1.983)	−0.237** (−2.815)	0.315* (1.874)
(7.43)	η	0.480* (2.193)	−0.173* (−2.094)	−0.196*** (−4.251)	0.279** (2.852)

续表

模型	回归系数	金融化在政治环境对地区经济增长影响中的中介效应	金融化在法治环境对地区经济增长影响中的中介效应	金融化在社会资本对地区经济增长影响中的中介效应	金融化在制度禀赋对地区经济增长影响中的中介效应
(7.44)	ω	0.179** (2.825)	-0.125* (-2.183)	-0.118* (-1.756)	0.183* (1.926)
	π	0.443*** (5.162)	0.468** (2.691)	0.607** (3.182)	0.473** (2.890)
Sobel 检验	z 统计量	—	—	—	—
中介效应显著性	检验结论	显著	显著	显著	显著
中介效应	$\eta\pi$	0.213	-0.081	-0.119	0.132
中介效应占比	$\eta\pi/\delta$	54.3%	39.3%	50.2%	41.9%

注：同表 7-14。

表 7-16　西部地区基于 SYS-GMM 动态面板的中介效应检验结果

模型	回归系数	金融化在政治环境对地区经济增长影响中的中介效应	金融化在法治环境对地区经济增长影响中的中介效应	金融化在社会资本对地区经济增长影响中的中介效应	金融化在制度禀赋对地区经济增长影响中的中介效应
(7.42)	δ	0.457* (1.938)	-0.193** (-2.617)	-0.305** (-2.691)	0.381** (2.702)
(7.43)	η	0.506** (2.694)	-0.245*** (-4.271)	-0.342* (-2.161)	0.415* (1.892)
(7.44)	ω	0.213** (2.685)	-0.085* (-1.940)	-0.148* (-1.849)	0.175** (2.691)
	π	0.482 (1.395)	0.441** (3.152)	0.459** (2.692)	0.496* (2.183)
Sobel 检验	z 统计量	0.524	—	—	—
中介效应显著性	检验结论	显著	显著	显著	显著

续表

模型	回归系数	金融化在政治环境对地区经济增长影响中的中介效应	金融化在法治环境对地区经济增长影响中的中介效应	金融化在社会资本对地区经济增长影响中的中介效应	金融化在制度禀赋对地区经济增长影响中的中介效应
中介效应	$\eta\pi$	0.244	−0.108	−0.157	0.206
中介效应占比	$\eta\pi/\delta$	53.4%	56%	51.5%	54.1%

注：同表 7 – 14。

表 7 – 17　东北地区基于 SYS – GMM 动态面板的中介效应检验结果

模型	回归系数	金融化在政治环境对地区经济增长影响中的中介效应	金融化在法治环境对地区经济增长影响中的中介效应	金融化在社会资本对地区经济增长影响中的中介效应	金融化在制度禀赋对地区经济增长影响中的中介效应
(7.42)	δ	0.418** (2.649)	−0.223* (−1.895)	−0.249** (−2.807)	0.340* (1.927)
(7.43)	η	0.539* (2.144)	−0.237*** (−3.948)	−0.265* (−1.890)	0.376*** (4.205)
(7.44)	ω	0.173* (1.860)	−0.091* (−1.882)	−0.120* (−1.746)	0.182** (2.931)
	π	0.455** (2.863)	0.557** (3.160)	0.487** (2.631)	0.420* (1.758)
Sobel 检验	z 统计量	—	—	—	—
中介效应显著性	检验结论	显著	显著	显著	显著
中介效应	$\eta\pi$	0.245	−0.132	−0.129	0.158
中介效应占比	$\eta\pi/\delta$	58.6%	59.2%	51.8%	46.5%

注：同表 7 – 14。

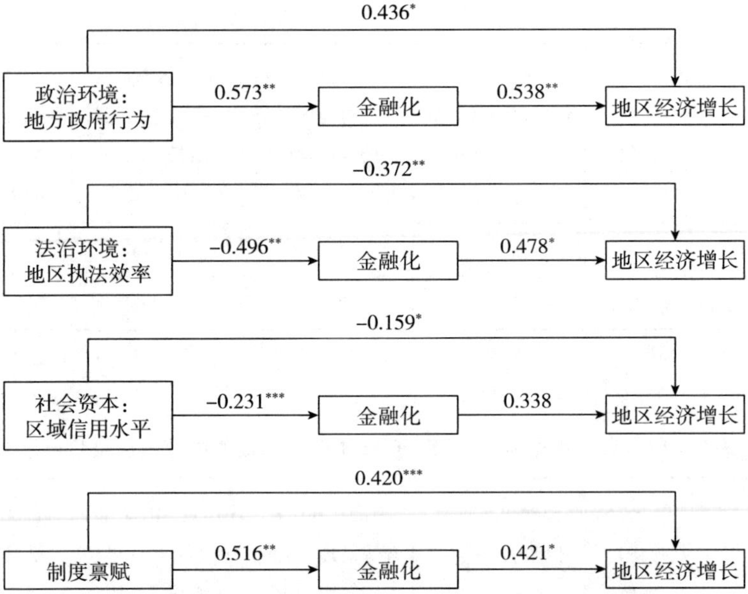

图7－3　东部制度禀赋影响下金融化与地区经济增长传导机制

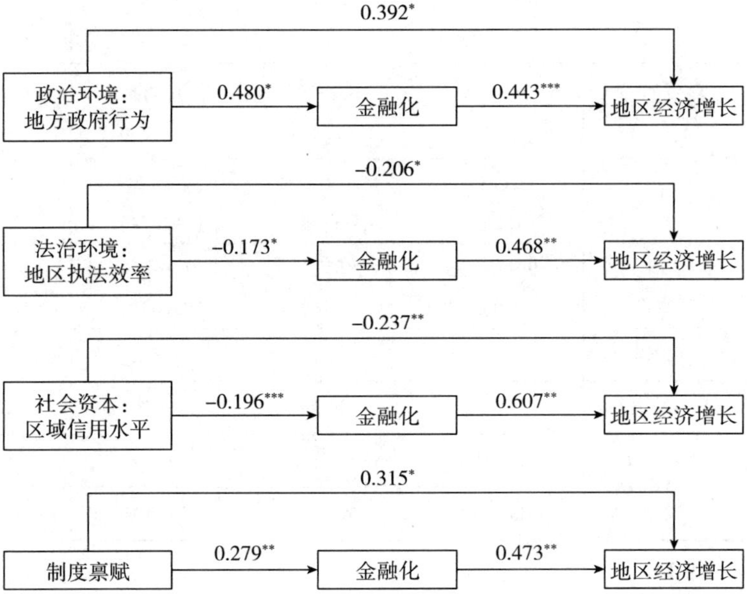

图7－4　中部制度禀赋影响下金融化与地区经济增长传导机制

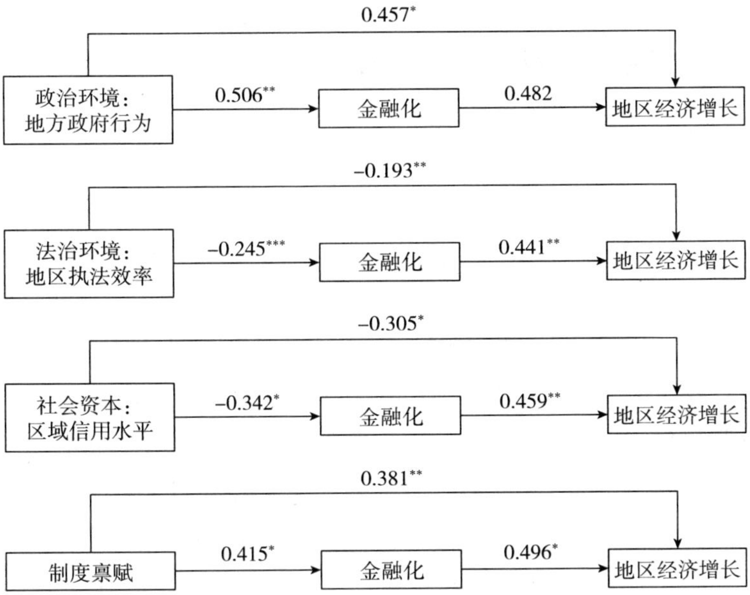

图 7-5　西部制度禀赋影响下金融化与地区经济增长传导机制

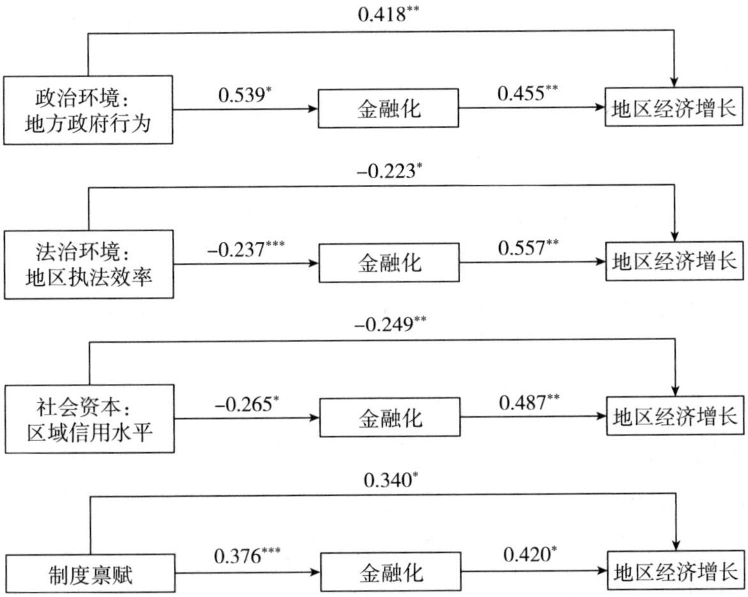

图 7-6　东北制度禀赋影响下金融化与地区经济增长传导机制

7.4.3 实证分析——结构视角

7.4.3.1 研究设计

（1）模型构建。为验证相关假设，建立以下面板数据模型：

$$IND_{it}=\alpha+\beta FSR_{it}+\delta_1 GOVFSR_{it}+\delta_2 GOV_{it}+\gamma CONTROL_{it}+\varepsilon_{it} \quad (7-45)$$

$$IND_{it}=\alpha+\beta FSR_{it}+\eta_1 LAWFSR_{it}+\eta_2 LAW_{it}+\gamma CONTROL_{it}+\varepsilon_{it} \quad (7-46)$$

$$IND_{it}=\alpha+\beta FSR_{it}+\lambda_1 SOCFSR_{it}+\lambda_2 SOC_{it}+\gamma CONTROL_{it}+\varepsilon_{it} \quad (7-47)$$

$$IND_{it}=\alpha+\beta FSR_{it}+\omega_1 ENVFSR_{it}+\omega_2 ENV_{it}+\gamma CONTROL_{it}+\varepsilon_{it} \quad (7-48)$$

上述设定模型中，式（7-45）检验假设 H1a；式（7-46）检验假设 H1b；式（7-47）检验假设 H1c；式（7-48）检验假设 H1。

其中，i 为省份，t 为时间，ε 为误差项，服从白噪声过程。IND_{it}为衡量产业结构升级变量，FSR_{it}为融资结构变量；GOV_{it}衡量地方政府行为，$GOVFSR_{it}$为地方政府干预行为与融资结构交叉乘积项；LAW_{it}衡量执法水平，$LAWFSR_{it}$为法治环境与融资结构交叉乘积项；SOC_{it}度量社会资本水平，$SOCFSR_{it}$为社会资本与融资结构交叉乘积项；ENV_{it}衡量制度禀赋，$ENVFSR_{it}$为制度禀赋与融资结构交叉乘积项；$CONTROL$ 为控制变量向量，涵盖固定资产投资（CAP_{it}）、对外开放度（TRA_{it}）、人力资本（HUM_{it}）、城镇化率（URB_{it}）、市场化水平（STA_{it}）。

（2）变量选取。首先，产业结构升级指标，该变量选取与 7.3 节指标变量相同，用 IND_{it}表示。

其次，金融结构指标，该变量选取与 7.3 节指标变量相同，用 FSR_{it}表示。

再次，制度禀赋变量。一是政治环境。地方政府财政收支压力用 GOV_{it}表示；构建乘积交互项 $GOVFSR_{it}$检验地方政府干预金融结构状况下，金融结构优化对产业结构升级的作用效果。二是法治环境，以城镇登记失业率（城镇登记失业人数/总人数）来衡量社会稳定度，用 LAW_{it}表示；同时，构建乘积交互项 $LAWFSR_{it}$验证优化法治环境（失业率下降），提高保护投资者权利水平，营造良好的社会环境，有利于产业结构升级的金融结构改善程度。三是社会资本。以各省份相关部门受理的劳动争议案件数/人均 GDP 反映信用状况，用 SOC_{it}表示；同时，构建乘积交互项 $SOCFSR_{it}$验证信用环境不断优化（单位人均产值劳动争议受理率下降），缓解了金融运行信息不对称问题，弥补正规金融缺失，调整区域金融结构，有利于金融资源流向创新型实体部门。四是总体制度禀赋。通过数据无量纲化处理方法，将正向指标、负向指标运用极差标准化的无量纲变换；在此基础上，根据算术平均法计算得出总体制度禀赋 ENV_{it}；同时，构建乘积交互项 $ENVFSR_{it}$验证在总体制度禀赋演进过程中金融结构与产业结构升级的动态作用关系。

最后，控制变量，该组变量体系与 7.4 节指标相同。以固定资产投资额/GDP（CAP_{it}）反映物质资本投入与形成状况，进出口总额/GDP（TRA_{it}）反映对外开放宏观环境，普通高等学校在校学生数/总人口数（HUM_{it}）度量受教育程度的人力资本，城镇人口数/总人口数（URB_{it}）衡量城镇化率，国有企业职工数/职工总数（STA_{it}）反映市场化水平。

（3）数据来源。该部分仍以我国四大经济区域（涉及 31 个省份）为分析对象，样本序列为 2003～2016 年数据。其中，各省份 GDP 来自历年《中国统计年鉴》，贷款融资额、股票筹资额和债券筹资额根据历年《中国金融年鉴》、各省份《区域金融运行报告》整体而得。城镇登记失业率、相关部门受理劳动争议案件数来自历年《中国劳动统计年鉴》。地方政府财政收支、固定资产投资、进出口总额、第三产业增加值、第二产业增加值、普通高等学校在校学生数、城镇人口数来自历年《中国区域经济统计年鉴》及各省份统计（发展）年鉴，年底总人口数、国有企业职工数及职工总人数来自历年《中国人口和就业统计年鉴》。进出口额按当年美元兑人民币平均汇率调整为人民币计价数值，平均汇率来自中国人民银行官方网站。运用插值法补齐部分缺失数据，得到完整的面板数据。

7.4.3.2　实证结果分析

（1）单位根与协整检验。针对式（7－45）至式（7－48）中 15 个变量，进行 LLC 检验与 IPS 检验。解释变量与被解释变量原序列都是非平稳的，经过一阶差分后，在 10% 显著性水平下其结果通过了稳定性检验，说明各模型中所有变量均符合一阶单整条件。进一步采用 Kao 检验法分别对式

(7-45)至式(7-48)中的变量进行协整检验，结果均通过了10%显著性水平，即变量间存在长期稳定均衡关系，可对原样本序列回归分析。

(2)面板数据回归分析。运用TSLS工具变量法，工具变量选取方式为解释变量滞后一期，如FSR_{it-1}作为FSR_{it}工具变量，其他变量选择亦同。根据面板数据式(7-42)至式(7-45)验证假设，检验结果如表7-18至表7-21所示。

表7-18　东部地区面板数据回归结果

解释变量	被解释变量：产业结构升级（IND_{it}）			
	模型(7-45)	模型(7-46)	模型(7-47)	模型(7-48)
FSR_{it}	0.395** (2.640)	0.312* (1.854)	0.237* (2.260)	0.306** (3.071)
$GOVFSR_{it}$	0.341*** (4.265)			
GOV_{it}	0.296* (1.831)			
$LAWFSR_{it}$		-0.274** (-2.930)		
LAW_{it}		-0.216** (-2.457)		
$SOCFSR_{it}$			-0.162** (-2.493)	
SOC_{it}			-0.118 (1.390)	
$ENVFSR_{it}$				0.283* (1.944)
ENV_{it}				0.215** (3.205)
CAP_{it}	1.124** (2.893)	1.306 (1.155)	-0.782 (-0.935)	0.967 (1.204)

续表

解释变量	被解释变量：产业结构升级（ IND_{it} ）			
	模型（7-45）	模型（7-46）	模型（7-47）	模型（7-48）
TRA_{it}	1.015 (1.362)	0.948** (2.725)	1.043 (1.511)	1.293* (1.775)
HUM_{it}	1.230 (0.962)	0.924* (1.836)	1.138 (1.529)	1.371* (2.425)
URB_{it}	1.156 (1.421)	0.883* (1.936)	1.270* (1.954)	1.635 (0.849)
STA_{it}	0.478 (1.293)	-0.514** (-2.906)	0.583 (0.960)	-0.621* (-1.754)
α	0.958* (1.746)	1.430*** (3.962)	1.272* (2.351)	1.163* (1.854)
R^2	0.598	0.615	0.640	0.672
样本	140	140	140	140
组数	10	10	10	10

注：*、**、***分别表示在10%、5%、1%的水平下显著，括号内数值为t统计量。

表 7-19　中部地区面板数据回归结果

解释变量	被解释变量：产业结构升级（ IND_{it} ）			
	模型（7-45）	模型（7-46）	模型（7-47）	模型（7-48）
FSR_{it}	0.314** (2.593)	0.265** (2.982)	0.196** (3.159)	0.271* (1.684)
$GOVFSR_{it}$	0.280*** (4.627)			
GOV_{it}	0.253 (1.491)			
$LAWFSR_{it}$		-0.174* (-2.135)		
LAW_{it}		-0.162** (-2.951)		
$SOCFSR_{it}$			-0.188* (-1.850)	

续表

解释变量	被解释变量：产业结构升级（IND_{it}）			
	模型（7－45）	模型（7－46）	模型（7－47）	模型（7－48）
SOC_{it}			－0.159* （－1.720）	
$ENVFSR_{it}$				0.243** （2.804）
ENV_{it}				0.191* （1.863）
CAP_{it}	1.024* （0.988）	0.945* （1.763）	－1.328 （－1.450）	1.394 （1.211）
TRA_{it}	－0.491 （－1.160）	0.385** （2.936）	0.623 （1.374）	0.592* （1.958）
HUM_{it}	0.981 （1.232）	1.273** （3.251）	1.350 （1.277）	0.893 （0.926）
URB_{it}	1.605* （1.923）	0.973 （1.146）	1.148* （1.983）	1.593** （2.856）
STA_{it}	－0.297** （－3.165）	－0.413 （－1.176）	－0.394* （－1.997）	－0.428* （－2.153）
α	0.974 （1.386）	1.263** （2.791）	1.520** （3.164）	1.284* （2.195）
R^2	0.695	0.712	0.734	0.685
样本	84	84	84	84
组数	6	6	6	6

注：同表7－18。

表7－20　西部地区面板数据回归结果

解释变量	被解释变量：产业结构升级（IND_{it}）			
	模型（7－45）	模型（7－46）	模型（7－47）	模型（7－48）
FSR_{it}	0.253** （2.861）	0.217* （1.926）	0.226** （2.891）	0.240* （1.967）
$GOVFSR_{it}$	0.226* （1.724）			

续表

解释变量	被解释变量：产业结构升级（IND_{it}）			
	模型（7－45）	模型（7－46）	模型（7－47）	模型（7－48）
GOV_{it}	0.291* (1.950)			
$LAWFSR_{it}$		－0.137* (－1.872)		
LAW_{it}		0.092 (1.126)		
$SOCFSR_{it}$			－0.196** (－3.254)	
SOC_{it}			－0.183* (－2.160)	
$ENVFSR_{it}$				0.217* (1.948)
ENV_{it}				0.203** (2.957)
CAP_{it}	0.936 (1.147)	1.154 (0.872)	0.850* (1.921)	1.121 (0.763)
TRA_{it}	0.425 (1.160)	0.384* (1.915)	－0.270 (－1.142)	0.476 (1.258)
HUM_{it}	1.713** (3.205)	－1.253 (－1.107)	0.952 (0.634)	1.468* (2.305)
URB_{it}	1.251* (1.906)	0.794 (1.152)	1.186** (2.979)	1.674 (1.230)
STA_{it}	－0.387 (－1.042)	－0.455*** (－3.968)	－0.326 (－1.154)	－0.530* (－1.981)
α	1.285 (1.414)	0.947** (3.10)	1.146* (2.225)	1.361* (1.894)
R^2	0.561	0.624	0.579	0.558
样本	168	168	168	168
组数	12	12	12	12

注：同表 7－18。

表 7－21 东北地区面板数据回归结果

解释变量	被解释变量：产业结构升级（IND_{it}）			
	模型（7－45）	模型（7－46）	模型（7－47）	模型（7－48）
FSR_{it}	0.287 * (2.306)	0.263 ** (3.471)	0.203 * (1.657)	0.259 ** (3.284)
$GOVFSR_{it}$	0.271 * (1.834)			
GOV_{it}	0.253 *** (4.069)			
$LAWFSR_{it}$		−0.150 * (−2.263)		
LAW_{it}		−0.124 (−1.438)		
$SOCFSR_{it}$			−0.156 ** (−2.914)	
SOC_{it}			−0.133 * (−2.167)	
$ENVFSR_{it}$				0.224 * (1.950)
ENV_{it}				0.195 * (1.782)
CAP_{it}	1.273 (1.459)	−1.524 * (−1.860)	−1.163 (−0.985)	0.948 (1.142)
TRA_{it}	−0.912 ** (−2.968)	0.584 (1.203)	−0.770 (−1.143)	−1.152 (−0.980)
HUM_{it}	1.240 (1.182)	−0.988 (−1.534)	1.392 (1.250)	−0.725 (−0.931)
URB_{it}	−0.966 (−1.340)	1.125 (1.431)	−1.084 * (−2.326)	−1.293 * (−2.157)
STA_{it}	−0.559 * (−1.832)	−0.637 * (−2.182)	−0.561 (−1.230)	−0.624 * (−2.418)

续表

解释变量	被解释变量：产业结构升级（ IND_{it} ）			
	模型（7 - 45）	模型（7 - 46）	模型（7 - 47）	模型（7 - 48）
α	1.158 （1.340）	1.284 ** （3.137）	0.957 * （1.828）	1.451 ** （3.310）
R^2	0.746	0.718	0.693	0.725
样本	42	42	42	42
组数	3	3	3	3

注：同表 7 - 18。

综合面板数据回归结果，式（7 - 45）考虑了政治环境影响因素，10%显著性水平下融资结构指标系数、交叉项系数均通过了检验，说明弱化地方政府干预行为的政治环境有利于优化金融结构，进而促进产业结构升级，假设 H1a 成立。同时，发达地区弱化地方政府干预的金融效应更为明显。式（7 - 46）考虑了法治子环境影响因素，在 10% 显著性水平下融资结构指标系数、交叉项系数均通过了检验，表明执法水平提高（失业率下降），营造了良好的社会稳定环境，有利于维护金融市场秩序，推动直接融资发展，从而促进产业升级，假设 H1b 成立。同时，东部发达地区提高执法效率的金融作用系数最高。式（7 - 47）考虑了社会资本影响因素，融资结构指标系数、交叉项系数均通过了 10% 显著性水平检验，说明优化地域信用环境（单位人均产值劳动争议受理率下降），缓解了信息不对称金融风险，提高资金配置效率，有利于直接融资相对比重上升，从而发挥了支持创新产业发展的目的，假设 H1c 成立。同时，西部欠发达地区提升社会资本的金融影响效应最明显。式（7 - 48）考虑了制度禀赋影响因素，融资结构指标系数、交叉项系数通过了 10% 的显著性水平检验，且四大区域回归结果中融资结构指标、交叉项两项系数之和远大于式（7 - 35）中不考虑制度禀赋条件下融资结构回归系数，表明在长期演进过程中各地区制度禀赋的改善，有利于资本市场成长进而推动区域产业结构升级，假设 H1 成立。

从总量视角与结构视角下的回归结果对比来看，长期而言总量视角下当完善欠发达地区制度禀赋时，对金融化水平提高的作用效应更大；然而在结构视角下改善地区制度禀赋，对提高直接融资相对比重的影响效果在发达地区更为显著。这说明结构变革比总量扩张更具有复杂性、协同性与系统化的特点，不仅要求非经济因素的优化与完善，更要求金融本身组成部分有序、合理的安排，要涉及更多传导机制与作用机制之间的协调配合。东部地区相对领先的市场化进程与较为发达的市场化机制，使得融资结构、金融产权结构、金融行业结构比其他地区更为有序、合理，使得增量资源配置与存量资源再配置的过程更加顺畅、效率更高，相应的结构调整效应更加突出。也就是说，当将制度禀赋影响因素纳入分析框架时，发达地区结构调整效应大于总量扩张效应，而欠发达地区总量扩张效应大于结构调整效应。

检验结果还表明，在正式制度发展越滞后的地区，社会资本与金融化交叉项系数绝对值相对于法治环境与金融化交叉项系数绝对值差距越大。这进一步证实了我国在经济社会转轨过程中，欠发达地区较丰富的非正式制度在一定程度上弥补了作为正式制度缺失导致的金融效率损失。

（3）面板数据误差修正模型。根据以上检验结果，说明四大经济区域制度禀赋、金融结构与产业结构升级之间存在长期均衡稳定关系，应通过面板数据误差修正模型验证短期效应的动态关系。根据式（7－27）构建误差修正模型如下所示：

$$\Delta IND_{it} = \alpha_i + \sum_{j=1}^{m} \theta_j \Delta IND_{i,t-j} + \sum_{j=1}^{m} \beta_j \Delta FSR_{i,t-j} + \sum_{j=1}^{m} \chi_j \Delta ENVFSR_{i,t-j} + \sum_{j=1}^{m} \pi_j \Delta ENV_{i,t-j} + \sum_{j=1}^{m} \gamma_j \Delta CONTROL_{i,t-j} + \varphi ECM_{i,t-m-1} + \varepsilon_{it} \tag{7-49}$$

根据式（7－48）回归形成的面板数据残差项（ECM_{it}），仍然选择滞后项为2；继续采用TSLS工具变量法克服内生性问题。以$\Delta IND_{i,t-3}$和$\Delta IND_{i,t-4}$作为模型中$\Delta IND_{i,t-1}$和$\Delta IND_{i,t-2}$的工具变量，$\Delta FSR_{i,t-3}$和$\Delta FSR_{i,t-4}$作为$\Delta FSR_{i,t-1}$和$\Delta FSR_{i,t-2}$的工具变量，其他变量的工具变量选取方法相同。检验结果如表7－22所示。

表 7 – 22 误差修正模型检验结果

变量	东部		中部		西部		东北	
	回归系数	P 统计量	回归系数	P 统计量	回归系数	P 统计量	回归系数	P 统计量
$\Delta IND_{i,t-1}$	0.972	0.390	1.433	0.721	1.160	0.487	1.246	0.715
$\Delta IND_{i,t-2}$	1.236	0.465	1.165	0.692	1.253	0.592	−0.972	0.681
$\Delta FSR_{i,t-1}$	0.210	0.284	0.328	0.584	−0.495	0.381	0.523	0.362
$\Delta FSR_{i,t-2}$	0.194	0.072	0.415	0.673	0.507	0.463	−0.461	0.384
$\Delta ENVFSR_{i,t-1}$	0.372	0.541	0.392	0.548	0.190	0.574	0.573	0.751
$\Delta ENVFSR_{i,t-2}$	0.416	0.493	0.426	0.550	0.223	0.538	0.485	0.692
$\Delta ENV_{i,t-1}$	−0.392	0.287	−0.370	0.652	−0.254	0.427	0.472	0.541
$\Delta ENV_{i,t-2}$	0.406	0.351	0.681	0.477	0.368	0.512	0.348	0.293
$\Delta CAP_{i,t-1}$	1.253	0.604	−0.542	0.861	1.125	0.269	0.415	0.264
$\Delta CAP_{i,t-2}$	1.184	0.571	0.619	0.737	0.941	0.252	−0.524	0.375
$\Delta TRA_{i,t-1}$	−0.950	0.287	0.573	0.640	0.526	0.513	0.933	0.482
$\Delta TRA_{i,t-2}$	1.436	0.391	1.024	0.892	−0.418	0.429	1.301	0.396
$\Delta HUM_{i,t-1}$	1.584	0.460	1.280	0.471	−1.612	0.375	1.154	0.769
$\Delta HUM_{i,t-2}$	1.032	0.399	0.963	0.582	1.150	0.489	0.926	0.483
$\Delta URB_{i,t-1}$	0.848	0.413	−0.726	0.174	0.446	0.195	1.142	0.352
$\Delta URB_{i,t-2}$	0.691	0.520	0.840	0.215	0.413	0.078	0.915	0.574
$\Delta STA_{i,t-1}$	−0.194	0.368	−0.681	0.414	0.524	0.093	0.293	0.461
$\Delta STA_{i,t-2}$	0.271	0.493	0.537	0.380	−0.413	0.168	−0.286	0.074
$ECM_{i,t-3}$	−0.534	0.062	−0.405	0.071	−0.426	0.039	−0.359	0.127

表 7 – 22 显示，除东北地区外，东部、中部、西部经济区域面板数据误差修正项（$ECM_{i,t-3}$）均显著为负，符合反向修正机制理论。各区域检验结果中制度禀赋系数、制度禀赋与融资结构交叉项系数均未通过显著性检

验，短期效应不成立，即短期内制度禀赋的变革，并不能迅速发挥提升直接融资相对比重、优化融资结构以此促进地区产业结构升级的效应，假设H2 成立。

7.4.3.3　稳健性检验

(1) 中介效应模型构建。通过以上回归分析，核心变量、交互项变量系数指标反映了结构视角下制度禀赋、金融结构与产业结构升级的动态关系。为进一步描述制度禀赋促进融资结构优化，进而影响地区产业升级这种间接效应的机制与路径，同样参考温忠麟等（2004、2014）提出的中介效应回归方法，进行稳定性检验。构建如下动态面板模型：

$$IND_{it} = \beta_0 + \beta_1 IND_{it-1} + \delta ENVIRO_{it} + \gamma X_{it} + \varepsilon_{it} \tag{7-50}$$

$$FSR_{it} = \alpha_0 + \alpha_1 FSR_{it-1} + \eta ENVIRO_{it} + \gamma X_{it} + \varepsilon_{it} \tag{7-51}$$

$$IND_{it} = \lambda_0 + \lambda_1 IND_{it-1} + \omega ENVIRO_{it} + \pi FSR_{it} + \gamma X_{it} + \varepsilon_{it} \tag{7-52}$$

式（7-50）验证制度禀赋对产业结构升级直接影响，δ 为产业结构升级的制度禀赋贡献效应，其中 $ENVIRO_{it}$ 包括制度子环境（政治环境、法治环境、社会资本），以及制度禀赋各自检验。式（7-51）、式（7-52）表示制度禀赋作用于融资结构优化，进而影响产业升级，η 和 π 为中介效应，ω 为直接效应，且该检验中融资结构（FSR_{it}）为唯一中介变量。

(2) 稳健性检验结果分析。上述动态面板模型中包括被解释变量滞后项，因此仍然采用系统广义矩估计（SYS-GMM）克服模型内生性问题。同时，选取解释变量滞后一期、控制变量滞后一期、被解释变量滞后二期为工具变量，运用 Sargan 过度识别约束检验判断工具变量有效性，以自回归检验残差项二阶序列相关的存在性。回归结果显示各模型 Sargan 检验值与 AR（2）检验值均大于 0.1，说明选取的工具变量有效，且不存在残差项二阶序列相关，SYS-GMM 可用于解释上述回归模型。

表 7-23 至表 7-26 及其分别对应的图 7-7 至图 7-10 显示，四大经济区域制度环境（政治环境、法治环境、社会资本）、制度禀赋对融资结构优化均有显著影响，且贡献度从东北、西部、中部、东部依次递增，反映出结构视角下制度禀赋对发达地区的影响效应更加显著。同时融资结构在制度禀赋分别对产业结构升级影响中确实发挥了中介效应。各地区减少地

方政府干预，优化政治环境的中介效应最高，东部、中部、西部、东北分别为0.585、0.426、0.354、0.392，而通过法治环境改善或者社会资本提升的中介效应均不及政治环境优化，这进一步证实了地方政府介入通过形成稳定而富有效率的三重结构，在宏观经济改革、金融制度变迁中具有了中间过渡的重要功能。东部地区优化法治环境的中介效应（-0.378）高于提高信用水平的中介效应（-0.226），而其他三个地区则正好相反，法治环境改善的中介效应低于信用环境优化的中介效应，这也再次证明了不断提升欠发达地区社会资本水平，优化区域信用环境，在经济社会转型过程中较好地弥补了现代法治缺失导致的金融效率损失。

表7-23　东部地区基于SYS-GMM动态面板的中介效应检验结果

模型	回归系数	融资结构在政治环境对产业结构升级影响中的中介效应	融资结构在法治环境对产业结构升级影响中的中介效应	融资结构在社会资本对产业结构升级影响中的中介效应	融资结构在制度禀赋对产业结构升级影响中的中介效应
(7.42)	δ	0.462* (1.971)	-0.354* (-1.827)	-0.217* (-1.865)	0.401* (1.722)
(7.43)	η	0.585** (2.867)	-0.378* (-2.203)	-0.226* (-1.780)	0.393** (2.854)
(7.44)	ω	0.180** (3.317)	-0.156** (-3.163)	-0.114* (-1.763)	0.146* (1.782)
	π	0.482* (1.735)	0.524** (2.960)	0.456** (3.142)	0.649* (2.231)
Sobel检验	z统计量	—	—	—	—
中介效应显著性	检验结论	显著	显著	显著	显著
中介效应	$\eta\pi$	0.282	-0.198	-0.103	0.255
中介效应占比	$\eta\pi/\delta$	61.0%	56.0%	47.5%	63.6%

注：*、**、***分别表示在10%、5%、1%的水平下显著，括号内数值为t统计量。$z=\eta\pi/\sqrt{\eta^2 S_{\pi}^2+\pi^2 S_{\eta}^2}$，z在5%显著性水平下临界值为0.97。

表 7－24　中部地区基于 SYS－GMM 动态面板的中介效应检验结果

模型	回归系数	融资结构在政治环境对产业结构升级影响中的中介效应	融资结构在法治环境对产业结构升级影响中的中介效应	融资结构在社会资本对产业结构升级影响中的中介效应	融资结构在制度禀赋对产业结构升级影响中的中介效应
(7.42)	δ	0.397* (1.842)	−0.216* (−2.354)	−0.253** (−3.190)	0.324* (2.128)
(7.43)	η	0.426** (2.870)	−0.187* (−2.354)	−0.237* (−1.885)	0.315*** (4.252)
(7.44)	ω	0.125** (2.839)	−0.112** (−3.295)	−0.146* (−2.103)	0.138** (3.172)
	π	0.638* (2.250)	0.556 (1.492)	0.433* (2.281)	0.590* (2.237)
Sobel 检验	z 统计量	—	0.528	—	—
中介效应显著性	检验结论	显著	显著	显著	显著
中介效应	ηπ	0.272	−0.104	−0.103	0.186
中介效应占比	ηπ/δ	68.5%	48.1%	45.1%	57.4%

注：同表 7－23。

表 7－25　西部地区基于 SYS－GMM 动态面板的中介效应检验结果

模型	回归系数	融资结构在政治环境对产业结构升级影响中的中介效应	融资结构在法治环境对产业结构升级影响中的中介效应	融资结构在社会资本对产业结构升级影响中的中介效应	融资结构在制度禀赋对产业结构升级影响中的中介效应
(7.42)	δ	0.335* (1.940)	−0.180** (−3.216)	−0.294* (−2.208)	0.319* (2.138)
(7.43)	η	0.354* (1.864)	−0.126** (−3.204)	−0.376 (−1.542)	0.273*** (4.895)

续表

模型	回归系数	融资结构在政治环境对产业结构升级影响中的中介效应	融资结构在法治环境对产业结构升级影响中的中介效应	融资结构在社会资本对产业结构升级影响中的中介效应	融资结构在制度禀赋对产业结构升级影响中的中介效应
(7.44)	ω	0.172 ** (2.806)	−0.103 * (−1.845)	−0.125 * (−1.863)	0.184 * (1.952)
	π	0.460 ** (3.152)	0.611 ** (3.250)	0.449 ** (2.962)	0.495 * (1.763)
Sobel 检验	z 统计量	—	—	0.519	—
中介效应显著性	检验结论	显著	显著	显著	显著
中介效应	$\eta\pi$	0.163	−0.077	−0.169	0.135
中介效应占比	$\eta\pi/\delta$	48.7%	42.8%	57.4%	42.3%

注：同表 7 − 23。

表 7 − 26　东北地区基于 SYS − GMM 动态面板的中介效应检验结果

模型	回归系数	融资结构在政治环境对产业结构升级影响中的中介效应	融资结构在法治环境对产业结构升级影响中的中介效应	融资结构在社会资本对产业结构升级影响中的中介效应	融资结构在制度禀赋对产业结构升级影响中的中介效应
(7.42)	δ	0.364 * (1.945)	−0.210 ** (−2.953)	−0.254 * (−1.861)	0.312 * (2.328)
(7.43)	η	0.392 ** (2.875)	−0.244 * (−1.859)	−0.263 * (−1.790)	0.257 ** (2.864)
(7.44)	ω	0.133 * (1.924)	−0.082 *** (−4.971)	−0.137 * (−2.129)	0.183 * (2.291)
	π	0.589 ** (3.860)	0.525 * (1.843)	0.445 *** (3.892)	0.502 ** (2.940)

续表

模型	回归系数	融资结构在政治环境对产业结构升级影响中的中介效应	融资结构在法治环境对产业结构升级影响中的中介效应	融资结构在社会资本对产业结构升级影响中的中介效应	融资结构在制度禀赋对产业结构升级影响中的中介效应
Sobel 检验	z 统计量	—	—	—	—
中介效应显著性	检验结论	显著	显著	显著	显著
中介效应	$\eta\pi$	0.231	-0.128	-0.117	0.129
中介效应占比	$\eta\pi/\delta$	63.5%	61.0%	46.1%	41.3%

注：同表7-23。

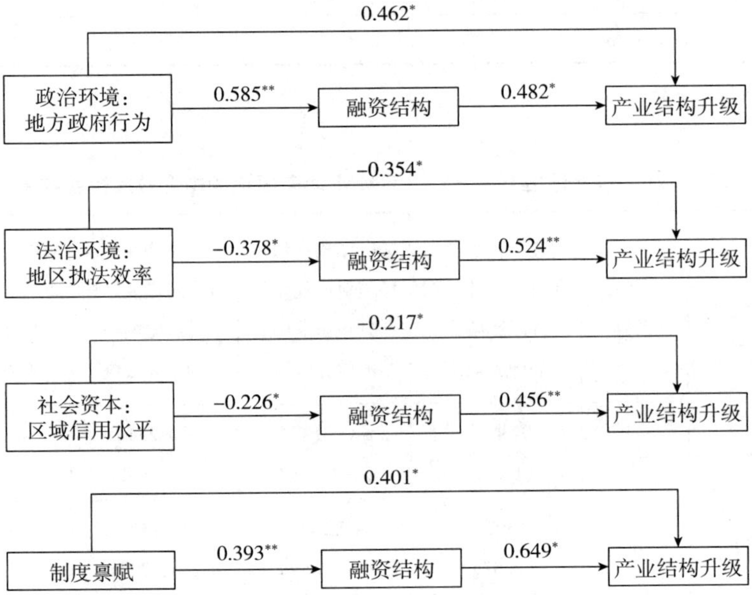

图7-7　东部制度禀赋影响下融资结构与产业结构升级传导机制

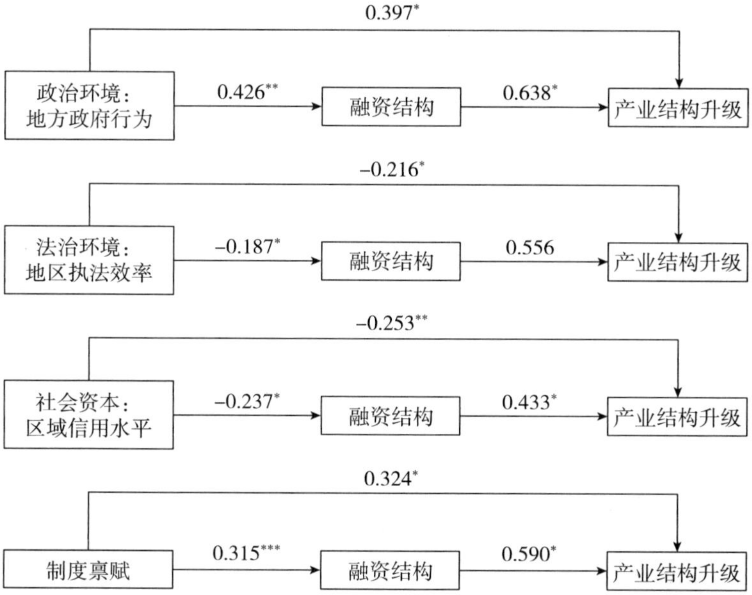

图 7－8　中部制度禀赋影响下融资结构与产业结构升级传导机制

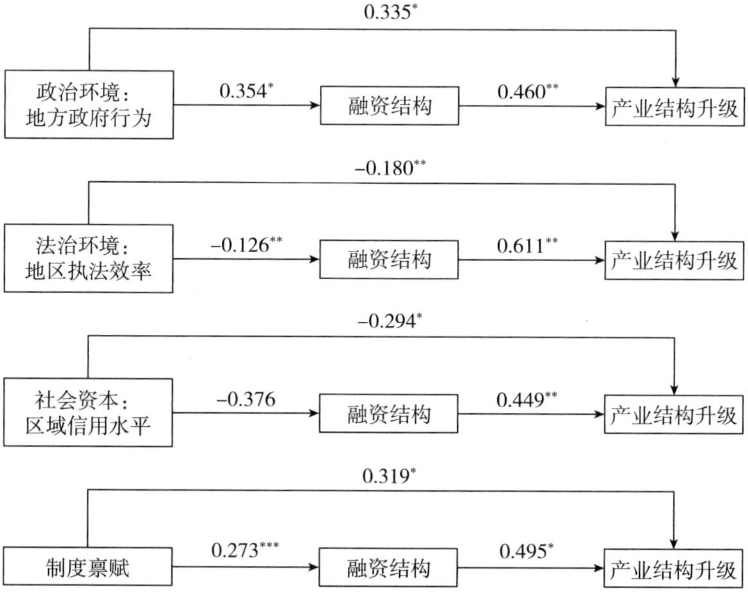

图 7－9　西部制度禀赋影响下融资结构与产业结构升级传导机制

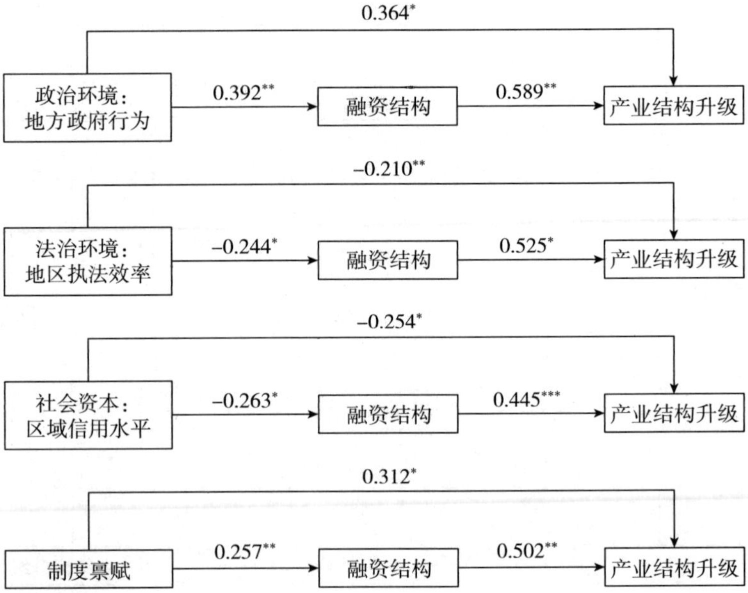

图 7 – 10　东北制度禀赋影响下融资结构与产业结构升级传导机制

第 8 章　对策建议

8.1　顶层设计机制

8.1.1　探索与区域产业发展相适应的金融化路径

金融化、产业发展必须遵循现代经济运行的内在规律，同时金融化必须为实体产业发展而服务，必须代表一国或区域产业发展的核心价值理念，这既体现了金融的本源与实质，也体现了“金融化—产业发展”动态关系演进的一般机理。因此，探索与区域产业发展相适应的金融化路径，就要以一般规律、核心理念为根本指导，建立高效、稳定的现代金融体系。

在理论分析中，我们探讨了“金融化—产业发展”演进过程的一般经验与典型经验，指出一国或地区金融化与产业发展具有长期性、阶段性的基本特征，尽管金融本质功能相对稳定，但经济发展与变迁、金融发展水平提升，金融基本功能重心会转移、外延会拓展，这说明不同阶段金融结构的主导性亦是动态变化的。现有的金融体系能否稳定而有效率地发挥作用，首先就取决于实体经济因素的制约。而我国以银行中介为主导的金融结构已经在一定程度上不能适应当前经济转型的客观需求，其集中表现就是金融资源配置效率低下，系统性金融风险集聚，从而引发了经济系统各个部门的潜在风险。当然，当视角从宏观层面深入到中观层面时，由于我国各地区产业发展的不平衡，区域金融结构变迁具有时序差异性，区域金融体系具有空间差异性，因此，在探索向合理金融化转型的过程中，就应该立足于本地区实体经济，充分考虑金融发展本身存在的内生性路径依赖特征。

从图 8 -1 可以看出，在一个竞争性的长期均衡中，金融化演进实质上就体现在金融总量规模膨胀基础上的结构动态变化，即银行中介与资本市场相对主导地位的有序替换取决于两种融资模式下实体融资项目的成功概率分布。在经济金融体系发展早期，银行相对于资本市场具有效率比较优势，企业融资项目主要通过间接融资渠道，而随着市场化水平提升，资本市场效率不断提高，当市场融资的项目成功概率超过银行融资时，资本市场具有活跃度对于发挥市场机制与功能至关重要，同时通过与银行机构的互补型竞争，促进直接融资与间接融资效率整体提升。在这一阶段，金融产品与服务提供者不只是银行部门或者单纯的资本市场，而是银行中介——资本市场的互动关联。不能把银行层面金融脱媒视为整个金融部门在经济系统中重要性的下降，至少金融中介因逆向选择、道德风险等问题而长期存在，只是其组织形式会不断更新变化，向着能够充分降低交易成

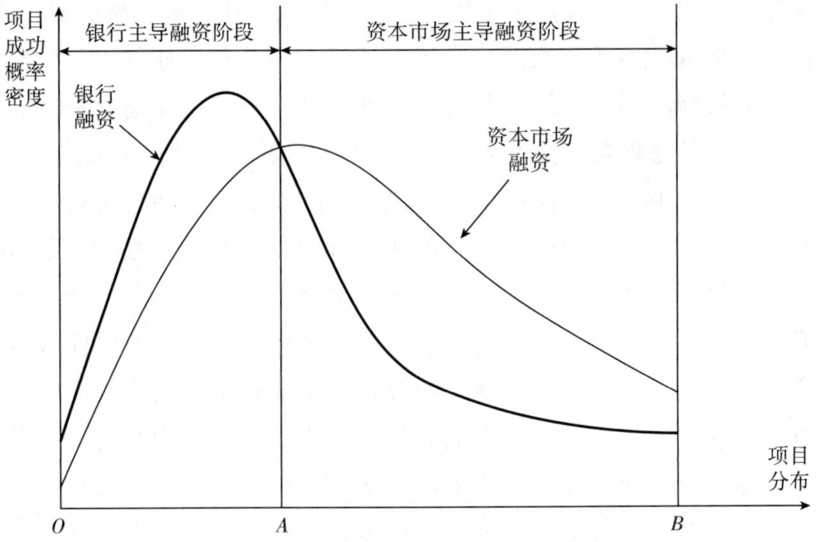

图 8 -1　金融体系结构演进特征

本、发挥组织效率的方向演进。即金融中介与金融市场的关系也不是简单的替代性关系，而是相互补充、促进甚至开始出现混业的趋势，并呈现动态的金融创新螺旋。因此，从区域层面来看，金融化路径就表现在融资模式相对主导阶段变迁的差异化。

进一步地，从金融服务于实体经济根本命题的角度，金融体系演进要符合实体企业部门的融资需求特征。图 8-2 显示了企业成长与融资模式的互动关系，可以直观地看出，由于实体企业规模的不断壮大，实体经济的融资需求结构会受到不同性质的企业影响，进而内生出最优金融结构演进路径，而这个动态最优的金融化路径，就是随着多层次银行体系、多层次资本市场的建立及完善，银行与市场的边界逐渐模糊化，金融体系就成为一个联系紧密的信用与全息信息网络。市场在资源配置中的决定性作用在这个网络体系中得到更大程度的发挥，银行与市场的联结更为密切与复杂，跨机构、跨市场、跨区域的金融产品及业务层出不穷。同时，一国或地区

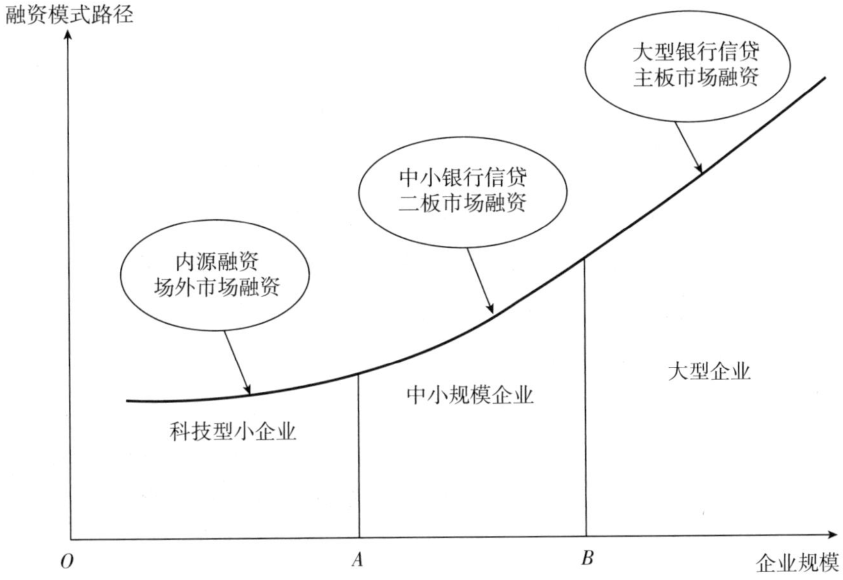

图 8-2 实体企业融资需求特征

的生产要素与资本要素高效结合，使得金融体系良性运转，对于该国或地区实体经济的健康持续发展具有重要的支撑作用。因此，尽管我国区域经济发展具有明显的不平衡性，然而受一般规律及内在机制的根本性影响，与各区域产业发展相适应的合理金融化路径总体趋势与变革方向是一致的，只是时空阶段性存在客观差异。

8.1.2 构建系统的协调发展机制

8.1.2.1 纳入制度禀赋的金融化内生演进

金融化演进内生于实体经济，这意味着金融机构与金融市场功能发挥引致的主导金融结构变迁内生动力是实体经济发展。图 8－3 显示了将制度禀赋纳入金融体系框架的内生演进过程，经济发展的阶段性以实体企业现金流分布表示，分布 1 代表企业现金流最低，融资受限，对应经济发展初级阶段；分布 2 中企业介于分布 1 与分布 3 之间，对应经济发展的中级阶段，分布 3 表示的企业具有相对最高现金流，对应经济发展高度发达阶段。相应地，为区分金融结构，内源融资企业比例以 OA 区域表示，AB_1 与 AB_2 区域为选择间接融资的企业比重（B_1B_2 为制度禀赋解释的差异化部分），而 B_1 或 B_2 右边区域表示通过资本市场直接融资的企业比重。显然，在一般规律与经验、内在机制与机理的影响下，从低级阶段向高水平的实体经济不断跃升，企业部门分布将呈现出分布 1→分布 2→分布 3 的转换，金融化路径的总体趋势也将实现由以内源融资为主（OA 区域）过渡到银行中介间接融资为主（AB_1）再到资本市场直接融资为主（B_1 或 B_2 以右的区域）。

图 8－3 的逻辑过程表明，在经济发展早期的初级阶段，由于金融资源相对匮乏，存在明显的金融干预与金融管制，大多数企业不得不依靠留存盈利等内源资金；当跨入中级经济发展阶段时，银行在充当支付中介、动员储蓄、外部治理等方面比较优势凸显，此时银行部门在金融体系中处于主导地位，信贷资源规模扩大，金融发展水平不断提升；当经济进入高度发达的高质量发展阶段时，银行中介的一些功能优势弱化，而资本市场发展所依赖的各项基础性制度条件逐渐完善，为市场机制与功能发挥提供了

良好的制度环境，进而银行中介与资本市场的功能比较优势出现了转化，并由此导致直接融资比重上升，金融深化程度加快。

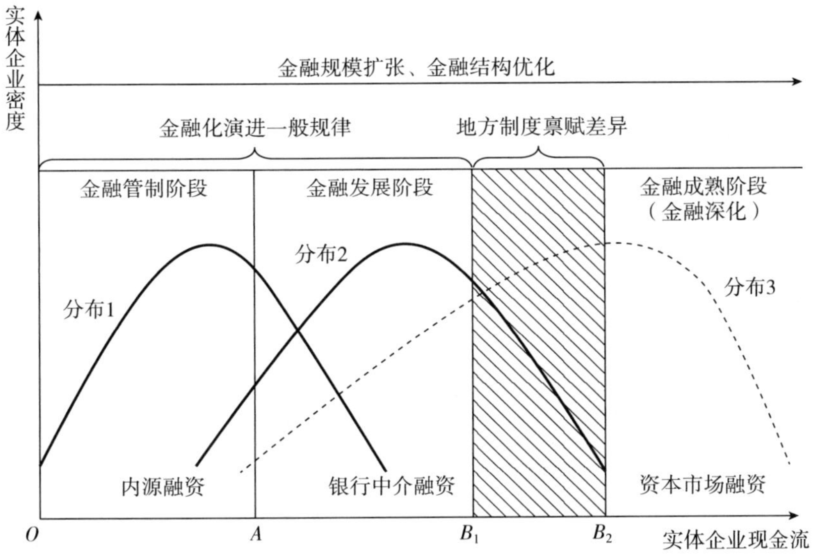

图 8－3　纳入制度禀赋因素的金融化内生演进

然而，金融化变迁遵循一般规律而表现出的演化趋势并不意味着在所有国家或地区最终形成完全以市场为主导的金融体系。当一国或地区经济发展到高度发达的阶段之后，一般会形成机构与市场并存或者相互融合的金融体系结构，但在同一时间点上，最终决定银行中介间接融资和资本市场直接融资谁占据主导地位的，则是该国或地区所特有的“制度禀赋”。在图 8－3 中，当一个地区金融体系变迁跨越金融发展阶段后，不同地区企业融资分布边界（即银行融资与市场融资的边界点 B_i，i 为不同地区）会出现明显的差异。我们以四大经济区域中典型的东部发达地区与西部欠发达地区为例进行阐释，图 8－3 中，西部地区企业融资分布边界（B_2）相对于东部地区企业融资分布边界（B_1）更加靠右，表示即使进入金融成熟、金融深化程度较高的阶段，由于受到地方特有制度禀赋的影响，西部地区相对于东部沿海仍然有相对更多的企业选择银行中介间接融资，而东部企业则更加注重资本市场直接融资。B_1 与 B_2 之间的阴影部分，就清晰地展示出不同区域内生性动态最优金融结构受差异性地方制度禀赋的影响，即对金融化路径的影响。

8.1.2.2　协调发展机制框架

事实上，在特定发展阶段，各地区动态最优金融结构都要与客观经济发展相适应，这种内生化的金融体系一方面随着本地区产业发展而变迁，另一方面地方制度禀赋又产生了深远影响，从而形成了时空层面相异甚至迥然不同的金融化轨迹。这也意味着经济因素与非经济因素同时产生作用；因此，为缓解由于发展差异造成的巨大不平衡性，必须构建系统的协调发展机制，如图 8－4 所示。

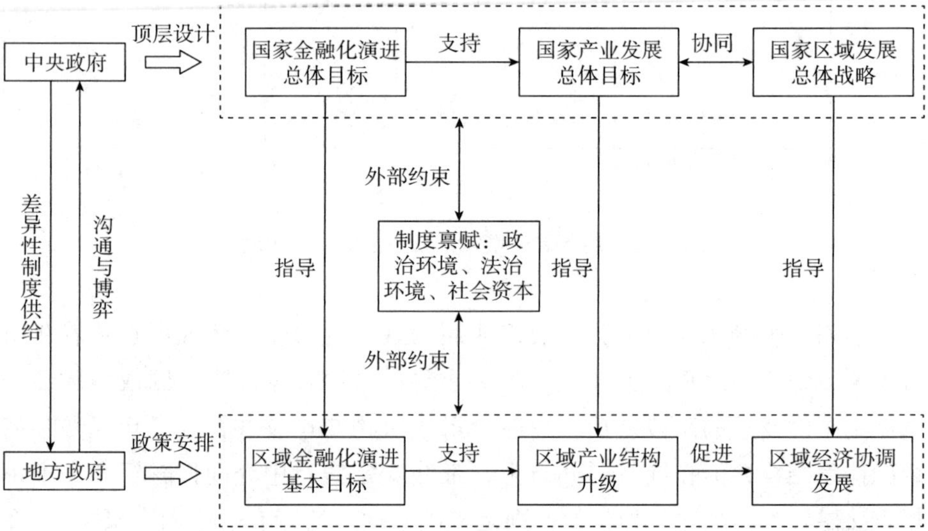

图 8－4　系统的协调发展机制框架

协调意味着不平衡与平衡机制的调和，是不平衡与平衡发展的辩证统一。系统、科学的协调机制具备全面性与层次性的统一，耦合性与差异性的和谐。从指导思想来看，党的十九大指出把“实施区域协调发展战略”作为“贯彻新发展理念，建设现代化经济体系”重大举措之一。从空间布局来看，强化举措推进西部大开发形成新格局，以四大经济区域联动发展为基础，深入实施“一带一路”建设、京津冀协同发展和长江经济带发展，加大力度建设世界级城市群，由此形成一批新的增长点、增长极与经济轴带，拓展区域发展空间。从逻辑思路来看，第一个层面是要充分考虑非经济因素的地方特有制度禀赋，中央在制定与统筹实施区域发展战略时，应兼顾各地区差异化变迁路径，协调好金融系统与政治、经济、社会、文化系统的互动关系，实现统一性与差异性的有机契合；第二个层面是要在金融化演进过程中协调好金融规模扩张与金融结构变革的关系、协调好金融系统效率与稳定的基本关系、协调好区域金融之间竞争与合作的关系。

显然，加快区域金融化进程，发挥金融先导作用并以此促进产业发展是实现区域协调发展的关键，确保制度建设的系统性，加强制度创新、打破体制障碍则是这一机制有效运行的根本前提。

首先，规范地方政府行为，营造市场化配置金融资源、促进产业成长的良好政治环境。地方政府行为在金融化过程中的契合点在于政府收益最大化下的金融与产业成长，即政府收益与金融和产业成长的均衡点。相应地，规范地方政府行为的切入点在于使外部行为规制适应内生行为规制从而达到契合点。如果政府外部行为规制缺位（地方政府行为不能有效保护金融化内生演进），则应该加强地方政府行为；若外部行为规制越位，超越该边界（地方政府过度干预金融化内生演进），则极易造成对内生行为规制的损害，相应地应该约束地方政府干预。因此，地方政府行为透明化与规范化，使得外部行为规制适应内生行为规制，进而保护微观机制及社会环境，保证与维持区域金融化演进始终符合内生行为规制的基本准则。

因此，一方面应加快健全中央对地方政府转移支付机制，合理划分中央事权、中央与地方共同事权，提高地方政府收支权责的匹配程度，缓解中西部等欠发达地区财政收支压力。另一方面应着力于绩效考核体系改革，加快地方政府从经济建设型向经济治理型的转变以及从投资型财政体制向公共服务型财政体制的转变。同时，构建政府绩效考核的监督机制，将民众满意度纳入评价体系，形成自上而下与自下而上的双向考核制度。只有这样，才能减少各地区金融化变迁进程中普遍存在的政府管制，弱化价格机制扭曲与资源配置扭曲，有效发挥产业升级的金融支持功能。

其次，提升地区执法水平，营造稳定的金融运行秩序、支持产业发展的良好法治环境。坚持全面依法治国，既是新时代坚持和发展中国特色社会主义的基本方略之一，又是中国特色社会主义的本质要求和重要保障。尽管转轨过程中我国显现出法治低水平与经济高增速并存的“中国之谜”现象，但并不能否认“良好的法治促进经济发展”这一命题。当深入到中观层面时，法律体系完善程度与法治效率差异能很好地解释金融化演进的空间不平衡问题。发达地区相对健全的法律体系与较高的法治效率对区域金融化有较高的贡献度，而欠发达地区法律制度不健全、执法效率低下则阻滞了金融深化。尤其是在现代市场经济环境下，法律明晰市场主体产权关系、法治维护市场主体交易秩序是金融运行的重要基础。

因此，一方面应健全区域发展的法律体系。要实现中央立法与地方立法有机结合，基本法、综合法、地方法互不冲突、相互适应。尽快考虑制定《区域协调发展法》，如针对欠发达地区的《西部地区管理法》《西部地区开发法》，明确区域开发的目标、方式、权责关系，明确区域发展的管理、评估、处置机制。在此基础上，加强各地区之间的法治协调及合作，可设立区域合作的立法协调机构、联席会议机制、信息交流机制；加强地方政府之间的磋商谈判协定、执法信息共享。另一方面应开展区域法治金融建设。大力引进具有金融专业与法律知识背景的复合型人才充实地方司法队伍，提高金融案件审判效率与金融合同执行效率，强化产权保护职责。同时，地方金融监管部门应着力于提高自身公信力，细化金融行业执法标准，建立执法信息公开机制，维护区域金融稳定与市场有序运行，为服务实体部门融资提供长效制度保障。

最后，弘扬优秀地域文化，营造金融行为活跃、鼓励企业家创新精神的良好信用环境。我国作为一个多民族国家，由于传统文化、民族习惯、经济条件、自然环境、社会风俗等地区差异，形成了各具特色的地域文化特征，积累了丰富的社会资本。社会资本作为一种典型的非正式制度与隐性契约机制，其内核通常是通过血缘、地缘、族缘“三位一体”形成的多样民族传统与多元宗教信仰，也构成了中华优秀传统文化的重要精神内涵。

这不仅是社会主义市场经济中现代金融道德伦理体系重塑的价值基础，而且也是转轨时期对我国法治建设相对滞后地区的有效替代和国家治理体系的重要补充。

因此，一方面，应深入挖掘多样性的地域历史文化。比如中国到宋代经济重心南移，长江中下游地区得到大力开发，其经济发展水平逐渐赶上并超过内陆地区。东部地区长三角、珠三角、环渤海区位优势明显，市场经济发达，分别与其地域所属的吴越文化、岭南文化、齐鲁文化背景有重要关系，吴越文化具有极强的开放性、包容性与实用性，历来重视工商业发展，涌现出了温州模式、苏南模式等典型模式；岭南文化具有强烈的竞争性、冒险性与开放性特征，崇尚商贸，以南海模式、东莞模式为代表；齐鲁文化既强调崇德尚礼、开拓进取、勤劳勇敢、自由开放，也具有保守务虚的成分，其主要形成于山东半岛，这里也是我国经济社会发达的地区。与之相对应的中西部地区，则以内敛、含蓄、封闭、保守的内陆文化为主要特征，市场观念相对较弱，商品经济相对东部沿海地区存在很大差距。同时，东北地区在特有的黑土意识影响下的富庶感容易形成依赖心理，过于强调政府的作用与国家资本的推动力，在一定程度上压制了创新意识与企业家精神。另一方面，应大力弘扬地域多样化社会资本中的优秀文化精神。欠发达地区，尤其是西部的社会资本主要建立在民族传统、宗教信仰的文化积淀基础上，西部少数民族普遍具有互助互惠、向善淳朴的信任文化，历史久远且关系稳定。例如，众多少数民族习俗中推崇尊老爱幼、善良淳朴、正直果敢、不偷不抢等向善精神，很多村寨中苗族群体通过礼尚往来等方式强化族群之间的互助互惠关系；云南的怒族、独龙族早期保持着物物交换的习俗，生产工具、纺织品及食盐等被马帮商人带入西南山区，商人到达少数民族村寨后将自己的货物与路边放置的小农产品等价交换，这样的交易完全以良好的信任文化为前提。西部少数民族原始宗教信仰多以宗族伦理为内核，重义轻利，强调集体，以重情感、讲礼仪、促和谐的社会关系为表现。这些观念是不牵扯复杂利益关系的道德规范，深沉内敛、质朴无华。这些非正式制度一方面有利于约束市场主体行为、鼓励企业家创新，使其提高自身信用水平、增强社会责任；另一方面也有利于降低交易成本，缓解信息不对称，促进金融要素流向高效益实体企业，推动了产业发展。

8.2 具体建议

8.2.1 总量层面

8.2.1.1 大力发展数字普惠金融

我国各地区存在着明显的金融排斥，欠发达地区、低收入群体、民营小微企业等长期被排斥在主流金融服务框架之外，尤其是金融服务空间可获得性的地理排斥，使得一方面区域之间金融规模分布不平衡，另一方面由于增量资金与存量资本的空间分布不平衡引致了资源配置的区际失衡，加剧了区域产业发展的差距。因此，要破解金融排斥的困境，需通过普惠金融为中西部欠发达地区、贫困人群、弱势群体（小微企业、农业部门）提供机会平等、可持续的金融服务，以可负担成本为有金融服务需求的社会各阶层提供适当有效的金融支持。而数字普惠金融本质上是使用信息通信、移动互联、计算机、大数据处理、云计算等一系列数字化方式与手段促进普惠金融的行动，涵盖了各类涉及电子化、数字化的金融产品、金融交易等服务，极大地提高了金融服务实体经济的广度与深度。

（1）发展数字普惠金融的比较优势。首先，数字普惠金融扩大了金融服务覆盖范围。在我国，欠发达地区地理情况复杂，自然环境多样，气候条件多变，交通网络及基础设施不及沿海地区完善。中西部金融机构网点数、金融从业人员覆盖率低，尤其是偏远农村实体金融基础设施较为落后，往往成为金融服务空白点，如这些地区通常结算方式单一，交易活跃度低，非现金支付服务转账结算交易量少。数字普惠金融通过互联网与移动通信等手段提供金融服务，特别是当前我国移动金融普及率已在世界处于领先地位，移动金融打破了空间地理的阻碍，发挥了长尾效应，为欠发达地区、农村偏远地区、贫困山区等物理金融网点薄弱、实体金融密度欠缺的地区与人群提供全天候的支付与信贷服务。通过云计算、大数据、人工智能、区块链等新兴技术扩大金融服务范围，延伸至投资理财、医疗健康、公共交通、文化教育等领域，创新出智慧金融、共享经济等新业态、新模式，拓展了普惠金融外延，增加了社会各阶层的获得感，促进了包容性增长。

其次，数字普惠金融降低了金融服务运营成本。数字普惠金融所运用的数字化支付平台，不需要设置过多营业网点，直接节省了为新设机构与网点等基础设施所带来的土地、建筑及人工成本。由于普惠金融的商业可持续性，对金融机构、互联网公司的移动支付手段、降低业务成本方面的要求更高。蚂蚁金服数据表明，云计算成本与传统信息技术成本之比是1∶10，相当于降低了90%的成本。而早在几年前，基于云计算的支付宝，其单笔支付成本就已控制在0.02元，随着技术普及与更新换代，未来还将进一步降低成本。同时，人工智能与大数据向金融领域的渗透减少了人工参与成本，使得运营效率有很大程度的提升。通过P2P网贷平台、互联网众筹平台主动识别小微企业资质与金融需求，提供专业化、个性化、精准化的金融服务，缓解了小微企业高成本融资难题。

最后，数字普惠金融加速了金融功能发挥。从金融功能角度来看，金融是一系列跨时空价值交换的契约组合，金融交易是不同时间、不同空间价值或收入配置的行为组合。数字普惠金融则实现了在时间与空间维度上加速金融功能的发挥。例如，区块链可以解决因通过金融中介交换价值而产生的信息不对称问题与道德成本；人工智能则通过快速信息转化、建模预测未来、优化博弈策略等方面提升了价值跨时间使用的能力。同时，数字普惠金融增强了风险控制与管理能力。大数据、云计算、人工智能等现代化数字技术手段的应用，逐渐取代了人工整理、审核、评估、判断市场主体信用状况的行为，深刻改变了信息收集、处理的风险甄别基础，通过构建基于知识图谱的风险控制体系，能够提升风险管理能力，并给欠发达地区、贫困人群、弱势群体提供了一个健全高效的金融平台，将金融门槛依照信用及风险等级合理划分，而不是依据地区贫富程度、人群收入高低划分，减弱了不平等因素。

（2）发展数字普惠金融的路径选择。首先，确立数字普惠金融发展的总体思路。传统的普惠金融主要强调农村金融机构功能与小额信贷的作用，而一个系统、科学、高效、规范的数字普惠金融体系应该具有公平与效率相结合、统一性与差异性相和谐的理念内涵。在宏观层面，探索适合中国国情的数字普惠金融支持欠发达地区良性循环发展路径，注重科技创新与金融发展互动融合的精准平衡辩证关系，注重政府引导与市场驱动的精准平衡辩证关系，注重金融有效供给与提高金融主体需求能力的精准平衡辩证关系；在中观层面，注重政策配合与机制协调，在充分发挥金融体系中政策性、商业性、开发性、合作性金融合理分工与优势互补的基础上，建立金融与财政、产业、税收、教育、区域发展政策协调配合的联动机制；在微观层面，着力完善地区金融基础设施条件、提高区域金融风险防控水平、推动金融技术革新以实现金融资源的空间优化配置。

其次，加大欠发达地区基础设施建设力度。数字普惠金融的发展高度依赖于互联网等信息通信技术的普及与覆盖。尽管近年来我国互联网普及率和网民规模一直稳步提升，但各地区互联网基础设施建设不平衡，数字鸿沟现象依然严峻。中国互联网信息中心的数据显示，互联网普及率靠前的省份主要集中在沿海的华东地区，而互联网普及率排名靠后的省份主要是基础设施薄弱的西南地区。偏远的西部山区通信设备陈旧、通信基础设施不发达，光纤宽带建设难度较高。因此，加大力度改善中西部地区互联网基础设施至关重要。政府部门对欠发达地区通信基础设施的建设可与精准扶贫、精准脱贫挂钩，提供一定程度的费用减免与专项补贴。加强银政合作，借鉴卓有成效的“家电下乡”计划，推行“数字技术设备下乡”政策，进一步提高中西部地区数字终端的普及率。各金融机构可以利用技术研发改善中西部基础设施落后状况，例如移动 Wi－Fi 设备普及，为金融消费者提供便捷的网络服务，通过网络与公众平台发布数字普惠金融知识，提高偏远地区用户的金融素养。

最后，建立与规范多元化征信体系。完善的征信体系对数字普惠金融发展具有重要推动作用，它能够缓解信息不对称、不充分问题，提升金融效率、优化信贷结构、控制金融风险，使落后地区、小微企业、弱势群体以更低的成本、更便捷的方式获得金融服务。一方面应完善信用数据标准，推动信息共享。在央行主导的信用体系背景下，我国还缺乏统一明确的信息采集、发布标准，难以实现信息的高效整合与共享。政府相关部门应加强与央行合作，参与到征信体系数据标准的制定中，跨越信息孤岛，加大系统数据挖掘与应用力度，拓展多元化信用信息收集渠道，积极培育个人征信与小微企业征信机构；在保障信息安全与个人隐私的基础上，根据相关法律以不同形式依法公开共享信息。另一方面应尽快建立征信业协会。我国征信业仍处于发展的初级阶段，行业自律作用未得到有效发挥。通过建立征信业协会推动不同征信平台之间的实时信息共享，尤其是征信黑名单信息管理，并制定完善信用评级方法，规范征信服务产品规则、纠纷处理细则，强化行业规范与市场秩序。

8.2.1.2　加强多层次区域金融合作

我国各地区在计划机制与市场机制导向下金融资源的区际流动存在明显的不平衡性，政府驱动的资金流动未能弥补区域之间巨大的总量差距，市场驱动的资金流动则因为地域人为分割受到扭曲，导致整体经济运行效率低下。而金融自组织系统内在具有整体性、层次性、开放性，金融系统的空间子系统也具有自组织属性，其运行也是子系统内部各要素相互关联与协作共同实现的。在自组织条件下，各区域子系统要素组合会从无序向有序、低效向高效转变，有序的合力替代了原本分散甚至抵触的部分，形成比单个区域子系统功能更为完善的整体系统。这意味着区域金融合作就是在市场效率原则的基础上，不同子系统层面区域内和区域之间最大限度地改善利益与受惠不平衡状况，打破行政区划的分割与限制，在既竞争又合作的发展过程中，区域金融化变迁就具有了多种路径选择。

（1）区域金融合作的实践基础。首先，长三角地区金融合作。长三角地区由上海市、江苏省 8 个城市和浙江省 7 个城市组成，地域毗邻，文化相近，经济发达。改革开放后，长三角地区经济一体化进程加快，1997 年举行的第一次长三角经济协调会为区域金融合作奠定了基础条件；2004 年央行上海分行与南京分行共同建立了长三角金融联动框架，上海市金融学会于2006年主持召开了首届全国区域金融合作、金融市场创新与投资者保护研讨会。早期的长三角区域金融合作未成体系、方式单一，主要表现在银行业合作、跨区域金融市场互动方式较少，如中国建设银行与中国农业银行要求区域内分支机构实现金融业务跨区域联动，中国银行与中国工商银行就长三角经济圈金融合作专门进行了课题研究。“两省一市”地方政府则倡导建立了信用合作机制，各地区都举办过关于金融合作的相关论坛。上海作为全国性金融中心之一，成为金融集聚与扩散的核心，特别是长三角地区市场环境良好、产业关联紧密、资金往来频繁，对直接融资需求愈发强烈。企业产权交易、资本重组的跨地区协作更为普遍，证券、期货等非存款类中介机构跨区域设置分公司与日俱增。

其次，泛珠三角地区金融合作。泛珠三角区域包括9个省区和香港、澳门两个特别行政区（以下简称“9+2”），跨越我国东、中、西部三大经济区域。区域合作机制初步形成于2004年6月，“9+2”政府领导签署了《泛珠三角区域合作框架建议》；同年11月，《备忘录》的签署标志着泛珠三角区域金融合作平台正式建立。该平台有两大支撑：一是金融学会牵头的多层次合作机制，包括金融学会会长联席会议机制、金融学会秘书长协调机制、金融信息交换与共享机制、金融学术活动联合举办机制、区域经济金融形势分析协作机制、经济金融重大课题调研协作机制等。二是加大金融业跨区域合作力度。2006年九省区城市商业银行签署了《泛珠三角区域城市商业银行战略合作备忘录》；2007年九省区农村信用社就跨区域战略合作达成协议，同年九省区为构建跨区域产权交易共同市场而签署了《泛珠三角区域产权交易机制合作框架协议》。

最后，环渤海地区金融合作。环渤海地区以京津冀为核心，以山东半岛、辽东半岛为两翼的经济带，包括河北、山东、辽宁三省与北京、天津两市，广义上还延伸到山西和内蒙古中部，横跨了我国四大经济区域。环渤海区域经济一体化自从2004年“廊坊共识”“北京倡议”签署出台而进入快速发展阶段。在区域金融合作方面，中国银行天津分行、天津市金融学会于2005年推动建立了环渤海区域金融合作发展研讨机制；同年8月，中国建设银行召开环渤海区域分行业务联动座谈会，要求属地分行加强跨区域金融合作；同年 11 月，首届“环渤海区域金融合作发展研讨会”由天津市金融学会主办召开，搭建了学术沟通平台。2011 年，在天津成立了环渤海区域金融合作联席会，成为推动机构合作、信息共享、风险防范的重要机制。在一系列区域金融合作机制的指导下，监管部门、大型银行、股份制银行分支机构加强了区域内联动，天津滨海新区成为金融改革先行先试的试验田，积极打造外向型新金融形态，为环渤海地区金融创新与合作创造了有利条件。

（2）新时代区域金融合作的路径选择。随着东部率先发展、西部大开发、中部崛起、振兴东北四大经济区域联动格局的基本确立，区域协调发展重大国家战略实施面对的有利条件与不利因素更为复杂多样。区域金融合作作为新时代区域协调发展战略的重要突破口，应通过在以往区域金融合作实践基础上，深化“一带一路”建设、京津冀协同发展、长江经济带发展三大战略引领经济区域联动发展新格局，构建区域金融合作新态势、新方略、新体系。

首先，加强“一带一路”区域金融合作。“一带一路”涵盖我国四大经济区域共 18 个省（市、区），东边连接亚太经济圈，西边进入欧洲经济圈，贯穿欧亚大陆，涉及沿线 60 多个国家；经济合作时以“一带一路”倡议为核心，以政策沟通、设施联通、贸易畅通、资金融通、民心相通为五大目标，加强金融合作对于推进战略实施具有重大意义。

一方面，尽快健全“一带一路”金融协调机制。一是可在中国银行设立“一带一路”金融协调委员会，专门进行区域金融合作的顶层设计、统筹研究与政策指导，与沿线各国中央银行或金融主管部门建立多边的合作机制，包括金融法律协调机制、金融监管合作机制、金融信息共享机制、金融统计监测机制、金融风险管理机制等，定期开展双边或多边金融协调活动，深化多边合作框架与交流论坛，除了 APEC、上合组织、金砖国家多层次对话平台以外，还可以充分利用 EMEAP、ASEM、东盟与中日韩金融合作机制（简称“10+3”）、中国—拉美和加勒比国家共同体论坛、欧亚经济论坛，以及中国—阿拉伯国家博览会，就“一带一路”金融合作进行常态化沟通与协商。二是构建开发性金融与商业性金融相协调的投融资服务体系。亚投行、丝路基金的相继成立以及国开行对外金融合作业务的全面展开，我国开发性金融已成为“一带一路”沿线基础设施项目建设、能源开发与产业合作、经贸往来的重要支持力量。在此基础上，中资商业银行纷纷在沿线国家设立一级分支机构或代表处，因此要处理好开发性金融与商业性金融互促共进的关系。在项目评估上，开发性金融预期功能需要详细考量。针对商业性金融，应明确金融机构社会责任，及时反馈沟通合作中暴露出的各种问题，避免扭曲利益导向机制的市场风险。商业银行要积极探索与创新金融服务，可以结合“一带一路”中“丝绸之路经济带”沿线国家的宗教文化，针对伊斯兰国家特点设计符合伊斯兰教义的金融工具及产品，提供差异化的金融服务。此外，在风险可控的前提下要鼓励民间资本通过PPP、设立新兴产业基金等形式参与“一带一路”项目建设，拓展投融资渠道，推动沿线境内省份与境外国家产业发展。

另一方面，加快推进人民币从区域化迈向国际化。通过加强与“一带一路”沿线中亚、俄罗斯、东南亚、南亚地区国家的交流合作，加速人民币国际化进程。通过深化人民币汇率机制市场化改革，增加人民币投资工具，改善人民币长期持有供需不平衡的局面。在维护货币稳定的金融合作安排中，为了降低交易成本、便利金融交易、提高资金配置效率、保证国际贸易顺利进行，应积极引导人民币逐步占据核心地位，比如推进货币双边互换协议中人民币作为支付货币的比重，增大与“一带一路”沿线国家所签双边本币互换协议规模；加大人民币与沿线国家货币直接交易业务；促进人民币在沿线国家能源领域贸易结算；鼓励境内的银行为境外的银行办理人民币贷款类业务；推动人民币纳入沿线国家储备货币等。“一带一路”区域金融合作与人民币国际化相互支持，其推进力度得益于国内金融稳定与区域金融协调发展条件下的金融市场化改革进程，在确保不发生系统性风险前提下逐步放松资本项目管制，加快人民币资本项目兑换。

其次，加快京津冀金融一体化发展。京津冀作为环渤海经济圈的核心区，也是我国经济增长的“第三极”，对新常态后我国经济保持中高速增长做出了巨大贡献。近年来，随着京津冀协同发展上升为国家战略，河北雄安新区被中央定位为“千年大计、国家大事”，京津冀区域一体化进程加速，而金融一体化则是要素区际合理流动的前提基础，也是区域协同发展的重要保障。

一方面，从总体战略目标方面，在 1 ~5 年内，可筹办京津冀金融工作委员会，以《京津冀协调发展纲要》为指导，负责制定金融一体化的战略规划，约束、引导、保障区域金融一体化各项准则的落实；在此基础上，可考虑设立京津冀金融发展与合作高峰论坛，定期举行会议，进行政策探讨、学术沟通与金融合作。从中期来看，在 5 ~10 年内，京津冀应依托自身比较优势与禀赋条件，推动建立京津“双核” + 河北 11 城市的金融综合改革试验区。从远期来看，在 10 ~20 年内，建成京津“双核”金融中心，以京津冀世界级城市群金融一体化为发展方向，并体现出雄安新区金融新动力，“双核心”与河北省多支点城市的空间有序扩散与资源流动格局，由京津实现金融扩散的单一模式主导转变为多层次“阶梯式”的金融创新模式。

另一方面，从具体对策来看，一是构建良性互动的合作与协调机制。应明确与共建统一的规则体系。政府应打破原有条块分割、各自为政的治理体系，出台区域金融合作的相关政策与法律法规，规范市场主体行为，为加快建立统一的区域市场规则体系提供良好的生态环境，形成“政府推动 + 市场主导”的共建模式。二是搭建高效规范的信息共享机制。京津冀要推动搭建政府部门的组织平台作为信息共享协调者，同时借助于金融合作与发展高峰论坛，定期研讨与交流各地经济发展状况、金融调控政策、重大产业项目资金落实等相关资料与信息，实现数据及时共享；应加强对市场信息搜集、整理、发布、查询、研究的共享合作，统一建设异地信贷监测网络，统一建设互联网金融企业协作平台，定期发布相关数据，使得各部门与市场主体都能共享金融信息。三是建立合理的利益均衡与分配机制。京津冀金融一体化是一个各方诉求进行博弈、各方利益进行再分配的过程。京津与河北巨大的发展不平衡难以推动可持续的一体化进程，因此建立合理的利益补偿机制、明确清晰的利益分享机制，协调好各方利益诉求是金融一体化持续推进的基础。京津冀应充分发挥各地的主观能动性，统一规划、风险共担、利益共享，共同维护市场的良好环境。政府部门可在京津冀金融工作委员会下设专门的利益协调办公室，注重区域竞争导致利益冲突时的协调工作，维护公平公正的竞争机制、促进金融要素自由流动、共同繁荣均衡发展的市场环境。在市场层面，着重通过发挥市场机制的利益再分配功能，实现京津金融发达地区对河北省金融欠发达地区的利益补偿，形成既保证金融资源区域间自由流动，又协调各城市利益互补、均衡合理的空间联动发展格局，将京津冀金融一体化建设不断推向更系统化、多层次的演进发展阶段。

最后，推动长江经济带金融协同发展。长江经济带发展依托于长三角地区庞大的经济体量与良好的经济基础，2014 年正式被国务院明确为重大国家战略。长江经济带涵盖上海、重庆、江苏、浙江、安徽、江西、湖北、湖南、四川、云南、贵州 9 省 2 市，横跨我国东、中、西三大区域，占国土面积的 21.4%。该经济带经济总量与金融业增加值占全国 40% 以上，城市化进程领先，城市密度超过全国平均密度 2 倍以上。可以说，实现长江经济带高质量发展是中国经济转向高质量发展的核心，而推动长江经济带金融协同发展则是拓展区域发展空间、促进区域协调发展，进而实现科学发展、有序发展、高质量发展的关键。

一方面，推动沿江省市跨区域、多层次金融一体化服务与合作。一是召开长江经济带金融联席会议，加强长江经济带沿线 11 省市金融监管部门、金融企业互动交流，在此基础上尽快探讨成立常设的区域金融合作协调机构。二是搭建制度化的“长江论坛”，由中央相关部委牵头，联合各地方政府部门、金融机构、研究机构、民间智库共同参与，论坛下设金融论坛、产业论坛、生态论坛、反贫困论坛等若干分论坛，对长江经济带区域内金融服务、要素流动、产业布局、生态保护、精准扶贫等重大现实问题进行定期研讨，为政府部门提供决策参考。三是健全协同合作机制，深化长三角、长江中游、黔中、成渝、滇中五大城市群金融合作机制，将规划协同、政策协同、监管协同、业务协同、基础设施共享、争议仲裁协作、统计数据共享等纳入系统框架，共建支付结算体系、征信体系，优化长江经济带金融生态环境。

另一方面，创新金融模式，多元化融资服务产业发展。一是设立长江经济带战略发展基金，创新投融资支持机制。建议由政府牵头设立国家级战略发展基金，沿江 11 省市按照各自 GDP 相对比重出资作为引导基金，发挥战略导向、优化资源配置的作用。同时，吸引金融资本、产业资本、国际资本等各类资本参与基金发起，按照市场化、专业化、国际化原则运营。在母基金下设若干子基金，重点投向结构调整、精准扶贫、生态保护及治理、战略性新兴产业、跨区域基础设施建设等领域，促进长江经济带经济高质量发展。二是创新金融产品，满足多层次金融需求。积极探索运用排污权、收费权、特许经营权，购买服务协议预期收益、集体土地承包经营权、林权等进行质押、抵押贷款，创新担保方式。探索利用供热供水、工程发电、污水垃圾处理等预期收益权进行质押贷款，在有效防范金融风险的基础上扩大信贷支持范围。通过积极开展银行联合授信，为重大工程项目建设提供"一揽子"综合性金融服务。通过创新一系列票据池业务与资产流转，打破本外币贷款之间、表内外融资工具间的界限，帮助区域内市场主体盘活流动资产。此外，加强沿线省市的地方金融控股集团金融创新，树立投融资一体化理念，以债贷结合、债投结合等组合融资方式与"商业+投资"联动模式推动金融混业经营，全方位服务长江经济带建设。

8.2.1.3 建立区域金融调控政策体系

空间差异是事物发展的重要差别之一，作为一个市场体系割裂、二元结构特征明显的国家，统一集中的政策安排往往会造成区域间差别调控效应，存在着单一金融政策与差异化区域发展的矛盾，与金融化内生演进相冲突。统一的金融调控政策在施行过程中，由于市场环境、经济金融周期、传导机制途径、市场主体敏感度、金融行为意识等方面的区际差异，造成区域间金融效率时滞不同。在大多数情况下，以发达地区为参照系的政策措施产生的政策效果，容易出现统一调控下区域经济发展的"冷热病"，同时会引致欠发达地区金融资源通过各种渠道向发达地区流动，加剧了区域金融规模差距。因此，由于转轨时期区域经济二元性特征，金融调控政策也应该与区域发展客观状况相适应，即在宏观层面保持整体性、统一性的基础上，更加凸显中观层面差异化实情，处理好全局与局部、中央与地方的关系，构建统一性与差异性相协调的金融调控政策体系。

(1) 健全双支柱宏观调控框架。宏观层面为确保政策的统一性与一致性，必须坚持“货币政策＋宏观审慎政策”双支柱调控框架。世界各国在反思本轮危机时，一致认为金融发展脱离实体经济而自娱自乐式演进，最终导致系统性金融风险集聚是危机爆发的重要根源。我国自从经济发展进入新常态，面临着新旧动能转换，转型发展与体制转轨的重大挑战，然而实体产业空心化与过度金融化问题显现，其中最突出的表现就是资金“脱实向虚”。我国实体经济投资回报率持续降低，金融逐利本质属性使得国有资本、民营资本、产业资本甚至居民储蓄通过各种渠道不断向高收益率的虚拟经济领域渗透，如房地产、大宗商品、股市，从而引发大量资金涌入投机，利用虚假贸易背景融资进行跨境资金套利，通过非法票据手段套取资金，以及各类互联网金融乱象的非法集资。大量流动性资金在金融体系内部空转，投机性、套利性活动增多而加剧了金融脆弱性。其中最严重的是在“金融加速器”效应与信贷扩张的作用机制下，资产价格泡沫不断放大，各个链条上不同类型金融机构环环相扣而风险传染概率大增，使得金融体系既存在“黑天鹅”，也存在“灰犀牛”的潜在风险，导致系统性风险集聚。

资金“脱实向虚”导致一般商品价格与房地产价格明显背离。这种低通胀掩盖下的资产价格泡沫加大了金融资源错配与社会财富分配的差距，使得传统关注物价稳定的货币政策失效，而货币稳定并不能保证金融稳定，由于金融顺周期性与跨市场风险传染导致系统性风险的不断积聚，最终会造成巨大的经济社会负面效应。因此，危机后国际组织和各国当局创造了不可胜数的新理念、新工具和新框架，然而，唯一获得全世界认同的只有宏观审慎政策。党的十九大报告明确指出要健全货币政策和宏观审慎政策双支柱框架，不仅有助于保持价格稳定，而且也有利于维护金融稳定。

同时，宏观审慎政策与区域金融调控政策具有内在的逻辑关联性。宏观审慎政策是针对微观审慎政策而提出并受到广泛关注的（见表 8－1），区域金融调控政策则是针对传统的区域政策而言的（见表 8－2）。可以看出，宏观审慎政策关注金融系统的整体情况，而不是局限于单个机构的风险状况；区域金融调控政策思维针对所有区域，并非传统区域政策思维的单个区域或者出现问题的区域。因此，宏观审慎政策与区域金融调控政策的系统性具有一致性。宏观审慎政策认为风险具有内生性，正是虚拟经济与实体经济的相互作用及演化导致了系统性风险的积累，而微观审慎则将风险看作外生因素，不关注市场环境、经济行为等影响；区域金融调控政策旨在提高区域内生动力，重视制度禀赋、市场环境等因素的影响，与宏观审慎政策在内生性方面具有逻辑关联。同时，宏观审慎政策与区域金融调控政策均强调自上而下的中央与地方相关部门的协调配合，宏观审慎政策维护金融稳定，而整体金融稳定得益于中观层面所有区域实现金融稳定，区域金融稳定则需要在中央统一政策指导下各地方政府部门高效的政策协同与监管合作。

表8-1 宏观审慎与微观审慎比较

	宏观审慎	微观审慎
政策目标	避免系统性金融风险	避免单一机构危机
最终目标	避免经济产出（GDP）成本增加	保护金融消费者利益
风险的性质	内生性	外生性
机构间共同风险暴露的相关性	重要	无关
审慎控制的实现方法	自上而下，关注系统性风险	自下而上，关注单个机构风险

资料来源：Borio（2003）。

表8-2 两种区域发展政策思维比较

	传统区域政策思维	区域金融调控政策思维
理论依据	新古典降低成本区域理论	制度、演化、学习型区域理论
政策目标	增加投资，促进区域经济增长	提高区域内生经济增长竞争力
关注空间	问题区域	所有区域
组织方式	自上而下	自上而下与自下而上相结合
组织机构	中央政府	中央政府与地方政府

资料来源：郭立平（2014）。

因此，为健全双支柱宏观调控框架体系，还应从以下两方面对相关机制进行完善。

首先，健全宏观审慎政策治理机制，丰富政策工具。前瞻性的宏观审慎政策需要针对一系列独立目标与失衡问题而运用的一组工具集，应充分考虑风险的非线性影响与时变特征。在时间维度上降低金融体系过度顺周期性，根据逆风向调节原则控制金融系统杠杆率和资本充足水平；建立逆周期资本调节机制，重点针对房地产信贷首付比例、还款期限、抵押品、保证金比例的调控要求，实施差别化因城施策的房地产信贷政策。在跨部门维度上降低某一时点金融机构相互关联性与共同风险暴露，对系统重要性金融机构附加资本与流动性要求，强化法律与运营标准。从实践上看，应不断拓展宏观审慎评估体系（MPA）的内涵与外延，随着表外理财、同业存单、跨境资本流动、绿色金融陆续进入 MPA 框架，未来将更多涉及金融机构、金融市场的业务与活动，以及将金融基础设施纳入宏观审慎政策的管理覆盖范围。

其次，加强多层次政策配合力度，提高协同效率。要强化货币政策与宏观审慎政策彼此相互促进的功能。资产价格与资产负债表会受货币政策的制约，从而影响金融体系稳定，而成功的宏观审慎政策能降低系统性风险，保障货币政策传导渠道通畅；只有审慎的货币支柱从总量上防止金融过剩的同时，宏观审慎支柱才能从容地发挥结构调整功能。在双支柱相互配合的基础上，还应符合国家总体战略与发展规划要求，与财政政策、产业政策、收入分配政策相协同，尤其是要与差异性的区域政策相协调。在全球化环境下，尤其要注重宏观政策溢出效应，通过加强与国际清算银行、国际货币基金组织等国际组织的协调工作，兼顾内外部均衡。

（2）构建差异性中观调控体系。中观层面，我国区域金融发展体现一些基本特征，以国家总体经济利益导向为基础，与不同地区经济发展状况相适应，体现全局与局部利益的协调。同时，应重视发达地区金融辐射与金融扩散功能，带动欠发达地区进入良性循环的发展路径。图 8 -5 显示了区域金融调控政策及运作，中央的宏观调控既考虑统一安排，又根据区际差异实施分类政策。发达地区市场机制完善、渠道通畅，无论是银行中介还是资本市场发展水平都很高，实体部门有较强反应灵敏度，金融调控应以间接调控为主，直接调控为辅，避免直接政策措施过于猛烈生硬而造成适得其反的效果。欠发达地区市场化进程较为滞后，金融机构与金融市场发育程度不足，微观主体政策反应存在时滞，传导效率低于发达地区。为确保政策目标迅速实现，此类地区应加大直接调控力度，再根据市场反馈采取针对性的间接调控手段，避免过度监管。

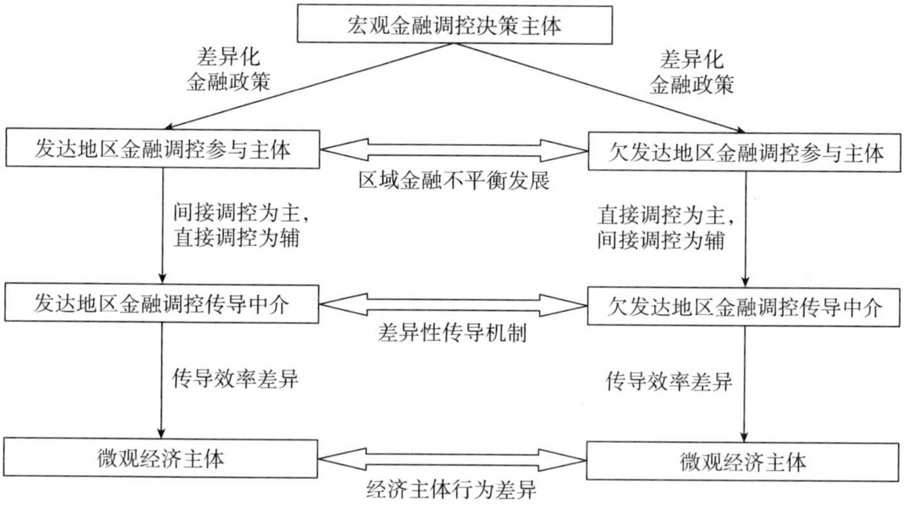

图 8－5　区域金融调控政策

因此，为建立差异性中观调控体系，还应从以下两方面对相关机制进行完善。

首先，差异性货币政策。东部地区经济发达，金融活动较为活跃，市场资金需求量大，其货币来源渠道多样。而中西部欠发达地区则资金创造能力相对较弱，货币来源渠道较为单一。因此，在东部发达地区，可以更进一步完善市场化的利率形成机制，拓展资金的市场来源途径。在欠发达地区，则更应体现差异性货币政策的效应。一是区域性信贷政策。欠发达地区央行分支机构应有一定自主权改变存贷比，调整支农再贷款资金规模及投向，适度延长贷款期限，重点支持中小企业、精准扶贫、民族特色产业。二是区域性利率政策。考虑到欠发达地区较严重的金融压抑，二元利率格局仍然存在，针对该地区实施差别利率政策和利率分级管理，灵活调整存贷款利率上下限，综合考虑实体企业发展状况、风控能力与效益水平的匹配。当前央行货币政策调控方式正加快从数量型为主向价格型为主的转变，区域性利率政策将发挥更重要的功能。三是区域性准备金政策。欠发达地区应考虑降低地方法人金融机构存款准备金率，适度放松并引导资金流向地方银行，支持区域经济发展，属地央行分支机构再根据发展状况及信息反馈适当调整区域准备金率。四是区域性公开市场业务。公开市场业务由于其温和性、主动性、灵活性，在引导形成市场利率、宏观政协协同方面具有良好效果，可以经常性、连续性操作。欠发达区域性公开市场业务应该与健全区域金融市场同步推进，不断提高政策实施效率。五是区域性再贴现政策。欠发达地区通过实施再贴现能够引导信贷资金流向特定产业，提升资金配置效率。通过总行授权，该地区央行分支机构创设贴现窗口调整贴现率，控制属地银行资金投放规模，充分发挥了差异化货币政策效果。

其次，差异性监管政策。一是应明确地方政府部门金融监管的职权。一直以来，我国金融监管由中央垂直管理，这有利于统一性监管政策落实与防范系统性金融风险。然而当前金融混业经营成为常态，跨区域、跨市场、跨机构、跨业务金融活动越发明显，仅仅依靠专门的金融监管机构难以实现监管对象、监管领域全覆盖，而地方政府作为地方行政的核心，应该担负起地方金融监管的职责。因此，在坚持总体上金融监管集权体制的基础上，按照中央统一规则，强化属地风险处置责任。将由地方政府统筹“块块”监管与专业监管机构“条条”监管相结合，实施穿透式监管，形成监管合力，杜绝监管重叠或监管空白，有利于维护区域金融稳定发展。二是重点针对欠发达地区的差异化金融机构监管政策。适度放宽欠发达地区存款类与非存款类机构市场准入条件，为银行、证券、保险、信托等多样化机构设立与进驻创造良好环境。进一步放松民营资本准入限制，特别是鼓励主要依托于金融科技创新融合的民营银行设立。差异性金融监管还应重点扶植欠发达地区中小金融机构发展，尤其是农村中小金融机构，引导其专注服务于贫困地区中小企业、民族产业。三是针对欠发达地区的差异性金融市场政策。在全国统一同业拆借市场基础上，欠发达地区可考虑建立地方性同业拆借市场，发展地方票据市场，活跃金融票据交易，与区域性公开市场业务相互促进。资本市场方面，欠发达地区同样要专注于多层次资本市场建设，重点是支持民族地区股权性交易市场设立，放宽属地企业上市挂牌条件，尤其是减免民族企业上市相关费用。逐步形成欠发达地区不同类型、不同成长阶段的实体企业都能通过多渠道实现资金融通的金融支持体系，提升金融服务实体经济的功能与效率。

8.2.2 结构层面

8.2.2.1 优化区域银行业结构体系

长期以来，信贷结构单一是我国银行业金融机构体系中国有银行主导的所有制结构单一的具体表现，相对于东部发达地区，这种现象在欠发达地区尤其明显。从我国银行业金融结构演进的逻辑来看，国家垄断或者国家控制的金融结构安排，为转轨过程的经济平稳增长提供了足够数量的低成本金融剩余。在中观层面，中央政府与地方政府针对金融资源控制的效用权衡，国有金融分支机构的进入与退出，地方金融安排的进入反映了国有金融产权为消除风险外部性与地方政府经济增长、官员晋升、绩效考核等目标诉求的相互博弈，或者说是其他金融产权形式进入金融要素市场打破市场垄断、改善市场结构、增进市场效率、降低交易成本渐进式改革的努力；尽管其伴随着地方政府始终致力于最大限度获取垄断租金的强烈金融管制冲动，并且越是在财政能力低下、经济发展滞后的地区，这种金融抑制行为越严重，从而其金融制度创新的激励与动力相对低下，由此长期维持了垄断性的单一所有制结构（徐云松，2017）。

如果我们进一步细分前渐进式改革时期与后渐进式改革时期的银行业金融结构演进逻辑，可以看出，在前渐进式改革时期，由于国家强大的控制能力，通过国有金融产权垄断与金融组织边界的拓展动员储蓄，进而支持体制内企业（国有企业），维持体制内产出增长，此阶段结构演进的核心问题是国家通过选择最大限度地获取金融资源的金融支持方式，而并非最有效地配置金融资源的金融支持机制。因此，利率、汇率等价格型市场机制具有刚性并受到扭曲，难以发挥资源配置的本质功能。又由于预算软约束背景下的国有企业运营低效，引致产能过剩、产业结构失衡以及产业空间布局不协调等一系列问题，加剧了经济与金融系统的脆弱性。

而在后渐进式改革时期，随着市场化进程的不断深入，体制外实体经济的不断成长，客观上要求打破金融垄断结构；并且模糊产权在改革早期的增长作用已经衰减，由于经济效率低下而累积的各种金融风险问题开始暴露，体制外增长动力越发重要。所以在该阶段就应该通过供给侧结构性改革，加快形成国有金融产权、地方金融产权与私人金融产权的动态均衡组合，克服单一金融垄断产权的弊端，破除市场结构垄断导致的资源配置低效，使得利率机制能够在一个更富有竞争性的市场中发挥资源配置的决定性作用。这意味着现阶段更应大力发展地方性中小银行，加快民营银行的设立，东部发达地区在培育地方金融机构、设立民营银行方面先行先试，发展迅速，金融产权结构更为多样化；相反，欠发达地区地方金融机构发展滞后、民营银行开设数量少，当前已获准开业的 17 家民营银行东部就有 10 家，其他三个经济区域仅有 7 家。欠发达地区垄断与单一的金融产权结构，不仅难以满足体制外增长的客观需要，而且难以支持产业结构升级。因此，优化区域银行业结构体系的核心在于构建多元化的金融机构体系，重点应放在欠发达地区。

（1）推进欠发达地区地方性金融机构发展。首先，完善城市商业银行（以下简称城商行）功能。一是坚持地域特色。欠发达地区城商行基本是本土银行，经营模式具有独特的地域特色乃至文化特征，应该秉持服务本地中小微企业、城乡居民的目标。一方面，要主动谋求与当地经济发展总体规划的对接，优化分支机构布局与信贷结构投向，扩大所在地区金融资源的渗透力；另一方面，要优化城商行资产质量，完善信贷业务审批程序，提高银行从业人员专业素养与职业操守，防范操作风险，杜绝各类金融乱象，维护区域金融稳定。二是健全资本补充的保障机制。城商行扩张离不开充足的资本，在新的资本管理办法要求下，城商行普遍面临资本补充压力，且欠发达地区大多数城商行并未上市，资本补充渠道狭窄。因此，欠发达地区城商行尤其要创新资本补充工具，如无固定期限资本债券发行计划，拓宽一级资本来源，并通过减记型一级资本债、转股型一级资本债与转股型二级资本债，优化资本结构。三是坚持绿色金融发展方向。主动分析适度企业与居民部门的金融需求，以《关于构建绿色金融体系的指导意见》为指引，大力开展绿色金融业务，重点支持新能源、节能环保等战略性新兴制造业发展，针对工业节能环水环保项目、资源循环利用项目、生态修复与自然保护项目、城市垃圾处理与污染防治项目、绿色交通运输项目、绿色建筑与建筑节能项目提供融资服务。四是尽快建立基于大数据支撑、以客户为中心的信息系统，该系统整合了客户身份信息、交易信息、生活信息，有效应对互联网金融造成的信息脱媒。通过精确分析企业与居民的多样化金融需求，解决融资主体与银行之间的委托—代理问题，提供差异化、特质化、精准化服务。

其次，健全新型农村金融机构。现阶段，我国新型农村金融机构主要是村镇银行、农村资金互助社、小额贷款公司。村镇银行立足本地、服务三农，小额贷款公司则是针对农村实体经济提供服务的非存款类金融机构，农村资金互助社属于社区互助性银行，主要是为社区成员提供相关金融服务。新型农村金融机构是推动农村经济发展的关键，也是我国实现金融精准扶贫、精准脱贫的重要支撑，尤其是在地域广袤的欠发达地区，新型农村金融机构是破解金融服务不平衡、不充分的重要力量。一是加大政策扶持力度，推进配套机制改革。适度增加新型农村金融机构财政资金支持额度，政府通过出资入股扶持，待机构经营运行稳定后逐渐退出，减少直接干预。对于新型农村金融机构提供更多的税收减免，对于新成立的机构可以适度减免所得税与营业税。财政补贴应该给予涉农贷款一定比例的支持，以确保新型农村金融机构支农、支小方向与精准扶贫职责。同时，结合区域性的金融调控政策，对新型农村金融机构实施差异性的货币政策与更为宽松的监管政策。二是完善市场化的利率形成机制，加速推进利率改革。尽管我国已经放开了存款利率上限与贷款利率下限，然而真正的市场化改革并未完成，仍需要破除一系列体制机制的障碍。对于新型农村金融机构而言，较低的贷款利率符合微利贷款原则，发挥了支农、惠农的积极作用，相伴而来的问题是如何降低机构运营成本。应该进一步放开新型农村金融机构涉农贷款利率限制，允许村镇银行根据自身条件在一定范围内自主确定贷款利率水平，降低新型农村金融机构经营成本。同时，加大涉农贴息贷款、扶贫贴息贷款发放力度，提高中小企业与农户对贷款利率的承受能力。由于过高的存款利率会加重银行经营成本，过低的存款利率不利于吸收存款，因此村镇银行按照央行基准存款利率支付存款利息可以为村镇银行制定合理的存款利率拓展空间。三是创新金融业务，拓展业务范围。近年来我国新型农村金融机构不论是规模上还是数量上都在持续增加，但主要体现在硬件设施的扩张，这种发展模式既没有彻底解决农村金融服务中的不平衡、不充分，也没有创新出符合农村经济发展的金融产品。因此，新型农村金融机构可以建立在“三农”现实资金需求基础上，针对农户开发致富贷款、精准脱贫贷款等创新业务。在创新产品及服务过程中，不断增加农村抵押品种类，积极参与“三权”抵押贷款试点业务，拓宽融资抵押权范围，破解农村信贷瓶颈。不断创新经营机制，精准对接农户，简化审批手续，根据农业周期与产品特点延长还贷期限。四是健全风险补偿与分担机制。农业抗风险能力差，弱质性、不确定性明显，并受自然环境影响大，是农村金融机构持续稳定发展的主要挑战。必须探索和建立相应的风险分担与化解机制。利用政府、银行、企业等各方主体参与，形成对农村金融机构资金运行的再担保，从而起到分散风险的作用；政府应建立相应的风险补偿基金，用于防范与化解新型农村金融机构可能出现的系统性风险。同时，通过发展农产品期货市场、气候衍生品市场、涉农信贷资产证券化完善风险对冲机制，有效发挥金融风险分担功能。

（2）加快欠发达地区民营银行发展。随着银行业对民间资本的渐进式开放，民营银行的设立是金融供给侧结构性改革的重要内容，有利于多元化金融产权结构的形成，并为实体产业发展提供差异化和高效金融服务。民营银行的出现迫使国有银行加快转型与改革步伐，提升管理、业务、组织创新能力，在很大程度上弥补了民营企业、中小企业的金融需求被大型银行忽略的困境。改革开放以来，我国大约 80% 新产品、70% 技术创新、65% 国内专利发明来自中小企业，而 95% 以上的中小企业是非公有制企业，意味着民营中小企业代表着技术创新的方向，是产业结构升级与国家产业核心竞争力提升的主体力量。因此，欠发达地区应支持具备条件的民间资本依法发起设立民营银行，推动区域经济高质量发展。

首先，优化民营银行发展的制度安排。一是明确民营银行准入标准。建立和完善金融行业立法，在市场准入法规中明确股东人数、资金来源、资本结构、诚信状况、高管资格及相关条件，根据不同经营地域、业务范围，对民营银行实行差异化准入管理，构建完整的评估考核机制，完善投融资机制、公司治理结构的法律界定，真正做到有法可依、有章可循。同时，要把控好市场准入规则与适度降低准入门槛之间的关系，既要防止民间资本一拥而上造成市场混乱，又要考虑欠发达地区发展实情，扩大试点范围，积极引入民间资本，发挥其在公司治理、市场化激励机制、决策效率、服务民营中小企业方面的体制优势。二是明确退出条款，确保民营银行市场退出渠道顺畅。应杜绝只进不出的现象，确保经营不善、风险爆发的机构合理、有序退出市场，优化银行业结构。针对运作困难的民营银行，需要在监管部门指导下，依据相关法规启动退出程序，按照银行债权债务关系，以市场化方式兼并重组或者破产清算。为保证存款保险机构及时足额理赔，针对其经营现状及实力，由央行核定对存款保险机构的贷款额度。对于破产民营银行中负有主要责任高管人员，应该依法依规追究责任，视情况取消其终身金融业任职资格。通过形成一整套退出机制，真正实现优胜劣汰，维持相对动态与优化的银行业结构。三是强化民营银行风险监控。通过健全民营银行的资本约束制度，严格监控关联交易。为防止股东之间相互串通，进行恶意收购，应将民营银行资本结构，增资扩股、转让等活动纳入严格监管范畴。为防止民营银行贪功冒进，盲目扩张规模，对发起股东设定一定期限的股本锁定期至关重要，明确锁定期内不得随意增资扩股。为防范民营银行经营风险，要建立完整清晰的民营银行救助、退出、清算制度及实施程序，如新设民营银行资本充足率持续下降超过最低标准则启动处置程序。事实上，民营银行发展既要符合实体经济客观实情，符合银行业演进一般规律，又要依赖于制度体系的完善与改革的同步推进。

其次，创新民营银行发展路径。一是坚持差异化、特色化发展定位。民营银行受实力所限与大型银行相比，展开直接竞争难以体现比较优势，应首先明确自身的服务对象与市场定位，坚持特色化定位，避免同质化竞争，针对目标客户群体提供差异化金融服务。在战略选择性上，可以秉持由小到大、由点到面的原则，立足于本地小微企业、个体商户，随着经营能力不断提升，再为规模较大、信誉良好的企业提供融资支持。在客户甄别及业务开展方面，主要定位于本地优质中小企业，通过对此类企业的金融服务，可以提供资金支持、缓解融资困境，还可以获得相对于国有大中型企业更高的回报率，从而提高经营效益。在渠道选择上，应重点关注国有银行普遍忽视的基层金融，可以选择一些便民银行或者服务，尤其是欠发达地区县级及以下地区的金融服务，这些地区经济主体需求不平衡的状况较为严重，获取国有银行金融支持难度大。民营银行则发挥其规模小、较灵活的特点，在基层拓展网点。民营银行应着眼于属地范围，与服务对象彼此相互了解，针对优质客户提供个性化服务，提高其在本区域的亲和力。二是坚持互联网金融创新方向。互联网技术尤其是大数据、云计算、社交网络等的普及运用，为民营银行提供了创新服务的方向。在资产端，通过金融科技对客户信息进行分析审核，提供标准化金融服务，风控体系通过数理金融模型与统计测算实现数据化、指标化，发挥信息优势，提高回报率与运营效率。在负债端，依托互联网平台运作模式的协同效应，以大数据方式积累稳定存款来源及信息，降低运营成本。同时，民营银行可以利用信息科技重塑核心业务，利用知识理论重构组织体系；通过引进信息技术人才并在此基础上培育具备互联网思维复合型人才，加强民营银行业务模式、组织机构与互联网技术深度融合，逐步形成银行内在创新动力。三是推广产业链金融模式。民营银行可以借鉴腾讯、苏宁、京东等电商利用自身现有产业集群和庞大供应链群体建立的产业链金融模式。在产业链金融模式下，一些具备跨界竞争优势的企业，通过利用自身经营活动中积累的客户资源与信息资源，充分发挥资源禀赋与协同优势，能够实现在短时间内积累大量优质信贷资源，并利用账户管理和资金收付环节强化风控体系的作用。以腾讯、百业源、立业等发起设立的深圳前海微众银行为例，其采用的“大存小贷”模式有利于腾讯短时间内渗入自身庞大的用户群与产业链，利用自身互联网技术独特优势，还拓展了网络小微贷款、完善了风险控制体系，对于欠发达地区民营银行具有重要的指导与实践价值。产业链金融模式还有利于民营银行运用当地民营经济产生的紧密联系优势，突破地域性与有限牌照限制，迅速地实现规模扩张，切实提高了金融服务实体经济的广度与深度。

8.2.2.2　规范发展区域性股权交易市场

我国金融结构体系是典型的以银行中介间接融资为主导，资本市场的成长则是在双轨制的体制背景下，其功能定位并不同于发达经济体依托于单一的自由市场经济体制，而是为国有企业解困、改革与发展服务，长期以来过于重视主板市场的融资作用，忽视其他层次市场，尤其是场外市场的资源配置与再配置功能，割裂了各市场之间的内在联系，存在明显的制度性缺陷。从中观层面来看，资本市场发展的时空失衡使得发达地区无论是从证券化水平、场内市场筹资金额，还是以支持产业结构调整的阶段性演进来看，均领先于欠发达地区。同时，全国性的证券交易中心分别落户在上海、深圳与北京，全部集中在发达地区，使得大量资金通过资本市场直接融资渠道从欠发达地区流向东部地区，在资本集聚效应的影响下加速了资金趋利性，加剧了区域分化。

为优化金融结构、提升金融服务实体经济的能力，党的十九大再次强调要提高直接融资比重，促进多层次资本市场健康发展。构建多层次资本市场是加快建立直接融资与间接融资比例合理的现代金融体系的重要环节，由于我国实体企业具有多层次性，客观决定了资本市场内在应具有多层次性。同时，多层次资本市场不仅指场内市场多层次性，更重要的是场内市场与场外市场的多层次建设，形成场内、场外之间紧密的转板机制（贺强，2016）。这意味着尽管资本市场的核心是场内市场，但主体却是场外市场，因为场外市场才是服务范围最广阔、数量最庞大、类型最多样的中小企业金融需求的载体。场外市场在多层次建设过程中，区域性股权交易市场是弥补我国区域资本市场发展失衡、缓解欠发达地区资本市场发展滞后矛盾的重要途径。

区域性股权交易市场（俗称四板市场）是由地方政府管理，为特定区域内具有成长前景的中小微企业提供融资服务，以及股权、债券转让的私募市场。区域性股权交易市场功能丰富，包括企业挂牌、转板上市、股权交易、股权托管、私募股权融资、信息展示、培育孵化、专项培训、地方政府支持政策输出、中介服务延伸等基础金融服务，又开展林权、排污权、碳排放权、知识产权、理财产品、信托产品、不良资产等转让与交易，财务顾问、企业 VI 设计、联合人才培养、品牌运营管理等多元化、特色化创新服务，有助于破解区域性的中小微企业融资困境，提高企业发展质量，加快企业成长进程，促进区域内资本要素流动与合理配置，推动区域产业结构升级。

建立区域性股权交易市场自 2008 年开始受到各地追捧，2012 年以来成为各地区加快金融改革、创新金融业态的重点，地方政府积极推动、金融机构深度参与、中小微企业踊跃挂牌。截至 2018 年 1 月，已被证监会认可的区域性股权交易市场共 40 家，绝大多数为省级股权交易中心，除了云南省还未设立外，我国其他省份与直辖市均已设立了区域性股权交易市场，基本实现了省域全覆盖，挂牌展示企业数量约为 10.5 万家。然而，区域性股权交易市场发展进程中也暴露出了定位方向不明确、法律法规不完善、业务规则不统一、盈利模式不清晰、风控体系不健全等问题，由此引发了各类盲目扩张、野蛮生长的金融乱象，导致市场运行秩序混乱，偏离了服务实体经济的正确轨道。因此，必须加大力度规范与整顿区域性股权交易市场，回归金融服务本源，高效发挥其支持区域产业结构升级的本质功能。

（1）明确市场功能地位。区域性股权交易市场是较全国中小企业转让市场低一层次的市场，是场外市场与区域资本市场的主要承载体，是多层次资本市场的重要组成部分；同时，区域性股权交易市场是连接产业、金融、科技的重要纽带，对扶持地方中小微企业同样至关重要。区域性股权交易市场功能需要完善的法律体系予以明晰。2017 年以来，国务院与证监会相继出台了《关于规范发展区域性股权市场的通知》《区域性股权市场监督管理试行办法》，该《通知》与《办法》是在近年来我国四板市场盲目扩张、竞争无序的环境下出台的，系统考虑了多层次资本市场顶层设计，明确了区域性市场的法律地位，肯定并吸收了各地区域性股权交易市场实践中较好的做法。然而在挂牌公司类型、市场定位、监管权责配置上，相关政策仍然残留偏好监管的路径依赖，具有条款分割、计划安排等压制竞争问题，可能会扭曲了市场机制。比如，区域性股权交易市场不得跨区域经营规定符合清理整顿市场秩序的目的，但是区域股权市场地域属性的行政划分，资源配置的计划安排方式人为割裂了统一的市场，体现了地方政府干预区域金融发展的新手段。因此，区域性股权交易市场"区域性"实质为"行政性"制度规定应尽快取消，明确其与新三板之间的承接与竞争关系，打破行政分割，不是依照行政划分而是根据城市群、产业集群、经济带等主要在市场机制下形成的差异化板块。特别是新时代随着我国区域经济金融一体化进程的加快，在东部、中部、西部、东北四大板块基础上不断融合而出现的长江经济带、"一带一路"、京津冀协同发展，以及进一步改革先试的粤港澳大湾区城市群、京津冀世界级城市群，表明未来打破区域性股权交易市场行政性地域制约，充分发挥市场机制的功能服务于区域经济高质量发展，是区域性股权交易市场发展的主导方向。

（2）完善运营机制设计。一是规范市场参与主体。区域性股权交易市场的主要参与主体公众化程度低，主要是未上市中小企业，通过引导建立未上市公司治理机制、健全企业管理体系，施行严格的财务公开与信息披露。同时，合格投资者、中介机构也是区域性股权交易市场的重要主体，鉴于私募市场产品非标准化、信息披露缺失的弱点，应该针对合格投资者参与市场设置专业知识、业务经验的基本门槛。在大多数区域性股权交易市场中，对中介机构实行会员制管理，对于中介挂牌推荐、法律核查、尽职调查等工作予以严格监督。二是简化挂牌审批方式。企业在我国四板市场的挂牌审批主要是备案制与注册制，针对区域性股权交易市场未上市中小企业法律合规性、经营规范性等问题，可采用注册备案方式，即允许符合条件中小企业申请，同时监管部门要进行细致的备案核查。这种方式不仅缩短了审核周期、节约了进入成本，而且监管机构也参与对挂牌企业的质量把关。三是拓宽交易手段。区域性股权交易市场主要采取协议转让方式进行股权交易，手段较为单一，制约了市场收入来源。可考虑引入做市商制度，强化市场透明度，有利于企业内在价值的反映，形成公允的交易价格。四是建立健全转板机制。多层次的资本市场必须是能上能下的市场，要有顺畅的转板机制实现各市场之间的互联互通。四板市场是新三板、主板的承接者，通过区域性股权交易市场的孵化培育机制，助力企业成长并进入更高层次资本市场；同时，应加快多层次资本市场内部下沉通道的建设，完善退市制度，对于高层次资本市场中因违规、财务等原因被终止上市的企业，根据制度规定退市至新三板，而新三板企业则直接摘牌退到区域性股权交易市场，形成优胜劣汰机制，以此保证各层次市场功能的有效发挥。

（3）探索多元盈利模式。一是建立融资链条解决市场增信问题。四板市场挂牌企业融资时，市场难以提供增信服务，从而限制了企业顺利融资。为解决非上市企业的增信困难，区域性股权交易市场为了非上市企业股权质押融资提供股权退出，通常会成立或参股基金公司、担保公司，打通银行、基金、担保间的金融链条。二是健全挂牌标准及制度。增加企业挂牌数量成为近年来各地区四板市场攀比的重点，导致现实中多数市场对挂牌企业审核宽松，只为获得相关费用，而拿到挂牌代码的企业却长期无人问津，或者只为通过挂牌获得地方政府优惠与扶持奖励，从而导致市场不活跃，融资额度低，脱离了四板市场服务中小企业的本质功能。因此，国家相关部门应统一制定最低挂牌条件的指导意见，规范符合条件的挂牌企业获得地方政府奖励与优惠的标准，为地方根据自身特点制定差异化标准预留空间。三是引导合格投资者进入市场，提高活跃度。区域性股权交易市场的交易性质与方式对于合格投资者具有一定的进入标准，个人与机构合格投资者主要都是高净值的市场参与主体。因此，四板市场与合格投资者之间可以加强业务联系，针对这些市场主体的行为偏好，提供优质金融服务，既拓展了收入来源渠道，又提高了市场活跃度。四是构建多元化平台提供增值服务。一个开放的四板市场，能够集中银行、券商、律师事务所、投资咨询公司、会计师事务所等各类机构信息，为企业提供咨询、管理等增值服务。通过与当地商业银行合作，搭建信息共享平台，为企业在四板市场进行股权、债券融资基础上，带动银行信贷、表外业务等资金配套提供支持。

（4）构建高效监管体系。区域性股权交易市场的挂牌企业大多数是处于成长早期或者初创期的中小微企业，资产规模小、盈利不稳定、信用状况复杂，这决定了区域性股权交易市场是一个风险较高的市场，因此构建高效监管体系、防控金融风险至关重要。一是完善监管协同机制。对于区域性股权交易市场，国务院相关政策文件及证监会于2017年出台的《区域性股权市场监督管理试行办法》明确了统一监管的制度安排，然而各地区的四板市场发育程度不同，监管规则还应适应属地经济发展水平体现个性特征，发达地区与欠发达地区监管机构还应根据属地中小企业差异灵活制定监管细则，完善监管协同机制。目前，中央与地方监管职责分工是由证监会制定统一规则，但不参与日常监管，地方政府则负责日常监管。在此基础上，应明晰证监会分支机构与地方金融监管部门的职责，防止监管重叠，杜绝相互推诿，提高监管效率。二是挂牌企业监管，应将注册制施行与风险防控有机结合。注册制旨在缓解地方政府干预导致的成本增加、效率低下等问题，然而注册制并不意味着无条件地放松审核标准，而是坚持程序化、规范化、标准化的制度，严格把控企业质量。三是加强信息披露监管。区域性股权交易市场交易手段采取线下交易、协议成交，增大内幕交易可能性。例如，利用四板市场股权转让功能，一家拟上市企业的大股东可以实施股权收购，待条件成熟后步入主板市场，容易出现大股东侵害与剥削小股东利益的情况，若信息披露制度缺失，则加大内幕交易风险。因此必须加强对信息披露的监管，尽快出台专门的区域性股权交易市场信息披露法规，让市场建设有法可依、有规可循；针对中小企业运行状况中的管理团队构成、经营者能力、诚信程度等予以重点考察，对挂牌企业经营管理状况、重大事项等信息予以重点监管，杜绝虚假信息误导投资者的问题。同时，建立包括保荐人、做市商、合格投资者、持股股东、财务顾问的多渠道信息披露制度，尽可能为交易者提供更全面真实的信息。四是发挥自律监管功能。由于区域性股权交易市场基本是在地方政府主导下形成的，因此从设立、运行与监管各方面都打上了浓厚的行政干预烙印，行业自律与交易市场自律的功能受限。同时，四板市场的私募属性对市场化要求更高，而地方金融监管也面临着资源不足的问题，此时自律监管就成为四板市场健康运营的重要保证。因此，应明确区域性股权交易市场行政监管与自律监管的分工，各地政府部门逐渐削减对属地区域性股权交易市场直接干预的权限，明确底线监管的理念，强调交易市场、证券业协会的自律监管功能，发挥运营机构、证券公司等依法依规监督挂牌企业公司治理、规范运作、信息披露的作用，及时发现并化解潜在风险，维护良好的市场秩序与区域金融稳定。

参考文献

中文部分（按作者姓名首字母排序）

［1］爱德华·肖．经济发展中的金融深化[M]. 上海：格致出版社，2015：39－76.

［2］安烨，刘力臻等．中国区域金融非均衡发展的动因分析[J]. 社会科学战线，2010（11）：51－57.

［3］巴曙松，刘孝红等．转轨时期中国金融体系中的地方治理与银行改革的互动研究[J]. 金融研究，2005（5）：25－37.

［4］白重恩，杜颖娟等．地方保护主义及产业地区集中度的决定因素和变动趋势[J]. 经济研究，2004（4）：29－40.

［5］白钦先．白钦先经济金融文集（第2版）[M]. 北京：中国金融出版社，1999：8－95.

［6］白钦先．金融可持续发展研究导论[M]. 北京：中国金融出版社，2001：42－69.

［7］白钦先，常海中．金融虚拟性演进及其正负功能研究[M]. 北京：中国金融出版社，2008：58－134.

［8］白钦先，沈军等．金融虚拟性理论与实证研究——基于功能风险效率与哲学视角的分析[M]. 北京：中国金融出版社，2010：27－81.

［9］白钦先，田树喜．中国金融倾斜的实证分析[M]. 北京：中国金融出版社，2010：93－127.

［10］白钦先．各国金融体制比较（第3版）[M]. 北京：中国金融出版社，

2013：58－82.

[11] 白钦先．经济全球化与经济金融化的挑战与启示[J]．世界经济，1999（6）：11－13.

[12] 白钦先．百年金融的历史性变迁[J]．国际金融研究，2003（2）：59－63.

[13] 白钦先，徐沛．当代金融理论中的股票市场：功能与作用条件的再认识[J]．金融研究，2003（3）：45－53.

[14] 白钦先．金融结构、金融功能演进与金融发展理论的研究历程[J]．经济评论，2005（3）：39－45.

[15] 白钦先，谭庆华．论金融功能演进与金融发展[J]．金融研究，2006（7）：41－58.

[16] 白钦先，张志文．金融发展与经济增长：中国的经验研究[J]．南方经济，2008（9）：17－32.

[17] 白钦先，白炜．金融功能研究的回顾与总结[J]．财经理论与实践，2009（5）：2－4.

[18] 白钦先，张坤．近现代中国金融研究范式的变迁[J]．金融评论，2017（2）：1－11.

[19] 白雪洁，于志强．晋升博弈、竞争冲动与区域性产能过剩[J]．经济与管理研究，2018（1）：78－92.

[20] 北京大学数字金融研究中心课题组．数字普惠金融的中国实践[M]．北京：中国人民大学出版社，2017：51－136.

[21] 贝多广．普惠金融：中国金融发展的新阶段[M]．北京：人民出版社，2016：94－182.

[22] 贝多广．金融发展的次序——从宏观金融、资本市场到普惠金融[M]．北京：中国金融出版社，2017：67－103.

[23] 贝多广，李焰．数字普惠金融新时代[M]．北京：中信出版社，2017：63－149.

[24] 部慧，梁小珍等．我国金融业区域发展差异的空间统计分析[J]．系统工程理论与实践，2014（5）：1171－1180.

[25] 蔡昉. 认识中国经济的短期和长期视角[J]. 经济学动态，2013（5）：4－9.

[26] 蔡昉，王美艳. 中国面对的收入差距现实与中等收入陷阱风险[J]. 中国人民大学学报，2014（3）：2－7.

[27] 蔡昉. 认识中国经济减速的供给侧视角[J]. 经济学动态，2016（4）：14－22.

[28] 蔡昉. 从中国经济发展大历史和大逻辑认识新常态[J]. 数量经济技术经济研究，2016（8）：3－12.

[29] 蔡昉. 中国发展经验的世界意义[J]. 经济研究，2017（11）：4－6.

[30] 蔡则祥. 金融结构优化论[M]. 北京：中国社会科学出版社，2006：86－142.

[31] 曹源芳，谢惠贞等. 金融地理对区域金融稳定的作用机理：基于金融功能观的分析视角[J]. 经济体制改革，2012（4）：47－51.

[32] 陈宝东，邓晓兰. 财政分权、金融分权与地方政府债务增长[J]. 财政研究，2017（5）：38－53.

[33] 陈宝明. 资本市场与产业结构调整[M]. 北京：中国市场出版社，2008：25－71.

[34] 陈博，尚晓贺等. 制度环境、银行信贷与高技术产业发展[J]. 经济问题探索，2016（5）：1－8.

[35] 陈创练，庄泽海等. 金融发展对工业行业资本配置效率的影响[J]. 中国工业经济，2016（11）：22－38.

[36] 陈高，张行. 区域金融发展与经济收敛的空间计量分析[J]. 统计与决策，2014（23）：127－131.

[37] 陈江生，刘磊等. 中国金融体制的发展与改革[M]. 北京：经济科学出版社，2017：40－69.

[38] 陈抗. 财政集权与地方政府行为变化[J]. 经济学（季刊），2002（2）：111－130.

[39] 陈敏娟. 中国金融系统性风险及其宏观审慎监管研究[M]. 北京：中国社会科学出版社，2014：8－41.

[40] 陈守东，王妍．系统性金融风险与宏观审慎监管研究[M]．北京：科学出版社，2016：23－95.
[41] 陈收，蒋鹏飞．信息对称、利率限制与信贷配给[J]．暨南学报（哲学社会科学版），2013（12）：17－26.
[42] 陈晓莉，胡金焱．再论中国金融自由化的次序[J]．南开学报（哲学社会科学版），2014（5）：58－65.
[43] 陈享光，袁辉．金融资本的积累与当前国际金融危机[J]．中国人民大学学报，2009（4）：9－15.
[44] 陈雨露，马勇．社会信用文化、金融体系结构与金融业组织形式[J]．经济研究，2008（3）：29－38.
[45] 陈雨露，马勇．地方政府的介入与农信社信贷资源错配[J]．经济研究，2010（4）：19－24.
[46] 陈雨露，马勇．最优银行集中度之谜[J]．金融论坛，2012（3）：4－15.
[47] 陈雨露．金融发展中的政府与市场关系[J]．经济研究，2013（1）：16－19.
[48] 陈雨露．"新常态"下的经济和金融学理论创新[J]．经济研究，2015（12）：8－10.
[49] 陈雨露，马勇等．金融周期和金融波动如何影响经济增长与金融稳定？[J]．金融研究，2016（2）：1－22.
[50] 陈雨露．国际金融危机以来经济理论界的学术反思与研究进展[J]．国际金融研究，2017（1）：16－19.
[51] 陈雨露，马勇．中国金融体系大趋势[M]．北京：中国金融出版社，2011：46－79.
[52] 陈雨露，马勇．大金融论纲[M]．北京：中国人民大学出版社，2013：125－560.
[53] 陈再齐，钟世川等．要素市场扭曲对中国地区经济增长的影响研究[J]．华东经济管理，2016（6）：62－67.
[54] 陈峥嵘，朱蕾．股票市场发展、资本要素积累与产业结构升级[J]．证券市场导报，2011（12）：40－48.

[55] 陈志武等．中国金融改革，未来会怎样？[M]. 杭州：浙江大学出版社，2017：18－96.

[56] 程恩富，杨斌．当前美国金融垄断资本主义的若干新变化[J]. 当代世界与社会主义，2014（1）：109－113.

[57] 成学真，黄华一．金融结构理论体系划分研究[J]. 经济问题，2016（6）：1－7.

[58] 崔建军．中国区域金融资源配置效率分析——金融视角下的“一个中国，四个世界”[J]. 当代经济科学，2012（2）：35－42.

[59] 崔光庆，王景武．中国区域金融差异与政府行为：理论与经验解释[J]. 金融研究，2006（6）：79－89.

[60] 崔向阳，袁露梦等．区域经济发展：全球价值链与国家价值链的不同效应[J]. 经济学家，2018（1）：61－69.

[61] 崔学东．当代资本主义金融化与金融危机——异端经济学金融化研究述评[J]. 社会科学战线，2009（7）：60－65.

[62] 崔学东．后凯恩斯主义的资本主义金融化理论评述[J]. 教学与研究，2009（11）：63－68.

[63] 戴德宝，薛铭．民营银行准入监管的演化博弈分析[J]. 上海经济研究，2017（9）：34－46.

[64] 戴魁早．地方官员激励、制度环境与要素市场扭曲——基于中国省级面板数据的实证研究[J]. 经济理论与经济管理，2016（8）：60－78.

[65] 戴伟，张雪芳．金融发展、金融市场化与实体经济资本配置效率[J]. 审计与经济研究，2017（1）：117－127.

[66] 戴险峰．金融化[M]. 北京：经济管理出版社，2017：13－37.

[67] 道格拉斯·C. 诺斯．制度、制度变迁与经济绩效[M]. 刘守英译．上海：上海三联书店，1994：1－113.

[68] 邓路，谢志华等．民间金融、制度环境与地区经济增长[J]. 管理世界，2014（3）：31－40.

[69] 邓向荣，刘文强．金融集聚对产业结构升级作用的实证分析[J]. 南京社会科学，2013（10）：5－12.

[70] 丁骋骋，傅勇．地方政府行为、财政—金融关联与中国宏观经济波动——基于中国式分权背景的分析[J]．经济社会体制比较，2012（6）：87－97.
[71] 丁任重，陈姝兴．大区域协调：新时期我国区域经济政策的趋向分析——兼论区域经济政策"碎片化"现象[J]．经济学动态，2015（5）：4－10.
[72] 杜传忠，曹艳乔．金融资本与新兴产业发展[J]．南开学报，2017（1）：118－132.
[73] 杜传忠，李彤等．风险投资促进战略性新兴产业发展的机制及效应[J]．经济与管理研究，2016（10）：64－72.
[74] 杜家廷．区域金融结构与产业结构协调度研究[M]．北京：科学出版社，2014：16－33.
[75] 杜莉，潘晓健．普惠金融、金融服务均衡化与区域经济发展[J]．吉林大学社会科学学报，2017（5）：37－44.
[76] 杜萌，曲直等．金融发展对我国区域产业发展的影响——基于不同要素密集度工业行业的研究[J]．金融评论，2015（4）：69－77.
[77] 杜勇，张欢等．金融化对实体企业未来主业发展的影响：促进还是抑制[J]．中国工业经济，2017（12）：113－131.
[78] 杜云．虚拟经济学[M]．厦门：厦门大学出版社，2015：51－127.
[79] 段文斌．全球金融危机与新常态下的中国产业发展[M]．北京：经济科学出版社，2016：13－96.
[80] 范方志，张立军．中国地区金融结构转变与产业结构升级研究[J]．金融研究，2003（11）：36－48.
[81] 方福前，刑炜．中国经济短期波动对长期增长的影响：金融发展的作用[J]．经济学动态，2016（9）：4－16.
[82] 方红生，张军．财政集权的激励效应在评估：攫取之手还是援助之手？[J]．管理世界，2014（2）：21－31.
[83] 方先明，吴越洋．中小企业在新三板市场融资效率研究[J]．经济管理，2015（10）：42－51.

[84] 费利群. 金融垄断资本与金融垄断资本主义及其当代启示[J]. 当代经济研究, 2011 (4): 8 - 13.

[85] 冯飞. 第三次工业革命: 中国产业的历史性机遇[M]. 北京: 中国发展出版社, 2014: 74 - 150.

[86] 冯根福, 石军等. 股票市场、融资模式与产业结构升级——基于中国A股市场的经验证据[J]. 当代经济科学, 2009 (5): 21 - 29.

[87] 冯梅, 陈鹏. 我国地方政府经济行为的研究述评[J]. 经济问题, 2018 (2): 17 - 22.

[88] 冯涛, 宋艳伟. 财政分权、地方政府行为与区域金融发展[J]. 西安交通大学学报 (社会科学版), 2007 (9): 20 - 27.

[89] 弗朗索瓦・沙奈. 金融全球化[M]. 北京: 中央编译出版社, 2000: 23 - 59.

[90] 弗里德里希・冯・哈耶克. 货币的非国家化[M]. 北京: 新星出版社, 2007: 12 - 83.

[91] 富兰克林・艾伦, 道格拉斯・盖尔. 比较金融系统[M]. 北京: 中国人民大学出版社, 2002: 162 - 240.

[92] 付海艳. 金融结构与产业成长: 互动机制和未来方向[J]. 中南财经政法大学学报, 2016 (5): 15 - 20.

[93] 付强. 市场分割促进区域经济增长的实现机制与经验辨识[J]. 经济研究, 2017 (3): 47 - 60.

[94] 傅利平, 李永辉. 地方政府官员晋升竞争、个人特征与区域产业结构升级——基于我国地级市面板数据的实证分析[J]. 经济体制改革, 2014 (3): 58 - 62.

[95] 傅勇, 李良松. 金融分权影响经济增长和通胀吗——对中国式分权的一个补充讨论[J]. 财贸经济, 2017 (3): 5 - 20.

[96] 傅勇, 张晏. 中国式分权与财政支出结构偏向: 为增长而竞争的代价[J]. 管理世界, 2007 (3): 4 - 12.

[97] 干春晖, 郑若谷等. 中国产业结构变迁对经济增长和波动的影响[J]. 经济研究, 2011 (5): 5 - 16.

[98] 高峰. 金融化全球化的垄断资本主义与全球性金融——经济危机[J]. 国外理论动态，2011（12）：39-45.

[99] 高万东，吕鹰飞. 我国金融业发展水平测度及区域比较[J]. 东北师大学报（哲学社会科学版），2013（2）：22-28.

[100] 戈拉德·A. 爱泼斯坦. 金融化与世界经济[J]. 国外理论动态，2007（7）：14-21.

[101] 格泽戈尔兹·W. 科勒德克. 从休克到治疗：后社会主义转轨的政治经济（中译本）[M]. 上海：上海远东出版社，2000：189-194.

[102] 葛鹏，干春晖等. 融资约束与产出效率损失——基于中国工业企业的数据分析[J]. 产业经济研究，2017（1）：37-48.

[103] 龚刚，魏熙晔等. 建设中国特色国家创新体系 跨越中等收入陷阱[J]. 中国社会科学，2017（8）：61-86.

[104] 龚强，张一林等. 产业结构、风险特性与最优金融结构[J]. 经济研究，2014（4）：4-16.

[105] 龚晓菊，赵云平. 区域产业布局与重化工业产业西移[J]. 管理世界，2013（8）：169-170.

[106] 辜胜阻，庄芹芹等. 构建服务实体经济多层次资本市场的路径选择[J]. 管理世界，2016（4）：1-9.

[107] 郭爱君，陶银海等. 协同发展：我国区域经济发展战略的新趋向——兼论"一带一路"建设与我国区域经济协同发展[J]. 兰州大学学报，2017（4）：11-18.

[108] 郭峰. 政府干预视角下的地方金融：一个文献综述[J]. 金融评论，2016（3）：67-79.

[109] 郭金龙. 复杂系统范式视角下的金融演进与发展[M]. 北京：中国金融出版社，2007：14-102.

[110] 郭凯明，杭静等. 中国改革开放以来产业结构转型的影响因素[J]. 经济研究，2017（3）：32-46.

[111] 郭濂. 长江经济带发展的金融支持措施研究[J]. 宏观经济管理，2015（9）：61-64.

[112] 郭庆旺，贾俊雪．地方政府行为、投资冲动与宏观经济稳定[J]．管理世界，2006（5）：19－25.

[113] 国务院发展研究中心课题组．从“数量追赶”到“质量追赶”：新常态下质量效益导向型发展的战略和对策[M]．北京：中国发展出版社，2016：85－204.

[114] 国务院发展研究中心课题组．迈向高质量发展：战略与对策[M]．北京：中国发展出版社，2017：36－151.

[115] 国务院发展研究中心课题组．打好风险攻坚战：思路与对策[M]．北京：中国发展出版社，2017：42－219.

[116] 国务院发展研究中心发展战略和区域经济研究部．协同：促进区域经济增长的新路径[M]．北京：中国发展出版社，2017：7－80.

[117] 韩国高，胡文明．要素价格扭曲如何影响了我国工业产能过剩？——基于省际面板数据的实证研究[J]．产业经济研究，2017（2）：49－61.

[118] 韩国文，江春．金融发展理论国外研究的最新进展[J]．广东金融学院学报，2008（1）：106－114.

[119] 韩生玉，李鹏飞．保险公司与地方政府投融资合作研究[J]．保险研究，2011（12）：102－107.

[120] 韩永辉，黄亮雄等．产业政策推动地方产业结构升级了吗？——基于发展型地方政府的理论解释与实证检验[J]．经济研究，2017（8）：33－48.

[121] 何秉孟．美国金融危机与国际金融垄断资本主义[J]．中国社会科学，2010（2）：28－44.

[122] 何德旭，苗文龙．财政分权是否影响金融分权——基于省际分权数据空间效应的比较分析[J]．经济研究，2016（2）：42－55.

[123] 何德旭，王朝阳．中国金融业高增长：成因与风险[J]．财贸经济，2017（7）：16－32.

[124] 何婧，徐龙炳．产业资本向金融资本渗透的路径与影响——基于资本市场“举牌”的研究[J]．财经研究，2012（2）：81－90.

[125] 何启志. 经济新常态下的多层次资本市场建设[J]. 财贸研究，2016（4）：95－100.
[126] 何玉长，董建功. 金融资本化与资本金融化亟需遏制——基于马克思主义产融关系的思考[J]. 毛泽东邓小平理论研究，2017（4）：39－45.
[127] 何晓夏. 金融结构模式的变迁与演进趋势[J]. 经济问题探索，2009（12）：174－177.
[128] 贺京同，何蕾. 国有企业扩张、信贷扭曲与产能过剩——基于行业面板数据的实证研究[J]. 当代经济科学，2016（1）：58－67.
[129] 贺正楚，吴艳等. 我国生产性服务业与战略性新兴产业融合问题研究[J]. 管理世界，2012（12）：177－178.
[130] 洪俊杰，刘志强等. 区域振兴战略与中国工业空间结构变动——对中国工业企业调查数据的实证分析[J]. 经济研究，2014（8）：28－40.
[131] 洪银兴. 现代经济学大典[M]. 北京：经济科学出版社，2016：290－372.
[132] 洪正，胡勇锋. 中国式金融分权[J]. 经济学（季刊），2017（2）：545－576.
[133] 后小仙，郑田丹. 晋升激励、政府偏好与区域经济增长[J]. 财贸研究，2016（4）：68－75.
[134] 胡昌生，龙杨华. "法与金融"理论述评[J]. 武汉大学学报（哲学社会科学版），2008（1）：5－10.
[135] 胡旭阳. 转型经济的法与金融研究及评述[J]. 财经论丛，2007（6）：42－47.
[136] 胡建绩. 产业发展学[M]. 上海：上海财经大学出版社，2008：22－164.
[137] 胡新等. 西部大开发中区域产业转移与产业升级[M]. 北京：社会科学文献出版社，2015：151－187.
[138] 户晓坤. 从"帝国主义"到"帝国"：当代金融垄断资本主义的全球

化逻辑[J]. 马克思主义与现实，2014（2）：134－139.
[139] 滑冬玲. 制度变迁与转轨国家的金融发展[M]. 北京：中国社会科学出版社，2012：38－91.
[140] 黄金老. 金融自由化与金融脆弱性[M]. 北京：中国城市出版社，2001：72－165.
[141] 黄金老. 论金融脆弱性[J]. 财经论丛，2001（3）：41－49.
[142] 黄亮雄，王贤彬等. 中国产业结构调整的区域互动——横向省际竞争和纵向地方跟进[J]. 中国工业经济，2015（8）：82－97.
[143] 黄启新. 金融发展、市场化水平与产业结构升级——基于中国省际面板数据的实证分析[J]. 广西师范大学学报（哲学社会科学版），2017（3）：60－68.
[144] 黄群慧等. 新工业革命：理论逻辑与战略视野[M]. 北京：社会科学文献出版社，2016：72－133.
[145] 黄宪，范薇. 金融发展的动力何在？——基于金融业和实业互动视角的不同模式比较[J]. 世界经济研究，2016（10）：20－31.
[146] 黄益平. 告别"中国奇迹"[M]. 北京：社会科学文献出版社，2012：65－117.
[147] 黄益平. 超越奇迹：变革世界的中国改革[M]. 北京：北京大学出版社，2012：30－84.
[148] 黄泽清. 金融化对收入分配影响的理论[J]. 政治经济学评论，2017（1）：162－185.
[149] 黄智淋，董志勇. 我国金融发展与经济增长的非线性关系研究——来自动态面板数据门限模型的经验证据[J]. 金融研究，2013（7）：74－86.
[150] 霍影. 渐进式创新与跨越式变革：我国战略性新兴产业与传统产业耦合发展述评[J]. 产经评论，2014（4）：18－26.
[151] 纪志宏，周黎安等. 地方官员晋升激励与银行信贷——来自中国城市商业银行的经验证据[J]. 经济研究，2014（1）：1－15.
[152] 简泽，干春晖等. 银行部门的市场化、信贷配置与工业重构[J]. 经

济研究，2013（5）：112－127.
[153] 江春．论金融的实质及制度前提[J]. 经济研究，1999（7）：33－39.
[154] 江春．新制度金融学探索[J]. 经济学动态，2002（6）：13－17.
[155] 江春，刘春华．中国利率市场化的新制度金融学探讨[J]. 财经理论与实践，2003（4）：46－50.
[156] 江春，许立成．产权、法律制度与中国金融发展之谜[J]. 财经问题研究，2004（8）：39－44.
[157] 江春，许立成．法与金融学的文献综述[J]. 经济学动态，2005（5）：91－94.
[158] 江春，许立成．金融发展中的制度因素：理论框架与国际经验[J]. 财经科学，2007（4）：1－7.
[159] 江春，许立成．金融发展的政治经济学[J]. 财经问题研究，2007（8）：43－47.
[160] 江春，刘春华．发展中国家的利率市场化：理论、经验及启示[J]. 国际金融研究，2007（10）：47－53.
[161] 江春，许立成．中国金融发展和转型：从政府到市场[J]. 福建论坛（人文社会科学版），2008（10）：4－9.
[162] 江春，许立成．文化、金融发展与经济增长文献综述[J]. 经济评论，2009（6）：138－142.
[163] 江春，王鸾凤．发展中国家金融发展的制度分析[J]. 财经科学，2009（4）：1－9.
[164] 江春，滕芸．企业家精神与金融发展关系研究评述[J]. 经济学动态，2010（2）：110－115.
[165] 江春，苏志伟．金融发展如何促进经济增长——一个文献综述[J]. 金融研究，2013（9）：110－122.
[166] 江春，李安安．法治、金融发展与企业家精神[J]. 武汉大学学报（哲学社会科学版），2013（9）：110－122.
[167] 江春．何谓成熟的中国金融体系[J]. 探索与争鸣，2017（12）：37－39.

[168] 江春．金融改革和金融发展：理论与实践的回顾及反思[M]．北京：人民出版社，2012：297－571.

[169] 江曙霞，代涛．法与金融学研究文献综述及其对中国的启示[J]．财经科学，2007（5）：1－10.

[170] 江涌．金融化与工业化：两条不同的发展道路[J]．当代经济研究，2016（2）：49－58.

[171] 蒋冠，张露．比较金融制度分析与中国金融制度改革的路径选择[J]．思想战线，2003（3）：23－27.

[172] 蒋三庚，宋毅成．金融的空间分布与经济增长[J]．经济学动态，2014（8）：97－104.

[173] 蒋水全，刘星等．金融关联、融资优势与投资效率——基于融资中介效应的实证考察[J]．金融经济学研究，2017（2）：52－65.

[174] 焦瑾璞，王爱俭．普惠金融：基本原理与中国实践[M]．北京：中国金融出版社，2015：6－41.

[175] 杰弗瑞·布坎南，詹姆斯·布坎南．宪政经济学[M]．北京：中国社会科学出版社，2004：17－29.

[176] 金爱华，卢艳．府际竞争、政府行为与企业上市风潮——基于地方政府推动企业上市行为的思考[J]．改革与战略，2014（6）：38－40.

[177] 金春雨，韩哲等．基于 Panel－VAR 模型的我国金融业发展与经济增长关联性的计量检验[J]．管理评论，2013（1）：16－23.

[178] 金璐璐，贺灿飞等．中国区域产业结构演化的路径突破[J]．地理科学进展，2017（8）：974－985.

[179] 金雪军，田霖．我国区域金融成长差异的趋势：1978－2003 年[J]．经济理论与经济管理，2004（8）：24－30.

[180] 康翟．马克思的生息资本理论与当代资本主义金融化——基于虚拟资本积累视角的考察[J]．哲学动态，2017（2）：16－22.

[181] 库尔曼·奥尔森．国家兴衰探源——经济增长、滞胀与社会僵化[M]．北京：商务印书馆，1993：127－255.

[182] 匡远配，唐文婷．中国产业结构优化度的时序演变和区域差异分析

[J]. 经济学家，2015（9）：40－47.
[183] 赖溟溟. 金融结构变迁与持续经济增长：基于银行主导型和市场主导型金融体系视角的分析[M]. 北京：中国金融出版社，2011：17－86.
[184] 兰莹. 再论“金融约束论”[J]. 经济科学，2002（1）：103－108.
[185] 劳平. 金融结构历史演变的初步考察[J]. 国际金融研究，2003（6）：59－63.
[186] 劳平，白剑眉. 金融结构变迁的理论分析[J]. 厦门大学学报（哲学社会科学版），2005（3）：64－69.
[187] 李炳，袁威. 货币信贷结构对宏观经济的机理性影响——兼对“中国货币迷失之谜”的再解释[J]. 金融研究，2015（11）：33－46.
[188] 李成，张琦. 金融发展对经济增长边际效应递减内在机理研究——基于“两部门划分法”的理论框架[J]. 经济科学，2015（5）：5－16.
[189] 李宏. 金融结构与经济发展关系研究新进展[J]. 经济学动态，2009（2）：111－116.
[190] 李华民，吴非. 银行规模、认知偏差与小企业融资[J]. 财贸经济，2017（5）：34－50.
[191] 李健. 中国金融发展中的结构问题[M]. 北京：中国人民大学出版社，2004：31－72.
[192] 李健，贾玉革. 金融结构的评价标准与分析指标研究[J]. 金融研究，2005（4）：57－67.
[193] 李健，盘宇章. 金融发展、实体部门与全要素生产率增长——基于中国省级面板数据分析[J]. 经济科学，2017（5）：16－30.
[194] 李敬，王朋朋. 政府干预、信贷资本配置效率与工业发展转型[J]. 经济经纬，2017（1）：81－87.
[195] 李君平，徐龙炳. 资本市场错误定价、融资约束与公司融资方式选择[J]. 金融研究，2015（12）：113－129.
[196] 李兰冰，刘秉镰. 中国区域经济增长绩效、源泉与演化：基于要素分解视角[J]. 经济研究，2015（8）：58－72.

[197] 李黎力．资本积累和金融化：明斯基与垄断资本学派[J]. 中国人民大学学报，2017（1）：92－100.

[198] 李明辉，黄叶苨．市场竞争、银行市场势力与流动性创造效率——来自中国银行业的证据[J]. 财经研究，2018（2）：103－114.

[199] 李强．金融发展与我国产业升级：全球价值链攀升的视角[J]. 商业经济与管理，2015（6）：86－96.

[200] 李强，李书舒．财政支出和金融发展对经济增长的影响：非线性效应与关联机制[J]. 财贸研究，2017（2）：21－29.

[201] 李强，李书舒．政府支出、金融发展与经济增长[J]. 国际金融研究，2017（4）：14－21.

[202] 李强，徐康宁．金融发展、实体经济与经济增长——基于省级面板数据的经验分析[J]. 上海经济研究，2013（9）：3－11.

[203] 李青原，李江冰等．金融发展与地区实体经济资本配置效率——来自省级工业行业数据的证据[J]. 经济学（季刊），2013（2）：527－548.

[204] 李妍．金融监管制度、金融机构行为与金融文明[J]. 经济研究，2010（9）：198－206.

[205] 李扬，王国刚等．中国金融体制发展道路[M]. 北京：经济管理出版社，2013：117－134.

[206] 李扬．中国经济发展新阶段的金融改革[J]. 经济学动态，2013（6）：4－14.

[207] 李扬．“金融服务实体经济”辨[J]. 经济研究，2017（6）：4－16.

[208] 李扬．努力建设“现代金融”体系[J]. 经济研究，2017（12）：4－7.

[209] 李义平，刁文．中国经济金融化再思考[J]. 河北学刊，2016（3）：111－115.

[210] 李桢．区域产业结构趋同的制度性诱因与策略选择[J]. 经济学动态，2012（11）：63－68.

[211] 李政，吴非等．新三板企业融资效率、衍生风险与制度校正[J]. 经

济经纬，2017（5）：153－158.
[212] 厉以宁．非均衡的中国经济[M]. 北京：经济日报出版社，1991：15－103.
[213] 厉以宁．大变局与新动力：中国经济下一程[M]. 北京：中信出版社，2017：114－172.
[214] 厉以宁等．三去一降一补：深化供给侧结构性改革[M]. 北京：中信出版社，2017：36－89.
[215] 连立帅，陈超等．产业政策与信贷资源配置[J]. 经济管理，2015（12）：1－11.
[216] 连平，周昆平．科技金融：驱动国家创新的力量[M]. 北京：中信出版社，2017：127－165.
[217] 廖岷，王鑫泽．科技金融创新：新结构与新动力[M]. 北京：中国金融出版社，2016：46－90.
[218] 廖朴，殷文倩．地方政府运用保险资金缓解财政压力研究——以北京市为例[J]. 地方财政研究，2015（10）：76－83.
[219] 廖峥嵘．“一带一路”、中国与世界[M]. 北京：社会科学文献出版社，2017：22－70.
[220] 林超颖，黄志刚等．信贷市场、资本市场与企业成长——基于面板VAR模型的动态分析[J]. 福建师范大学学报（哲学社会科学版），2014（4）：60－66.
[221] 林楠．中国经济适度金融化研究——从金融市场发展速度、结构和规模的视角[J]. 理论探讨，2014（2）：101－104.
[222] 林毅夫，蔡昉等．对赶超战略的反思[J]. 战略与管理，1994（6）：1－12.
[223] 林毅夫，蔡昉等．中国的奇迹：发展战略与经济改革[M]. 上海：上海人民出版社，2002：50－98.
[224] 林毅夫，孙希芳．信息、非正规金融与中小企业融资[J]. 经济研究，2005（7）：35－44.
[225] 林毅夫．繁荣的求索：发展中经济如何崛起[M]. 北京：北京大学出

版社，2012：53－109.

［226］林毅夫．制度、技术与中国农业发展［M］. 上海：格致出版社，2014：16－71.

［227］林毅夫．解读中国经济（增订版）［M］. 北京：北京大学出版社，2014：9－182.

［228］凌江怀，胡雯蓉．企业规模、融资结构与经营绩效——基于战略性新兴产业和传统产业对比的研究［J］. 财贸经济，2012（12）：71－77.

［229］刘秉镰，赵晶晶等．区域产业发展规划与政策研究［M］. 北京：经济科学出版社，2016：73－141.

［230］刘长生，简玉峰．社会资本、人力资本与内生经济增长［J］. 财贸研究，2009（2）：1－9.

［231］刘飞．省域金融结构调整与制造业结构升级［J］. 金融论坛，2015（4）：72－80.

［232］刘贯春，张军等．金融体制改革与经济效率提升——来自省级面板数据的经验分析［J］. 管理世界，2017（6）：9－22.

［233］刘国光．中国经济体制改革的方向问题［M］. 北京：社会科学文献出版社，2015：13－82.

［234］刘鹤．两次全球大危机的比较研究［M］. 北京：中国经济出版社，2013：6－45.

［235］刘红忠，史霜霜．地方政府干预及其融资平台的期限错配［J］. 世界经济文汇，2017（4）：62－77.

［236］刘纪鹏等．金融强国之路（第一辑）［M］. 北京：东方出版社，2017：54－182.

［237］刘纪鹏等．中国金融新秩序［M］. 北京：东方出版社，2017：12－90.

［238］刘建明，胡小梅．财政分权、空间效应与产业结构升级——基于 SDM 模型的经验研究［J］. 财经理论与实践，2017（1）：116－121.

［239］刘莉亚，余晶晶等．竞争之于银行信贷结构调整是双刃剑吗？——中国利率市场化进程的微观证据［J］. 经济研究，2017（5）：131－145.

[240] 刘晴辉. 市场诱致、政府推动与区域金融结构变迁[J]. 财经科学, 2008 (8): 35-41.

[241] 刘仁伍. 区域金融结构和金融发展理论与实证研究[M]. 北京: 经济管理出版社, 2003: 24-90.

[242] 刘儒, 杜鹃汀等. 后金融危机时代国家垄断资本主义及其发展[J]. 西安交通大学学报（社会科学版）, 2013 (6): 107-112.

[243] 刘瑞, 高峰. 我国传统产业调整效应评估[J]. 江西社会科学, 2015 (5): 57-67.

[244] 刘诗白. 论过度金融化与美国的金融危机[J]. 经济学家, 2010 (6): 5-14.

[245] 刘伟, 王汝芳. 中国资本市场效率实证分析——直接融资与间接融资效率比较[J]. 金融研究, 2006 (1): 64-73.

[246] 刘笃池, 贺玉平等. 企业金融化对实体企业生产效率的影响研究[J]. 上海经济研究, 2016 (8): 74-83.

[247] 刘湘云, 杜金岷. 区域金融结构与经济增长的相关性研究[J]. 武汉大学学报（哲学社会科学版）, 2005 (3): 311-316.

[248] 刘晓燕, 姚志坚. 商业银行与战略性新兴产业的互动发展——基于“麦克米伦缺口”的视角[J]. 理论学刊, 2015 (8): 58-63.

[249] 刘骁毅. 中国金融结构与产业结构关系研究[J]. 财经理论与实践, 2013 (5): 24-28.

[250] 刘新平. 政府干预、信贷结构和信贷风险[J]. 浙江学刊, 2016 (6): 189-197.

[251] 刘元琪. 金融资本的新发展与当代资本主义经济的金融化[J]. 当代世界与社会主义, 2014 (1): 114-122.

[252] 刘元琪. 当代资本主义经济新变化与结构性危机[M]. 北京: 中央编译出版社, 2015: 46-70.

[253] 刘悦, 郑玉航等. 金融资源配置方式对产业结构影响的实证研究[J]. 中国软科学, 2016 (8): 149-158.

[254] 刘玚, 植率等. 融资规模、融资结构与实体经济发展——基于我国

金融供给侧改革研究[J]. 西南民族大学学报（人文社会科学版），2017（5）：138－143.
[255] 卢方元，李彦龙．金融发展规模、效率与经济增长关系的实证检验[J]. 统计与决策，2016（12）：145－147.
[256] 卢峰，姚洋．金融压抑下的法治、金融发展和经济增长[J]. 中国社会科学，2004（1）：42－55.
[257] 卢福财，张荣鑫．中国民营银行的设立：现实意义、政策选择与风险防范研究[J]. 经济与管理研究，2014（4）：72－77.
[258] 卢颖，白钦先．中国金融资源地区分布中政府权力影响[J]. 广东金融学院学报，2009（4）：40－48.
[259] 卢颖等．中国金融资源地区分布差异性研究[M]. 北京：中国金融出版社，2014：69－117.
[260] 鲁春义，丁晓钦．经济金融化行为的政治经济学分析——一个演化博弈框架[J]. 财经研究，2016（7）：52－62.
[261] 陆静．金融发展与经济增长关系的理论与实证研究[J]. 中国管理科学，2012（1）：177－184.
[262] 陆岷峰，张惠．金融产业资本与实体经济利润合理分配研究[J]. 经济学动态，2012（6）：53－57.
[263] 陆蓉，何婧等．资本市场错误定价与产业结构调整[J]. 经济研究，2017（11）：104－118.
[264] 陆远权，张德钢．我国区域金融效率测度及效率差异研究[J]. 经济地理，2012（1）：96－101.
[265] 路家峰，熊行等．区域金融结构与经济增长[J]. 财经科学，2009（9）：11－17.
[266] 罗超平，张梓榆等．金融发展与产业结构升级：长期均衡与短期动态关系[J]. 中国软科学，2016（6）：21－29.
[267] 罗德明．金融约束与微观金融制度创新[M]. 杭州：浙江大学出版社，2015：18－64.
[268] 罗富政，罗能生．地方政府行为与区域经济协调发展——非正式制

度歧视的新视角[J]. 经济学动态，2016（2）：41－49.
[269] 罗贵发. 金融体系与实体经济之间传导渠道的文献综评[J]. 上海经济研究，2015（8）：45－54.
[270] 罗红梅. 场外交易市场的监管：1986~2016年[J]. 改革，2016（5）：101－113.
[271] 罗军. 金融发展门槛、FDI与区域经济增长方式[J]. 世界经济研究，2016（4）：107－118.
[272] 罗来军，蒋承等. 融资歧视、市场扭曲与利润迷失——兼议虚拟经济对实体经济的影响[J]. 经济研究，2016（4）：74－86.
[273] 罗纳德·I. 麦金农. 经济发展中的货币与资本[M]. 上海：上海人民出版社，1997：28－45.
[274] 吕勇斌，邓薇. 金融包容视角下我国区域金融排斥测度与影响因素的空间分析[J]. 宏观经济研究，2015（12）：51－62.
[275] 马玲. 产业资本与金融资本融合机制探析[J]. 西北大学学报（哲学社会科学版），2012（3）：148－151.
[276] 马强，孙佃亮. 中国不同省份金融结构转变与产业结构升级的实证研究[J]. 工业技术经济，2016（6）：103－110.
[277] 马青，傅强. 地区市场规模与金融发展：制度环境的门槛效应[J]. 国际金融研究，2017（2）：24－35.
[278] 马慎萧. 资本主义"金融化转型"是如何发生的？——解释金融化转型机制的四种研究视角[J]. 教学与研究，2016（3）：71－79.
[279] 马慎萧. 美国非金融部门的金融化转型[J]. 政治经济学评论，2016（5）：202－224.
[280] 马孝先. 区域经济协调发展内生驱动因素与多重耦合机制分析[J]. 宏观经济研究，2017（5）：118－124.
[281] 马铁群，史安娜. 金融发展对中国经济增长质量的影响研究——基于VAR模型的实证分析[J]. 国际金融研究，2012（11）：30－39.
[282] 马铁群. 技术进步、政府干预与制造业产能过剩[J]. 中国科技论坛，2017（1）：60－68.

[283] 马颖，李静等．中国财政分权、金融发展、工业化与经济增长的省级差异[J]. 经济理论与经济管理，2015（2）：5－6.

[284] 马勇．金融结构、银行发展与经济增长[J]. 财经科学，2010（2）：10－17.

[285] 马勇．究竟是什么决定了一国的金融体系结构[J]. 财经研究，2012（1）：61－71.

[286] 马勇，陈雨露．金融发展中的政府与市场关系："国家禀赋"与有效边界[J]. 财贸经济，2014（3）：49－58.

[287] 马勇，冯心悦等．金融周期与经济周期——基于中国的实证研究[J]. 国际金融研究，2016（10）：3－14.

[288] 马万里，李齐云．从"援助之手"到"攫取之手"：地方政府行为差异的政治经济学分析[J]. 财政研究，2017（1）：77－88.

[289] 马祯．区域协调中地方政府博弈的制度约束[J]. 湖南社会科学，2016（6）：90－94.

[290] 马正兵．中国区域金融结构的趋同与分化[J]. 金融论坛，2007（10）：19－22.

[291] 迈克尔·赫德森．从马克思到高盛：虚拟资本的幻想和产业的金融化（上）[J]. 国外理论动态，2010（9）：1－9.

[292] 迈克尔·赫德森．从马克思到高盛：虚拟资本的幻想和产业的金融化（下）[J]. 国外理论动态，2010（10）：39－48.

[293] 茅锐．产业集聚和企业的融资约束[J]. 管理世界，2015（2）：58－71.

[294] 孟捷，李亚伟等．金融化与利润率的政治经济学研究[J]. 经济学动态，2014（6）：50－59.

[295] 孟飞．金融分权的逻辑：行政发包制及其影响[J]. 上海经济研究，2017（12）：85－97.

[296] 米建国，李建伟．我国金融发展与经济增长关系的理论思考与实证分析[J]. 管理世界，2002（4）：23－36.

[297] 米军．金融全球化与转轨国家金融自由化制度安排[M]. 北京：北京大学出版社，2012：94－152.

[298] 苗妙，魏建等．法治环境、金融深化与企业投资结构偏向[J]. 中国经济问题，2016（2）：29－39.

[299] 聂正彦．金融转型、技术创新与中国经济发展方式的转变[J]. 经济理论与经济管理，2012（5）：72－79.

[300] 欧阳彬．当代金融化的社会逻辑及其中国语境[J]. 理论月刊，2017（3）：130－134.

[301] 潘文卿．中国区域经济发展：基于空间溢出效应的分析[J]. 世界经济，2015（7）：120－142.

[302] 彭建交，王燕等．经济一体化与京津冀协同[M]. 北京：中国人民大学出版社，2017：69－184.

[303] 彭文斌．资本流动与区域差距动态演变机理研究[M]. 北京：光明日报出版社，2011：17－82.

[304] 彭俞超，朱映慧等．金融发展对经济增长影响的结构效应——基于META回归分析方法[J]. 南开经济研究，2017（5）：20－36.

[305] 皮天雷．法与金融：理论研究及中国的证据[M]. 北京：中国经济出版社，2010：108－125.

[306] 皮天雷．法与金融的中国逻辑与演变[M]. 北京：中国金融出版社，2013：74－99.

[307] 齐兰．垄断资本全球化问题研究[M]. 北京：商务印书馆，2009：33－41.

[308] 齐兰．垄断资本全球化对我国工业化进程的影响[J]. 经济理论与经济管理，2005（6）：11－14.

[309] 齐兰．垄断资本全球化对中国产业发展的影响[J]. 中国社会科学，2009（3）：83－97.

[310] 齐兰，徐云松．制度环境、区域金融化与产业结构升级[J]. 中央财经大学学报，2017（12）：22－33.

[311] 齐美东，张思佳．我国金融资源空间分布差异的实证研究[J]. 财政研究，2015（2）：4－8.

[312] 祁斌．资本市场：中国经济的锋刃[M]. 北京：中信出版社，2010：

29 – 71.

[313] 祁斌. 未来十年：中国经济的转型与突破[M]. 北京：中信出版社，2013：62 – 90.

[314] 钱水木，周永涛. 金融发展、技术进步与产业升级[J]. 统计研究，2011（1）：68 – 74.

[315] 钱先航，曹廷求等. 晋升压力、官员任期与城市商业银行的贷款行为[J]. 经济研究，2011（12）：72 – 85.

[316] 乔治·斯蒂格勒. 产业组织与政府管理[M]. 上海：三联书店，1989：13 – 47.

[317] 覃成林，张华等. 中国区域发展不平衡的新趋势及成因——基于人口加权变异系数的测度及其空间和产业二重分解[J]. 中国工业经济，2011（10）：37 – 45.

[318] 邱少春，崔兵. 什么是有效的金融集权与金融分权——基于"中国式分权"背景的分析[J]. 理论月刊，2015（1）：112 – 116.

[319] 裘白莲，刘仁营. 资本积累的金融化[J]. 国外理论动态，2011（9）：16 – 23.

[320] 屈国俊，韩丹. 股市融资模式、产业分布特征与产业结构升级[J]. 经济学动态，2010（9）：63 – 67.

[321] 饶卫，陈娴等. 文化与地区经济发展：一个文献综述[J]. 经济问题探索，2017（4）：184 – 190.

[322] 任建军，柯善咨. 信贷配给与区域经济发展[J]. 金融论坛，2011（7）：16 – 25.

[323] 任晓怡，黄锐等. 企业杠杆率、金融波动与区域经济增长——基于区域结构视角的企业杠杆率研究[J]. 广东社会科学，2018（1）：27 – 37.

[324] 山珊. 区域性股权交易市场功能开发研究[J]. 经济问题，2017（12）：56 – 59.

[325] 邵传林. 制度变迁视域下的金融深化与企业家精神——来自中国省级层面的经验证据[J]. 中国经济问题，2014（5）：3 – 18.

[326] 邵明波．法律起源与金融发展：一个文献综述[J]．社会科学战线，2009（8）：92－98.
[327] 申明浩，杨永聪．基于全球价值链的产业升级与金融支持问题研究——以我国第二产业为例[J]．国际贸易问题，2012（7）：3－11.
[328] 沈军，白钦先．金融结构、金融功能与金融效率——一个基于系统科学的新视角[J]．财贸经济，2006（1）：23－28.
[329] 沈军，白钦先．论金融研究方法论的范式转换——兼论对金融发展理论的启示[J]．经济评论，2006（5）：123－128.
[330] 沈军，白钦先．中国金融体系效率与金融规模[J]．数量经济技术经济研究，2013（8）：35－50.
[331] 时磊．资本市场扭曲与产能过剩：微观企业的证据[J]．财贸研究，2013（5）：1－8.
[332] 石良平，部慧．中国转轨经济增长中的金融约束分析（上）[J]．社会科学，2003（6）：5－11.
[333] 石良平，部慧．中国转轨经济增长中的金融约束分析（下）[J]．社会科学，2003（7）：5－14.
[334] 石璋铭，谢存旭．银行竞争、融资约束与战略性新兴产业技术创新[J]．宏观经济研究，2015（8）：117－126.
[335] 盛松成等．现代货币经济学（第3版）[M]．北京：中国金融出版社，2012：45－139.
[336] 盛松成，刘西．金融改革协调推进论[M]．北京：中信出版社，2015：60－113.
[337] 盛松成等．社会融资规模理论与实践（第3版）[M]．北京：中国金融出版社，2016：24－97.
[338] 寿慧生，张超．美国不平等的政治经济学分析[J]．世界经济与政治，2017（10）：90－125.
[339] 帅勇．金融深化的第三条道路：金融约束[J]．经济评论，2001（5）：94－96.
[340] 司海平，刘晓鸽等．地方债务发行与产业结构效应[J]．经济评论，

2017（1）：15－27.
［341］斯坦利·L. 恩格尔曼，罗伯特·E. 高尔曼. 剑桥美国经济史（第三卷）［M］. 北京：中国人民大学出版社，2008：163－218.
［342］宋朝龙. 虚拟资本，还是金融资本？——关于美国金融危机分析工具的辨析［J］. 国外理论动态，2012（1）：43－48.
［343］宋凌云，王贤彬. 重点产业政策、资源重置与产业生产率［J］. 管理世界，2013（12）：63－77.
［344］宋晓玲. 数字普惠金融缩小城乡收入差距的实证检验［J］. 财经科学，2017（6）：14－25.
［345］宋晓梧，武士国等. 新常态下的区域经济大变局［M］. 杭州：浙江大学出版社，2016：39－84.
［346］宋艳伟. 财政压力、地方政府干预与信贷资源配置［J］. 山西财经大学学报，2011（5）：20－31.
［347］宋亚，成学真等. 我国省域杠杆率及其对经济增长的影响——基于省级面板数据门槛模型［J］. 华东经济管理，2017（2）：100－106.
［348］粟芳，方蕾. 中国农村金融排斥的区域差异：供给不足还是需求不足？——银行、保险和互联网金融的比较分析［J］. 管理世界，2016（9）：70－83.
［349］粟芳，初立苹. 金融业过度投资的甄别及解释［J］. 中国工业经济，2017（4）：54－73.
［350］苏建军，徐璋勇. 金融发展、分工与经济增长——理论与实证研究［J］. 工业技术经济，2015（6）：106－119.
［351］苏勇，杨小玲. 资本市场与产业结构优化升级关系探讨［J］. 上海财经大学学报，2010（2）：90－97.
［352］张慕濒，孙亚琼. 金融资源配置效率与经济金融化的成因——基于中国上市公司的经验分析［J］. 经济学家，2014（4）：81－90.
［353］孙菲菲. 区域性股权交易市场的运行特征与发展建议［J］. 证券市场导报，2016（4）：56－62.
［354］孙会霞，陈金明等. 银行信贷配置、信用风险定价与企业融资效率

[J]. 金融研究，2013（11）：55－67.
[355] 孙伟祖. 金融产业演进与金融发展：基础理论的构建及延伸[M]. 北京：中国金融出版社，2006：64－127.
[356] 孙伍琴. 不同金融结构下的金融功能比较[M]. 北京：中国统计出版社，2003：18－95.
[357] 孙伍琴. 论不同金融结构对技术创新的影响[J]. 经济地理，2004（2）：182－186.
[358] 孙伍琴. 论金融结构与实体经济的适应效率[J]. 管理世界，2004（5）：134－135.
[359] 孙新宝. 发展中国家的金融体系问题研究：基于法律制度的视角[J]. 国际金融研究，2011（6）：34－40.
[360] 孙勇. 中国式分权、金融发展与经济增长[J]. 经济问题探索，2017（9）：135－143.
[361] 孙早，肖利平. 融资结构与企业自主创新——来自中国战略性新兴产业A股上市公司的经验证据[J]. 经济理论与经济管理，2016（3）：45－58.
[362] 孙志颖. 改善我国金融资产结构非均衡发展的对策研究[J]. 兰州大学学报（社会科学版），2010（1）：63－66.
[363] 谈儒勇. 法与金融：文献综述及研究展望[J]. 上海财经大学学报，2005（5）：74－81.
[364] 谭之博，周黎安. 官员任期与信贷和投资周期[J]. 金融研究，2015（6）：80－93.
[365] 汤吉军，刘仲仪. 国有银行发展混合所有制的实现机制研究——基于金融市场结构优化视角[J]. 经济体制改革，2017（3）：130－135.
[366] 唐松. 中国金融资源配置与区域经济增长差异——基于东、中、西部空间溢出效应的实证研究[J]. 中国软科学，2014（8）：100－110.
[367] 唐未兵，伍敏敏. 财政分权与资源配置效率关系研究进展[J]. 经济学动态，2017（4）：122－132.
[368] 陶爱萍，徐君超. 金融发展与产业结构升级非线性关系研究——基

于门槛模型的实证检验[J]. 经济经纬，2016（3）：84－89.
[369] 陶锋，胡军等．金融地理结构如何影响企业生产率？——兼论金融供给侧结构性改革[J]. 经济研究，2017（9）：55－71.
[370] 陶小贵．地方政府控股下的地方银行制度变迁逻辑及风险防范[J]. 南京师大学报（社会科学版），2013（5）：36－45.
[371] 田菁．金融发展是否促进了经济增长？——基于2003－2014年省级面板数据的再检测[J]. 财经问题研究，2017（6）：43－49.
[372] 田金方，王冬冬等．资本市场融资效率的行业检验——来自中国上市公司的经验证据[J]. 商业经济与管理，2017（3）：51－61.
[373] 田青．产业结构优化和信贷资金配置效率——基于宏微观视角的比较研究[J]. 上海金融，2017（6）：27－33.
[374] 田树喜，白钦先等．我国金融倾斜波动效应的实证分析[J]. 财经理论与实践，2009（1）：12－16.
[375] 托马斯·I. 帕利．金融化：涵义和影响[J]. 房广顺等译．国外理论动态，2010（8）：8－20.
[376] 托马斯·皮凯蒂．21世纪资本论[M]. 巴曙松等译．北京：中信出版社，2014：114－196.
[377] 汪办兴，汪兴隆．金融体系比较与演进：理论综述[J]. 经济评论，2005（6）：78－85.
[378] 汪海波．中外产业结构升级的历史考察与启示——经济史和思想史相结合的视角[J]. 经济学动态，2014（6）：4－15.
[379] 汪伟，潘孝挺．金融要素扭曲与企业创新活动[J]. 统计研究，2015（5）：26－31.
[380] 汪炜，李甫伟．股市发展能够推动产业转型升级吗——来自中国A股上市公司的证据[J]. 财贸经济，2010（9）：37－43.
[381] 汪炜，李甫伟．银行金融中介、金融业规模与宏观经济波动[J]. 当代经济科学，2014（5）：29－39.
[382] 汪兴隆．法与金融体系比较研究综述[J]. 上海经济研究，2005（10）：39－46.

[383] 王朝阳，朱睿博．产业结构升级中的货币政策与金融市场效应——基于BVAR模型与门限回归模型的分析[J]．财经科学，2016（12）：23-34.

[384] 王定祥，吴代红等．中国金融发展与产业结构优化的实证研究——基于金融资本视角[J]．西安交通大学学报（社会科学版），2013（9）：1-6.

[385] 王广谦．经济发展中的金融化趋势[J]．经济研究，1996（9）：32-37.

[386] 王广谦．提高金融效率的理论思考[J]．中国社会科学，1996（4）：34-47.

[387] 王广谦．中国金融发展中的结构问题分析[J]．金融研究，2002（5）：47-56.

[388] 王广谦．经济发展中金融的贡献与效率[M]．北京：中国人民大学出版社，1997：75-140.

[389] 王广谦．20世纪西方货币金融理论研究：进展与述评[M]．北京：经济科学出版社，2010：219-276.

[390] 王国刚．中国金融体系改革的总体构架和可选之策[M]．北京：中国社会科学出版社，2015：130-205.

[391] 王国刚．中国金融改革发展的学理探讨[M]．北京：中国社会科学出版社，2017：48-176.

[392] 王国刚．金融风险之点和可选防控之策[M]．北京：中国社会科学出版社，2017：59-130.

[393] 王国刚．坚持发挥市场机制基础性作用的金融体制改革取向[J]．经济研究，2013（3）：9-11.

[394] 王国刚，董裕平．中国金融体系改革的系统构想[J]．经济学动态，2015（3）：9-21.

[395] 王国刚，董裕平．完善中国金融市场体系的改革方案研究[J]．金融评论，2015（3）：1-16.

[396] 王晋斌．金融控制政策下的金融发展与经济增长[J]．经济研究，2007（10）：95-104.

[397] 王晋斌，金鑫．经济周期与金融周期双重冲击下的世界经济[J]．安徽大学学报（哲学社会科学版），2017（1）：139－150.
[398] 王娟，孙早．股权融资是否抑制了上市公司的创新投入——来自中国制造业的证据[J]．现代财经，2014（8）：56－66.
[399] 王莉，马玲等．产业资本与金融资本结合的相关理论综述[J]．经济学动态，2010（11）：88－91.
[400] 王立国，鞠蕾．地方政府干预、企业过度投资与产能过剩：26个行业样本[J]．改革，2012（12）：52－62.
[401] 王立国，王磊．产权结构、地方政府干预与产能过剩——基于SSCP分析范式的中国工业经济绩效研究[J]．经济与管理研究，2014（7）：65－73.
[402] 王立国，赵婉妤．我国金融发展与产业结构升级研究[J]．财经问题研究，2015（1）：22－29.
[403] 王认真．金融资源配置的空间经济模型分析[J]．西南民族大学学报（人文社会科学版），2013（10）：126－129.
[404] 王守坤．政府与金融的政治关联：经济效应检验及中介路径判断[J]．经济评论，2015（5）：3－20.
[405] 王曙光．市场经济的伦理奠基与信任拓展——超越主流经济学分析框架[J]．北京大学学报（哲学社会科学版），2006（3）：139－146.
[406] 王婷．区域视角下风险投资对技术创新的促进效应研究[J]．科学学研究，2016（10）：1576－1582.
[407] 王文甫，明娟等．企业规模、地方政府干预与产能过剩[J]．管理世界，2014（10）：17－36.
[408] 王维安．金融结构：理论与实证[J]．浙江大学学报（人文社会科学版），2000（1）：135－142.
[409] 王小军，杜坤伦．资本市场化改革与信息披露制度完善——新三板及我国场外市场信息披露制度建设[J]．财经科学，2016（5）：41－51.
[410] 王小鲁，樊纲．中国地区差距：20年变化趋势和影响因素[M]．北京：经济科学出版社，2004：18－103.

[411] 王晓娆，庞志等．政府直接干预、金融抑制与银行不良贷款——基于省际动态 GMM 估计方法[J]. 北京工商大学学报，2018（1）：97－104.
[412] 王新霞，冯雷．证券市场融资的产业升级效应研究[J]. 西安交通大学学报（社会科学版），2012（7）：41－45.
[413] 王欣昱．我国信贷配给效率差异性研究——基于 31 个省域面板数据[J]. 云南社会科学，2013（6）：86－89.
[414] 王修华．我国区域金融发展差异的比较[J]. 经济地理，2007（2）：183－186.
[415] 王修华，谢朝华．西方金融结构理论的演进与启示[J]. 现代经济探讨，2008（4）：38－41.
[416] 王旭琰．从垄断资本到垄断金融资本的发展——评"每月评论"派论资本主义新阶段[J]. 国外理论动态，2011（1）：38－49.
[417] 王学龙，于潇等．货币契约、金融功能与经济发展[J]. 财经问题研究，2012（1）：3－9.
[418] 王勋，赵珍．中国金融规模、金融结构与经济增长——基于省区面板数据的实证研究[J]. 财经研究，2011（11）：50－60.
[419] 王勋，Anders Johansson. 金融抑制与经济结构转型[J]. 经济研究，2013（1）：54－67.
[420] 王永剑，刘春杰．金融发展对中国资本配置效率的影响即区域比较[J]. 财贸经济，2011（3）：54－60.
[421] 王永钦，高鑫等．金融发展、资产泡沫与实体经济：一个文献综述[J]. 金融研究，2016（5）：191－206.
[422] 王煜宇，何松龄．制度金融理论与中国金融法治发展：理论述评[J]. 经济问题探索，2017（4）：155－162.
[423] 王兆星．金融结构论[M]. 北京：中国金融出版社，1994：17－61.
[424] 王振宇，顾昕．族群多样性与地区经济增长——来自中国城市层面的证据[J]. 财经研究，2018（2）：127－140.
[425] 王周伟，伏开宝等．中国省域金融顺周期效应异质性的影响因素研究——基于技术进步与产业调整的空间经济分析视角[J]. 中国软科

学，2014（11）：27－41.
［426］韦森．中国经济增长的真实逻辑［M］. 北京：中信出版社，2017：15－62.
［427］魏成龙，杨松贺．中国公司股权融资偏好的形成机理及治理对策分析［J］. 经济学动态，2010（11）：50－53.
［428］魏后凯．区域经济理论与政策［M］. 北京：中国社会科学出版社，2016：120－176.
［429］温涛，冉光和等．中国金融发展与农民收入增长［J］. 经济研究，2005（9）：30－43.
［430］温忠麟，张雷等．中介效应检验程序及其应用［J］. 心理学报，2004（5）：614－620.
［431］温忠麟，叶宝娟．中介效应分析：方法和模型发展［J］. 心理科学进展，2014，22（5）：731－745.
［432］文红星．经济金融化与经济不稳定性关系研究［J］. 当代经济研究，2016（7）：66－72.
［433］翁东玲．"一带一路"建设的金融支持与合作风险探讨［J］. 东北亚论坛，2016（6）：46－57.
［434］吴晗，段文斌．银行业市场结构、融资依赖与中国制造业企业进入——最优金融结构理论视角下的经验分析［J］. 经济研究，2015（5）：72－83.
［435］吴敬琏等．宏观经济与地方产业发展［M］. 北京：中国经济出版社，2011：213－284.
［436］吴敬琏．中国增长模式抉择（第四版）［M］. 上海：上海远东出版社，2013：76－125.
［437］吴敬琏．吴敬琏文集［M］. 北京：中央编译出版社，2013：9－103.
［438］吴敬琏．直面大转型时代：吴敬琏谈全面深化改革［M］. 北京：生活·读书·新知三联书店，2014：21－84.
［439］吴敬琏．改革大道行思录［M］. 北京：商务印书馆，2017：305－390.
［440］吴茜．新自由主义资本积累方式与金融垄断帝国主义［J］. 国外社会

科学，2016（5）：17－23.

[441] 吴延兵．中国式分权下的偏向性投资[J]. 经济研究，2017（6）：137－152.

[442] 吴振宇．中国经济再平衡：迈向成熟的结构转型[M]. 北京：中国发展出版社，2016：27－92.

[443] 武巍，刘卫东等．中国地区银行业金融系统的区域差异[J]. 地理学报，2007（12）：1235－1243.

[444] 武文静，周晓唯．过度金融化对我国实体经济的影响及例证分析[J]. 理论月刊，2017（5）：120－124.

[445] 武志．金融发展与经济增长：来自中国的经验分析[J]. 金融研究，2010（5）：58－68.

[446] 伍志文．金融脆弱性：理论及基于中国经验的分析（1991－2000）[J]. 经济评论，2003（2）：96－100.

[447] 肖文，薛天航．金融结构对产业结构升级的影响效应分析——基于东中西部地区差异的比较研究[J]. 浙江学刊，2016（3）：174－180.

[448] 谢长安，俞使超．资本主义经济金融化：内涵、形态与实质[J]. 当代经济研究，2017（8）：60－67.

[449] 谢德仁，陈运森．金融生态环境、产权性质与负债的治理效应[J]. 经济研究，2009（5）：118－129.

[450] 谢军，黄志忠．区域金融发展、内部资本市场与企业融资约束[J]. 会计研究，2014（7）：75－81.

[451] 谢攀，林致远．地方保护、要素价格扭曲与资源误置——来自A股上市公司的经验证据[J]. 会计研究，2016（2）：71－84.

[452] 谢平．中国金融资产结构分析[J]. 经济研究，1992（11）：30－37.

[453] 谢平等．反思中国模式[M]. 北京：中国经济出版社，2011：205－261.

[454] 谢宗藩，姜军松．金融分权、银行制度变迁与经济增长——基于1993－2012年省际面板数据的实证研究[J]. 当代经济科学，2016（9）：12－20.

[455] 邢志平，靳来群．政府干预的金融资源错配效应研究——以中国国有经济部门与民营经济部门为例的分析[J]. 上海经济研究，2016 (4)：23－31.

[456] 熊波，陈柳．高新技术企业技术成果转化与多层次资本市场研究[J]. 当代经济科学，2005 (4)：98－104.

[457] 熊波，陈柳．中小高科技企业技术成果转化中的金融创新研究[J]. 财经问题研究，2005 (5)：78－82.

[458] 熊兴，孙九伦等．金融发展与产业结构优化互动关系研究——基于PVAR模型的实证分析[J]. 金融理论与实践，2017 (11)：15－21.

[459] 徐爱田，白钦先．金融虚拟性研究[M]. 北京：中国金融出版社，2008：71－153.

[460] 徐浩，冯涛等．金融发展、政府干预与资本配置效率——基于中国1978－2013年的经验分析[J]. 上海经济研究，2015 (10)：40－48.

[461] 徐军辉．"法与金融"问题研究文献述评[J]. 现代经济探讨，2008 (5)：59－62.

[462] 徐明，刘金山．何种金融结构有利于技术创新——理论解构、实践导向与启示[J]. 经济学家，2017 (10)：54－64.

[463] 徐诺金．论中国优势与金融改革[M]. 北京：中国金融出版社，2015：149－308.

[464] 徐鹏杰．金融结构调整与产业结构优化关系的实证分析[J]. 统计与决策，2018 (1)：171－173.

[465] 徐圆，赵莲莲．金融发展促进中国经济增长的微观非平衡效应[J]. 统计研究，2015 (4)：21－27.

[466] 徐云松．宗教信仰、民族传统与金融发展——基于中国西部地区的研究视角[J]. 重庆工商大学学报（社会科学版），2015 (3)：1－10.

[467] 徐云松．中国经济金融化的演进趋势与路径选择——基于总量与结构视角的分析[J]. 征信，2017 (6)：11－19.

[468] 徐云松，齐兰．区域金融化、地方政府行为与产业结构升级——基于中国四大经济区域面板数据的实证研究[J]. 贵州财经大学学报，

2017（6）：19－31.

[469] 徐云松，齐兰．区域金融化、地方政府干预与产业结构升级[J]. 贵州社会科学，2017（11）：124－132.

[470] 徐云松．民族自治区法治水平、社会资本与金融化演进[J]. 贵州民族研究，2018（1）：24－28.

[471] 徐云松．新时代金融发展的现实困境与突破路径[J]. 新金融，2018（4）：17－22.

[472] 徐云松．我国西部区域金融发展非均衡问题研究[M]. 北京：中国金融出版社，2016：10－73.

[473] 徐琤．中国区域经济发展中的金融结构差距[J]. 社会科学，2006（9）：45－53.

[474] 徐忠，孙国峰等．金融科技：发展趋势与监管[M]. 北京：中国金融出版社，2017：277－314.

[475] 宣晓伟．迈向高收入：分工、分化与中国的现代化转型[M]. 北京：中国发展出版社，2016：52－114.

[476] 闫斐．金融结构是否存在对经济增长的"非线性"影响——基于GMM对跨国面板样本的经验检验[J]. 财贸研究，2017（10）：1－18.

[477] 闫丽瑞，田祥宇．金融发展与经济增长的区域差异——基于我国省际面板数据的实证检验[J]. 宏观经济研究，2012（3）：99－105.

[478] 阎庆民，张晓朴等．京津冀区域协同发展研究[M]. 北京：中国金融出版社，2017：37－104.

[479] 严浩坤．东西部资本流动与地区经济增长[M]. 北京：科学出版社，2011：13－59.

[480] 严武，刘斌斌．中小板上市企业股票融资的地区差异与产业结构升级研究[J]. 经济研究，2012（10）：74－81.

[481] 严武，王辉．中国资本市场与产业结构升级关系的实证研究——基于协整检验和灰色关联分析法[J]. 江西财经大学学报，2012（2）：17－25.

[482] 杨承训，张新宁．国际超级金融垄断资本主义盛衰论[J]．马克思主义研究，2013（1）：60－68.
[483] 杨冬梅，万道侠等．制度要素、空间溢出与区域经济增长——基于空间数据模型分析[J]．山东社会科学，2016（12）：114－120.
[484] 杨东晓．金融市场：一个复杂世界里的非线性系统——也谈金融危机的本质与真相[J]．山东社会科学，2016（7）：160－165.
[485] 杨海燕．产业技术升级、融资结构变迁与金融中介发展[J]．安徽大学学报（哲学社会科学版），2006（2）：124－127.
[486] 杨玲，胡连生．论资本主义的金融化及其社会矛盾的加深与激化[J]．理论探讨，2017（4）：46－51.
[487] 杨龙，胡晓珍．金融发展规模、效率改善与经济增长[J]．经济科学，2011（1）：38－48.
[488] 杨秋海．银行业结构对产业结构升级影响的机制分析——基于技术进步和金融约束减轻的角度[J]．上海金融，2016（9）：13－19.
[489] 杨胜刚，谢亦农．金融发展的新进展：金融约束论述评[J]．经济科学，1999（2）：92－97.
[490] 杨秀萍．金融相对实体经济发展的约束边界理论研究[M]．北京：中国社会科学出版社，2016：10－107.
[491] 杨旭．中国渐进改革中的金融控制——基于金融史视角[M]．北京：经济科学出版社，2012：63－139.
[492] 杨洋，赵茂．金融发展的经济增长效应：线性还是非线性——基于面板门限模型的跨国经验研究[J]．现代财经，2016（8）：28－35.
[493] 杨友才．金融发展与经济增长——基于我国金融发展门槛变量的分析[J]．金融研究，2014（2）：59－71.
[494] 姚华，宋建．中国金融发展与产业结构升级协整关系的多指标交叉检验[J]．湖南大学学报（社会科学版），2016（1）：76－82.
[495] 姚洋，郑东雅．重工业与经济发展：计划经济时代再考察[J]．经济研究，2008（4）：26－40.
[496] 姚洋．中性政府：对转型期中国经济成功的一个解释[J]．经济评论，

2009（3）：5－13.

[497] 姚洋，张牧扬．官员绩效与晋升锦标赛——来自城市数据的证据[J]. 经济研究，2013（1）：137－150.

[498] 姚洋．中国道路的世界意义[M]. 北京：北京大学出版社，2011：16－30.

[499] 姚洋．作为制度创新过程的经济改革[M]. 上海：格致出版社，2016：79－114.

[500] 姚耀军，董钢锋．中小银行发展与中小企业融资约束——新结构经济学最优金融结构理论视角下的经验研究[J]. 财经研究，2014（1）：105－115.

[501] 姚耀军，李明珠．金融结构、中小企业与反贫困——基于新结构经济学最优金融结构理论的经验研究[J]. 浙江社会科学，2013（9）：25－33.

[502] 叶德磊．股市何以能促进产业升级——基于中国内地股市的理论与描述性分析[J]. 学术月刊，2016（5）：86－93.

[503] 叶海云，尹恒．试论金融体系的两分法[J]. 武汉大学学报（哲学社会科学版），2005（5）：645－649.

[504] 易纲．中国金融资产结构分析及政策含义[J]. 经济研究，1996（12）：26－33.

[505] 易纲，宋旺．中国金融资产结构演进：1991－2007[J]. 经济研究，2008（8）：4－15.

[506] 易信，刘凤良．金融发展、技术创新与产业结构转型——多部门内生增长理论分析框架[J]. 管理世界，2015（10）：24－39.

[507] 尹林辉，付剑茹等．地区金融发展、政府干预和产业结构调整——基于中国省级面板数据的经验证据[J]. 云南财经大学学报，2015（1）：42－54.

[508] 尹希果，陈刚等．分税制改革、地方政府干预与金融发展效率[J]. 财经研究，2006（10）：92－101.

[509] 尹兴，董金明．当代垄断资本主义金融化分析[J]. 财经研究，2016

（12）：62－69.

［510］尹优平．金融科技助推普惠金融［J］．中国金融，2017（22）：90－91.

［511］银锋．经济金融化：当代金融资本利润获取机制［J］．求实，2014（3）：64－68.

［512］于斌斌．金融集聚促进了产业结构升级吗：空间溢出的视角［J］．国际金融研究，2017（2）：12－23.

［513］于津平，许咏．股权融资对企业经营绩效的影响——基于战略性新兴产业上市公司的研究［J］．东南大学学报（哲学社会科学版），2016（6）：88－94.

［514］余大胜．我国金融微循环扭曲对实体经济融资成本的影响［J］．宏观经济研究，2017（5）：29－37.

［515］余剑，赵英．金融功能对中国产业发展的作用机制［J］．经济管理，2010（2）：38－44.

［516］俞颖，苏慧琨等．区域金融差异演进路径与机理［J］．中国工业经济，2017（4）：74－93.

［517］俞晓晶．产业发展的中国经验：理论与实证［M］．上海：上海社会科学院出版社，2014：15－48.

［518］约翰·S. 戈登．伟大的博弈：华尔街金融帝国的崛起（1653－2011）［M］．北京：中信出版社，2011：174－210.

［519］原毅军．产业发展理论及应用［M］．大连：大连理工大学出版社，2012：138－194.

［520］袁辉．金融资本：从希法亭理论到经济金融化［J］．当代经济研究，2014（12）：5－11.

［521］云鹤，胡剑锋等．金融效率与经济增长［J］．经济学（季刊），2012（2）：595－612.

［522］臧秀玲，杨帆．金融垄断资本全球扩张的动因和影响［J］．山东大学学报（哲学社会科学版），2014（1）：8－19.

［523］曾刚等．长江经济带协同创新研究：创新·合作·空间·治理［M］．北京：经济科学出版社，2016：46－128.

[524] 曾国安，马宇佳．金融结构差异对东、中、西部地区经济增长的影响——基于中国省际面板数据的实证分析[J]. 经济问题，2017（9）：34－40.

[525] 翟强．比较金融体系研究综述[J]. 经济学动态，2002（11）：79－83.

[526] 詹姆斯·布坎南．宪政的经济学阐释[M]. 北京：中国社会科学出版社，2012：31－54.

[527] 詹姆斯·布坎南．宪则经济学：人类集体行动机制探索[M]. 北京：中国社会科学出版社，2017：12－40.

[528] 战明华．金融摩擦、货币政策银行信贷渠道与信贷资源的产业间错配[J]. 金融研究，2015（5）：1－17.

[529] 战明华，王晓君等．利率控制、银行信贷配给行为变异与上市公司的融资约束[J]. 经济学（季刊），2013（4）：1255－1276.

[530] 张成思，刘泽豪等．中国商品金融化与通货膨胀驱动机制[J]. 经济研究，2014（1）：140－154.

[531] 张成思，张步昙．再论金融与实体经济：经济金融化视角[J]. 经济学动态，2015（6）：56－66.

[532] 张成思，刘贯春．最优金融结构的存在性、动态特征及经济增长效应[J]. 管理世界，2016（1）：66－77.

[533] 张成思，张步昙．中国实业投资率下降之谜：经济金融化视角[J]. 经济研究，2016（12）：32－46.

[534] 张帆．试论金融资本与当代资本主义发展的新阶段[J]. 理论月刊，2013（7）：121－125.

[535] 张红伟，冉芳．金融支持产业结构升级的现实审视和路径分析[J]. 西南民族大学学报（人文社会科学版），2016（7）：130－136.

[536] 张辉．我国产业结构高度化下的产业驱动机制[J]. 经济学动态，2015（12）：12－21.

[537] 张健华，程文．中国地区产业专业化演变的 U 型规律[J]. 中国社会科学，2012（1）：76－97.

[538] 张建伟．法与金融学：路径依赖于金融法变革[J]. 学术月刊，2005

(10): 96-103.
[539] 张坤，白钦先. 金融基础理论的创新与发展——“金融体制”研究范式的研究对象、研究方法与价值判断[J]. 江西财经大学学报，2017 (5): 22-28.
[540] 张荔，车辉. 转轨国家金融体制变迁[M]. 北京：中国金融出版社，2008: 30-85.
[541] 张杰. 地方政府的介入与金融体制变异[J]. 经济研究，1996 (3): 21-26.
[542] 张杰. 制度金融理论的新发展：文献述评[J]. 经济研究，2011 (3): 145-159.
[543] 张杰，杨连星. 中国金融压制体制的形成、困境与改革逻辑[J]. 人文杂志，2015 (12): 43-51.
[544] 张杰. 中国产业结构转型升级中的障碍、困局与改革展望[J]. 中国人民大学学报，2016 (5): 29-37.
[545] 张杰. 中国金融制度的结构与变迁[M]. 太原：山西经济出版社，1998: 7-34.
[546] 张杰. 中国金融改革的制度逻辑[M]. 北京：中国人民大学出版社，2015: 49-84.
[547] 张杰. 金融分析的制度范式：制度金融学导论[M]. 北京：中国人民大学出版社，2017: 72-308.
[548] 张璟，沈坤荣. 地方政府干预、区域金融发展与中国经济增长方式转型——基于财政分权背景的实证研究[J]. 南开经济研究，2008 (6): 122-140.
[549] 张军. 中国经济再廿年[M]. 北京：北京大学出版社，2014: 21-105.
[550] 张军，范子英等. 登顶比赛：理解中国经济发展的机制[M]. 北京：北京大学出版社，2015: 68-91.
[551] 张军洲. 中国区域金融分析[M]. 北京：中国经济出版社，1995: 66-78.
[552] 张立洲. 论金融结构、金融监管与中国金融发展[J]. 经济学动态，

2002（7）：35 –39.
[553] 张良贵，孙久文．融资结构变化对金融加速器效应的影响研究——基于 DSGE 模型的数值模拟分析[J]. 软科学，2014（5）：24 –27.
[554] 张蕊．预算软约束真的会降低地方政府整体财政努力程度吗[J]. 当代财经，2017（6）：36 –47.
[555] 张梁梁，杨俊．地方政府财政竞争行为如何影响省际资本流动[J]. 当代财经，2017（5）：24 –33.
[556] 张培刚．发展经济学教程[M]. 北京：经济科学出版社，2001：163 –170.
[557] 张强，韩俊莹．中国信贷政策对产业结构调整效应研究[J]. 金融经济学研究，2015（1）：43 –54.
[558] 张宏彦，王磊．金融发展、融资约束与战略性新兴产业发展[J]. 北京工商大学学报（社会科学版），2016（1）：94 –101.
[559] 张建明，许承明．资本流动、信贷配给与产业信贷政策匹配研究[J]. 产业经济研究，2012（5）：80 –86.
[560] 张平．论中国区域产业结构演进的特征[J]. 武汉大学学报（哲学社会科学版），2005（3）：305 –310.
[561] 张平．我国区域产业结构调整的冲突及其协调——基于行政区域和经济区域的差异[J]. 管理世界，2007（7）：154 –155.
[562] 张启春．中国区域差距与政府调控[M]. 北京：商务印书馆，2006：21 –49.
[563] 张前程，龚刚．政府干预、金融深化与行业投资配置效率[J]. 经济学家，2016（2）：60 –68.
[564] 张同斌，刘俸奇等．补贴、要素价格扭曲与中国工业企业增长[J]. 经济学动态，2017（9）：57 –70.
[565] 张翔，刘璐等．国际大宗商品市场金融化与中国宏观经济波动[J]. 金融研究，2017（1）：35 –50.
[566] 张先锋，李莹等．官员任期稳定性、产业结构适宜性与区域经济发展[J]. 经济评论，2015（1）：118 –128.

[567] 张小蒂，王永齐．企业家显现与产业集聚：金融市场的联结效应[J]. 中国工业经济，2010（5）：59－67.
[568] 张晓晶．金融结构与经济增长：一个理论综述[J]. 世界经济，2001（2）：61－62.
[569] 张晓玫，罗鹏．金融发展、信贷期限结构与产业集聚——基于工业产业要素密集度的视角[J]. 南方经济，2015（6）：40－53.
[570] 张新民．产能过剩与资本市场[J]. 北京工商大学学报（社会科学版），2017（1）：1－7.
[571] 张新民，张婷婷等．产业政策、融资约束与企业投资效率[J]. 会计研究，2017（4）：12－18.
[572] 张旭，刘晓星等．金融发展与经济增长——一个考虑空间溢出效应的再检验[J]. 东南大学学报（哲学社会科学版），2016（3）：106－114.
[573] 张璇，刘贝贝等．信贷寻租、融资约束与企业创新[J]. 经济研究，2017（5）：161－174.
[574] 张学伟，王一舒．银行信贷、产业结构扭曲与"三去一降一补"[J]. 经济经纬，2017（4）：92－98.
[575] 张晏，龚六堂．分税制改革、财政分权与中国经济增长[J]. 经济学（季刊），2005（5）：75－108.
[576] 张一林，龚强等．技术创新、股权融资与金融结构转型[J]. 管理世界，2016（11）：65－80.
[577] 张亦春，王国强．金融发展与实体经济增长非均衡关系研究——基于双门槛回归实证分析[J]. 当代财经，2015（6）：45－54.
[578] 张莹，王磊．地方政府干预与中国区域产业结构趋同——兼论产能过剩的形成原因[J]. 宏观经济研究，2015（10）：102－110.
[579] 张宇，蔡万焕．金融垄断资本及其在新阶段的特点[J]. 中国人民大学学报，2009（4）：2－8.
[580] 张钰新．法律、投资者保护和金融体系的发展[J]. 经济评论，2004（3）：87－91.

[581] 张蕴岭，袁正清．“一带一路”与中国发展战略[M]. 北京：社会科学文献出版社，2017：18－162.
[582] 张子礼，赵佳佳．新常态下区域发展中的地方政府间关系探析[J]. 中国社会科学院研究生院学报，2016（11）：128－134.
[583] 张曾莲，江帆．财政分权、晋升激励与预算软约束——基于政府过度负债省级政府数据的实证分析[J]. 山西财经大学学报，2017（6）：15－25.
[584] 张卓元．经济转型与改革攻坚[M]. 北京：中国人民大学出版社，2017：112－175.
[585] 章元，刘时菁等．城乡收入差距、民工失业与中国犯罪率的上升[J]. 经济研究，2011（2）：59－72.
[586] 赵昌文．新时期中国产业政策研究[M]. 北京：中国发展出版社，2016：29－84.
[587] 赵峰，马慎萧．金融资本、职能资本与资本主义的金融化——马克思主义的理论和美国的现实[J]. 马克思主义研究，2015（2）：33－41.
[588] 赵磊，肖斌．经济金融化何以可能——一个马克思主义的解读[J]. 当代经济研究，2013（3）：61－65.
[589] 赵玮，温军．风险投资介入是否可以提高战略性新兴产业的绩效？[J]. 产业经济研究，2015（2）：79－89.
[590] 赵勇，雷达．金融发展与经济增长——生产率促进抑或资本形成[J]. 世界经济，2010（2）：37－50.
[591] 赵振全，于震等．中国金融结构和经济增长的关联性分析：理论与实证[J]. 吉林大学社会科学学报，2006（3）：17－26.
[592] 赵昌文．新时期中国产业政策研究[M]. 北京：中国发展出版社，2016：69－105.
[593] 赵昌文等．构建产业新体系研究[M]. 北京：中国发展出版社，2017：8－74.
[594] 赵立泉，李泽广．信贷支持、政府支出与产业转型的关联机制研究

[J]. 广东金融学院学报，2010（3）：20－30.

[595] 赵秋运，林志帆．“欲速则不达”：金融抑制、产业结构扭曲与“中等收入陷阱”[J]. 经济评论，2015（3）：17－30.

[596] 赵树凯．破除“地方政府公司主义”[J]. 中国改革，2006（8）：3－5.

[597] 浙江省统计局，国家统计局浙江调查总队．浙江统计年鉴[M]. 北京：中国统计出版社，历年.

[598] 曾国平，王燕飞．中国金融发展与产业结构变迁[J]. 财贸经济，2007（8）：12－19.

[599] 曾繁清，叶德珠．金融体系与产业结构的耦合协调度分析——基于新结构经济学视角[J]. 经济评论，2017（3）：134－147.

[600] 郑鸣．金融脆弱性论[M]. 北京：中国金融出版社，2007：65－140.

[601] 郑明高．产业融合：产业经济发展的新趋势[M]. 北京：中国经济出版社，2011：23－95.

[602] 支大林，祝晓波．区域产业结构变迁中的金融结构因素分析[J]. 东北师范大学学报（哲学社会科学版），2004（2）：62－68.

[603] 周丹，金雪军．区域金融发展制度及其特征属性的国际比较[J]. 经济体制改革，2014（2）：158－162.

[604] 周建明，焦世新．垄断与金融化：当代资本主义的经济实质[J]. 毛泽东邓小平理论研究，2012（9）：99－105.

[605] 周立．改革期间中国金融业的“第二财政”与金融分割[J]. 世界经济，2003（6）：72－79.

[606] 周立．中国各地区金融发展与经济增长（1978－2000）[M]. 北京：清华大学出版社，2003：19－27.

[607] 周黎安．晋升博弈中政府官员的激励与合作——兼论我国地方保护主义和重复建设问题长期存在的原因[J]. 经济研究，2004（6）：33－40.

[608] 周黎安．中国地方官员的晋升锦标赛模式研究[J]. 经济研究，2007（7）：36－50.

[609] 周丽丽，杨刚强等．中国金融发展速度与经济增长可持续性——基

于区域差异的视角[J]. 中国软科学，2014（2）：58－69.
[610] 周莉萍．金融结构理论：演变与述评[J]. 经济学家，2017（3）：79－89.
[611] 周孟亮，马昊．金融功能观对我国金融改革的适用性研究[J]. 财经论丛，2009（1）：41－47.
[612] 周书俊，傅李琦．马克思经济危机理论的当代意义——基于“金融—实体”经济危机理论的反思[J]. 理论学刊，2015（12）：4－12.
[613] 周晓艳，高萌等．金融发展、产业结构和地区资本配置效率[J]. 中央财经大学学报，2005（5）：38－45.
[614] 周业安．地方政府竞争与经济增长[J]. 中国人民大学学报，2003（1）：97－103.
[615] 周莹莹，刘传哲．虚拟经济与实体经济协调发展研究[M]. 北京：经济管理出版社，2013：28－70.
[616] 周宗安，王显晖．社会融资规模与产业结构调整的关联度[J]. 改革，2014（9）：83－94.
[617] 中国人民银行．中国金融年鉴[M]. 北京：中国金融出版社，历年．
[618] 中国人民银行金融稳定分析小组．中国金融稳定报告[M]. 北京：中国金融出版社，历年．
[619] 中国人民银行上海总部金融稳定分析小组．中国各地区金融稳定报告摘要[M]. 北京：中国金融出版社，历年．
[620] 中国人民银行货币政策分析小组．中国区域金融运行报告[M]. 北京：中国金融出版社，历年．
[621] 中国人民银行农村金融服务研究小组．中国农村金融服务报告[M]. 北京：中国金融出版社，历年．
[622] 中国保险监督管理委员会．中国保险年鉴[M]. 北京：中国保险年鉴社，历年．
[623] 中国证券监督管理委员会．中国证券期货统计年鉴[M]. 上海：学林出版社，历年．
[624] 中国证券业年鉴编辑委员会．中国证券业年鉴[M]. 北京：新华出版

社，历年.

[625] 中华人民共和国国家统计局. 中国第三产业统计年鉴[M]. 北京：中国统计出版社，历年.

[626] 中华人民共和国国家统计局. 中国大型工业企业年鉴[M]. 北京：中国统计出版社，历年.

[627] 中华人民共和国财政部. 中国财政年鉴[M]. 北京：中国财政杂志社，历年.

[628] 中华人民共和国教育部. 中国教育年鉴[M]. 北京：人民教育出版社，历年.

[629] 中华人民共和国国土资源部. 中国国土资源年鉴[M]. 北京：地质出版社，历年.

[630] 中华人民共和国住房和城乡建设部. 中国城市建设统计年鉴[M]. 北京：中国计划出版社，历年.

[631] 中华人民共和国文化部. 中国文化年鉴[M]. 北京：新华出版社，历年.

[632] 中华全国工商业联合会，中国民（私）营经济研究会等. 中国私营经济年鉴[M]. 北京：中华工商联合出版社，历年.

[633] 中国经济年鉴编辑委员会. 中国经济年鉴[M]. 北京：中国经济出版社，历年.

[634] 中国改革年鉴编纂委员会. 中国改革年鉴[M]. 北京：中国经济体制改革杂志社，历年.

[635] 中国法律年鉴编辑部. 中国法律年鉴[M]. 北京：中国法律年鉴出版社，历年.

[636] 中国企业年鉴编委会. 中国企业年鉴[M]. 北京：企业管理出版社，历年.

[637] 中国中小企业年鉴编委会. 中国中小企业年鉴[M]. 北京：企业管理出版社，历年.

[638] 中国乡镇企业及农产品加工业年鉴编辑部. 中国乡镇企业及农产品加工业年鉴[M]. 北京：中国农业出版社，历年.

[639] 中国交通年鉴编辑部. 中国交通年鉴[M]. 北京：人民交通出版社，

历年.

[640] 中国证券登记结算公司. 中国证券登记结算统计年鉴[M]. 北京：中国证券登记结算公司，历年.

[641] 中国人民银行营业管理部课题组. 预算软约束、融资溢价与杠杆率——供给侧结构性改革的微观机理与经济效应研究[J]. 经济研究，2017（10）：53－66.

[642] 中央财经大学金融学院课题组. 金融排斥与普惠金融：中国城乡家庭调查分析[J]. 公司金融，2017（1）：1－28.

[643] 朱炳元. 当代金融垄断资本主义新特点[J]. 毛泽东邓小平理论研究，2015（4）：78－84.

[644] 朱东波，任力. "金融化"的马克思主义经济学研究[J]. 经济学家，2017（12）：17－26.

[645] 朱一鸣，王伟. 普惠金融如何实现精准扶贫？[J]. 财经研究，2017（10）：43－54.

[646] 祝佳. 创新驱动与金融支持的区域协同发展研究——基于产业结构差异视角[J]. 中国软科学，2015（9）：106－116.

[647] 庄巨忠等. 中国的中等收入转型[M]. 北京：社会科学文献出版社，2016：137－185.

英文部分（按作者姓名首字母排序）

[1] Acemoglu, Daron and Guerrieri V. Capital Deepening and Non－balanced Economic Growth [J]. Journal of Political Economy, 2008, 116 (3): 467－498.

[2] Adams Z., Gluck T. Financialization in Commodity Markets: A Passing Trend or the New Normal? [J]. Journal of Banking & Finance, 2015, 60: 93－111.

[3] Aghion P., Bolton P. An Incomplete Contracts Approach to Financial Contracting [J]. Review of Economic Studies, 1992, 59 (3): 473－494.

[4] Aghion P. , P. Howitt. A Model of Growth Through Creative Destruction [J]. Econometrica, 1992, 60 (2): 323 -351.

[5] Aghion P. , J. Tirole. Formal and Real Authority in Organizations [J] . Journal of Political Economy, 1997, 105: 1 -29.

[6] Aghion P. , G. M. Angeletos, A. Banerjee and K. Manova. Volatility and Growth: Credit Constrains and the Composition of Investment [J] . Journal of Political Economy, 2010, 57 (3): 246 -265.

[7] Allen F. , Gale D. A Welfare Comparison of Intermediaries and Financial Markets in Germany and the U. S. [J] . European Economics Review, 1995, 39: 179 -209.

[8] Allen F. , Gale D. Financial Markets, Intermediaries and Inter - temporal Smoothing [J] . Journal of Political Economy, 1997, 105 (3): 523 -546.

[9] Allen F. , Gale D. Optimal Financial Crises [J] . Journal of Finance, 1998, 53 (4): 1245 -1284.

[10] Allen F. , Gale D. Comparing Financial System [M] . Massachusetts: MIT Press, 2001: 17 -39.

[11] Allen F. , J. Qian and M. Qian. Law, Finance, and Economic Growth in China [J] . Journal of Financial Economics, 2005 (1): 57 -116.

[12] Almalkawi H. , Marashdeh H. A. and Abdullah N. Financial Development and Economic Growth in the UAE: Empirical Assessment Using ARDL Approach to Co - integration [J] . International Journal of Economic & Finance, 2012, 4 (5): 105 -115.

[13] Alvarez I. Financialization, Non -financial Corporations and Income Inequality: The Case of France [J] . Socio - Economic Review, 2015, 7 (1): 449 -475.

[14] Antzoulatos A. , Apergis N. and Tsoumas C. Financial Structure and Industrial Structure [J] . Bulletin of Economic Research, 2011, 63 (2): 109 - 139.

[15] Arcand J. L. , Berkes E. and Panizza U. Finance and Economic Develop-

ment in a Model with Credit Rationing [R] . Iheid Working Paper, 2013 (1): 1 – 13.

[16] Ashman S. , Mohamed S. and Newman S. The Financialization of the South African Economy: Impact on the Economic Growth Path and Employment [R] . Discussion Paper, 2013: 1 – 43.

[17] Asongu S. A. , Moor L. D. Financial Globalization Dynamic Thresholds for Financial Development: Evidence from Africa [J] . European Journal of Development Research, 2015 (1): 192 – 212.

[18] Aydi M. , Aguir A. Financial Development and Economic Growth: The Empirical Evidence of the Southern Mediterranean Countries [J] . International Journal of Economics and Financial Issues, 2017, 7 (3): 196 – 209.

[19] Badunenko O. , Romero D. Financial Development and the Sources of Growth and Convergence [J] . International Economic Review, 2013, 54 (2): 629 – 663.

[20] Bae J. H. , Salomon R. Institutional Distance in International Business Research [J] . Advances in International Management, 2010 (23): 327 – 349.

[21] Baker S. D. The Financialization of Storable Commodities [J] . Social Science Electronic Publishing, 2013 (11): 1 – 45.

[22] Baum C. F. , Schafer D. and Talavera O. The Impact of the Financial System's Structure on Firms' Financial Constraints [J] . Journal of International Money & Finance, 2011, 30 (4): 678 – 691.

[23] Beck T. , Demirguc – kunt A. and Singer D. Is Small Beautiful? Financial Structure, Size and Access to Finance [J] . World Development, 2015, 66 (2): 19 – 33.

[24] Beck T. , Levine R. and Loayza N. Finance and the Sources of Growth [J]. Journal of Financial Economics, 2000, 58 (1): 261 – 300.

[25] Bencivenga V. R. Some Consequences of Credit Rationing in an Endogenous Growth Model [J] . Journal of Economic Dynamics and Control, 1993

(17): 97 – 122.

[26] Bertoni F., Colombo M. G., Grilli L. Venture Capital Financing and the Growth of High – tech Start – ups: Disentangling Treatment from Selection Effects [J]. Research Policy, 2011, 40 (7): 1028 – 1043.

[27] Bolton P., Freixas X. Equity, Bonds and Bank Debt: Capital Structure and Financial Market Equilibrium under Asymmetric Information [J]. Journal of Political Economy, 2000, 108 (2): 324 – 351.

[28] Boot A., Thakor A. Financial System Architecture [J]. The Review of Financial Studies, 1997, 10 (3): 693 – 733.

[29] Boyreau – Debray G. Financial Intermediation and Growth: Chinese Style [R]. World Bank Policy Research Working Paper, 2003 (27): 27 – 46.

[30] Brown J. R., Petersen B. C. Public Entrants, Public Equity Finance and Creative Destruction [J]. Journal of Banking & Finance, 2010, 34 (5): 1077 – 1088.

[31] Brown J. R., Martinsson G., Petersen B. C. Do Financing Constraints Matter for R&D? [J]. European Economic Review, 2012, 56 (8): 1512 – 1529.

[32] Calomiris C., Haber S. Fragile Banks, Durable Bargains: Why Banking is All about Politics and Always Has Been [J]. Book Manuscript in Progress, 2012: 1 – 50.

[33] Carlin W., Mayer C. Finance, Investment, and Growth [J]. Journal of Financial Economics, 2003 (69): 191 – 226.

[34] Castro F., Kalatzis Aeg and Martins – Filho C. Financing in an Emerging Economy: Does Financial Development or Financial Structure Matter? [J]. Emerging Markets Review, 2015 (23): 96 – 123.

[35] Cecchetti S. G., Kharroubi E. Reassessing the Impact of Finance on Growth [R]. BIS Working Papers, 2012, 381 (7): 1 – 18.

[36] Chava S., Oettl A. and Subramanian A. Banking Deregulation and Innovation [J]. Journal of Financial Economics, 2013, 109 (3): 759 – 774.

[37] Christophers B. The Limits to Financialization [J] . Dialogues in Human Geography, 2015, 5 (2): 183 –200.

[38] Christophers B. From Financialization to Finance: For "De – Financialization" [J] . Dialogues in Human Geography, 2015, 5 (2): 229 –232.

[39] Cojocaru L. , Falaris E. M. , Hoffman S. D. and Miller J. B. Financial System Development and Economic Growth in Transition Economics: New Empirical Evidence from the CEE and CIS Countries [J] . Emerging Markets Finance and Trade, 2016, 52 (1): 223 –236.

[40] Cornaggia J. , Mao Y. , Tian X. , et al. Does Banking Competition Affect Innovation? [J] . Journal of Financial Economics, 2015, 115 (1): 189 – 209.

[41] Cull R. , Xu L. C. Job Growth and Finance: Are Some Financial Institutions Better Suited to the Early Stages of Development than Others? [J] . World Bank Economic Review, 2013, 27 (3): 542 –572.

[42] Davila A. , Foster G. and Jia N. Building Sustainable High – growth Startup Companies: Management Systems as an Accelerator [J] . California Management Review, 2010, 52 (3): 79 –106.

[43] Davis G. F. , Kim S. Financialization of the Economy [J] . Annual Review of Sociology, 2015, 41 (1): 1 –39.

[44] Demirguc – Kunt A. , Feyen E. and Levine R. Optimal Financial Structures and Development: The Evolving Importance of Banks and Markets [R] . World Bank Working Paper, 2011 (6): 99 –116.

[45] Deutschmann C. Limits to Financialization [J] . European Journal of Sociology, 2011, 52 (3): 347 –389.

[46] Ductor L. , Grechyma D. Financial Development, Real Sector, and Economic Growth [J] . International Review of Economic and Finance, 2015 (37): 393 –405.

[47] Epstein. The Financialization and the World Economy [J] . Edward Elgar, 2006, 4 (3): 339 –347.

[48] Francisco J. B. , P. K. Joseph and Y. Shin. Finance and Development: A Tale of Two Sectors [J] . American Economic Review, 2011, 101 (5): 1964 –2002.

[49] Fostor J. B. , Holleman H. The Financial Power Elite [J] . Monthly Review an Independent Socialist Magazine, 2010, 62 (1): 1.

[50] Godechot O. Financialization is Marketization! A Study of the Respective Impacts of Various Dimensions of Financialization on the Increase in Global Inequality [J] . Maxpo Discussion Paper, 2016, 3 (22): 495 –519.

[51] Goldsmith R. Financial Structure and Development [M] . New Haven: Yale University Press, 1969: 17 –33.

[52] Greenwood J. , Jovanovic B. Financial Development, Growth, and the Distribution of Income [J] . Journal of Political Economy, 1990, 98 (5): 1076 –1107.

[53] Greenwood J. , Sanchez J. M. and Wang C. Financial Development: The Role of Information Costs [J] . American Economic Review, 2010, 100 (4): 1875 –1891.

[54] Guiso, Luigi, Sapienza, Paola, Zingales and Luigi. The Role of Social Capital in Financial Development [J] . American Economic Review, 2004, 94 (3): 526 –556.

[55] Hakeem M. , Oluitan O. Financial Development and Economic in SSA: A Panel Econometric Approach [J] . Research in Applied Economics, 2013, 5 (2): 42 –69.

[56] Hall R. E. , Jones C. I. Why Do Some Countries Produce So Much More Outputper Worker than Others [J] . Quarter Journal of Economics, 1999, 114 (1): 83 –116.

[57] Halov N. F. , Heider. Capital Structure, Risk and Asymmetric Information [J]. Quarterly Journal of Finance, 2011, 1 (4): 767 –809.

[58] Hassan M. K. , Sanchez B. and J. S. Yu. Financial Development and Economic Growth: New Evidence from Panel Data [J] . Quarterly Review of

Economic & Finance, 2011, 51 (1): 88 – 104.

[59] Hein E. "Financialization", Distribution, Capital Accumulation, and Productivity Growth in a Post – Kaleckian Model [J] . Journal of Post Keynesian Economics, 2012, 34 (3): 475 – 496.

[60] Hein E. , Dodig N. Financialisation, Distribution, Growth and Crises: Long – run Tendencies [R] . IPE Working Papers, 2014, 35: 1 – 57.

[61] Hellmann T. , Murdock K. and Stiglitz J. The Financial Restraint: Towards a New Paradigm [M] . New York: Oxford University Press, 1996: 26 – 57.

[62] Hellwig M. Banking, Financial Intermediation and Corporate Finance [M]. Cambridge: Cambridge University Press, 1991: 11 – 38.

[63] Hsu P. H. , Tian X. and Xu Y. Financial Development and Innovation: Cross – country Evidence [J] . Journal of Financial Economics, 2014, 112 (1): 114 – 135.

[64] Illyina A. , Samaniego R. Technology and Financial Development [J] . Journal of Money Credit & Banking, 2011, 43 (5): 899 – 921.

[65] Karaivanov A. Financial Constraints and Occupational Choice in Thai Villages [J] . Journal of Development Economics, 2012, 97 (2): 201 – 220.

[66] Kim D. H. , Lin S. C. and Chen T. C. Financial Structure, Firm Size and Industry Growth [J] . International Review of Economics & Finance, 2016, 41: 23 – 39.

[67] Kim Y. K. Household Debt, Financialization, and Macroeconomic Performance in the United States, 1951 – 2009 [J] . Journal of Post Keynesian Economics, 2013, 35 (4): 675 – 694.

[68] King R. G. , Levine R. Finance and Growth: Schumpeter Might Be Right [J]. Quarterly Journal of Economic, 1993 (108): 717 – 738.

[69] Komal R. , Abbas F. Linking Financial Development, Economic Growth and Energy Consumption in Pakistan [J] . Renewable & Sustainable Energy Reviews, 2015, 44 (44): 211 – 220.

[70] Krippner G. The Financialization of the American Economy [J] . Socio –

Economic Review, 2005 (3): 173 -208.

[71] Lagoarde - Segot T. Diversifying Finance Research: From Financialization to Sustainability [R] . International Review of Finance Analysis, 2015 (39): 1 -6.

[72] Lapavitsas C. Financialization and Capitalist Accumulation: Structural Accounts of the Crisis of 2007 -9 [R] . Discussion Papers, 2010 (47): 42 -55.

[73] Lapavitsas C. Theorizing Financialization [J] . Work Employment & Society, 2011, 25 (4): 611 -626.

[74] La Porta R. F. , Lopez - de - Silanes A. , Shleifer and R. W. Vishny. Legal Determinants of External Finance [J] . Journal of Finance, 1997, 52 (3): 1131 -1150.

[75] La Porta R. F. , Lopez - de - Silanes A. , Shleifer and R. W. Vishny. Law and Finance [J] . Journal of Political Economy, 1998 (106): 1113 -1155.

[76] La Porta R. F. , Lopez - de - Silanes A. , Shleifer and R. W. Vishny. Investor Protection and Corporate Governance [J] . Journal of Financial Economics, 2000, 58 (1): 141 -186.

[77] Lardy N. China's Unfinished Economic Revolution [M] . Washington: Brookings Institution Press, 1998: 17 -80.

[78] Law S. H. , Singh N. Does Too Much Finance Harm Economic Growth? [J]. Journal of Banking & Finance, 2014, 41 (1): 36 -44.

[79] Levine R. Financial Development and Economic Growth: Views and Agenda [J]. Journal of Economic Literature, 1997, 35 (2): 688 -726.

[80] Levine R. Finance and Growth: Theory and Evidence [M] . New York: Elsevier North Holland, 2005: 12 -33.

[81] Leviner, Zervos S. Stock Markets, Bank and Economic Growth [J]. American Economic Review, 1998, 88 (3): 537 -558.

[82] Lin K. H. , Tomaskovic - Devey D. Financialization and U. S. Income Ine-

quality, 1970 – 2008 [J] . American Journal of Sociology, 2013, 118 (5): 1284 – 1329.

[83] Lucey B. M. , Zhang Q. Y. Financial Integration and Emerging Markets Capital Structure [J] . Journal of Banking & Finance, 2011, 35 (5): 1228 – 1238.

[84] Rin M. D. , Hellmann T. Banks as Catalysts for Industrialization [J] . Journal of Financial Intermediation, 2002 (11): 366 – 397.

[85] Mankiw G. , Romwer D. and Weil D. A Contribution to the Empirics of Economic Growth [J] . The Quarterly Journal of Economics, 1992, 107 (2): 407 – 438.

[86] Martin R. , Sunley P. Path Dependence and Regional Economic Evolution [J]. Journal of Economic Geography, 2006, 6 (4): 395 – 437.

[87] McKinnon R. I. Money and Capital in Economic Development [M] . Washington D. C. : Brookings Institution, 1973: 8 – 21.

[88] Merton R. C. A Functional Perspective of Financial Intermediation [J]. Financial Management, 1995, 24 (2): 23 – 41.

[89] Merton R. C. , Bodie Z. A Conceptual Framework for Analyzing the Financial Environment. The Global Financial: A Functional Perspective [M] . Cambridge: Harvard Business School Press, 1995: 29 – 76.

[90] Miao J. , Wang P. Bubble and Total Factor Productivity [J] . American Economic Review, 2012, 102 (3): 82 – 87.

[91] Mudd S. Bank Structure, Relationship Lending and Small Firm Access to Finance: A Cross – Country Investigation [J] . Journal of Financial Services Research, 2013, 44 (2): 149 – 174.

[92] Muhammad N. , Islam A. and Marashdeh Ha. Financial Development and Economic Growth: An Empirical Evidence from the GCC Countries Using Static and Dynamic Panel Data [J] . Journal of Economics & Finance, 2015, 149 (3): 1 – 19.

[93] Mulligan R. F. New Evidence on the Structure of Production: Real and

Austrian Business Cycle Theory and the Financial Instability Hypothesis [J] . Journal of Economic Behavior & Organization, 2013 (86): 67 –77.

[94] Narayan P. K. , Narayan S. The Short – run Relationship between the Financial System and Economic Growth: New Evidence from Regional Panels [J] . International Review of Financial Analysis, 2013, 29 (5): 70 –78.

[95] Neffke F. , Henning M. and Boschma R. How do Regions Diversify Over Time? Industry Relatedness and the Development of New Growth Paths in Regions [J]. Economic Geography, 2011, 87 (3): 237 –265.

[96] North D. C. Institutions, Institutional Change, and Economic Performance [M]. Cambridge: Cambridge University Press, 1990: 10 – 19.

[97] Pagano M. Financial Markets and Growth: An Overview [J] . European Economic Review, 1993 (37): 613 –622.

[98] Panizza U. , Arcand J. L. and Berkes E. Too Much Finance? [J] . Social Science Electronic Publishing, 2012, 20 (2): 105 – 148.

[99] Pollock T. G. , Chen G. , Jackson E. M. , et al. How Much Prestige is Enough? Assessing the Value of Multiple Types of High – status Affiliates for Young Firms [J] . Journal of Business Venturing, 2010, 25 (1): 6 –23.

[100] Qian J. , Strahan P. E. How Laws and Institutions Shape Financial Contracts: The Case of Bank Loans [J] . The Journal of Finance, 2007, 62 (6): 2803 –2834.

[101] Rajan R. , L. Zingales. Financial Dependence and Growth [R] . National Bureau of Economic Research, 1996: 21 –28.

[102] Rioja F. , Valev N. Finance and the Sources of Growth at Various Stages of Economic Development [J] . Economic Inquiry, 2004, 42(1): 127 –140.

[103] Rioja F. , Valev N. Does One Size Fit All?: A Reexamination of the Finance and Growth Relationship [J] . Journal of Development Economics, 2004, 74 (2): 429 –447.

[104] Rioja F. , Valev N. Stock Markets, Banks and the Sources of Economics and Finance [J] . Journal of Economics and Finance, 2011, 38 (2):

1 – 19.

[105] Rota M. Credit and Growth: Reconsidering Italian Industrial Policy During the Golden Age [J]. European Review of Economic History, 2013, 17 (4): 431 – 451.

[106] Rousseau P. L., Wachtel P. What is Happening to the Impact of Financial Deepening on Economic Growth? [J]. Social Science Electronic Publishing, 2011, 49 (1): 276 – 288.

[107] Samargandi N., Fidrmuc J. and Ghosh S. Is the Relationship between Financial Development and Economic Growth Monotonic? Evidence from a Sample of Middle – income Countries [J]. World Development, 2015, 68 (1): 66 – 81.

[108] Schumpeter J. A. The Theory of Economic Development: An Inquiry into Profits, Capital, Credit, Interest, and the Business Cycle [M]. Roston: Transaction Publisher Press, 1934: 105 – 111.

[109] Song F., Thakor A. Notes on Financial System Development and Political Intervention [J]. World Bank Economic Review, 2013, 27 (3): 491 – 513.

[110] Stockhammer E. Financialization, Income Distribution and the Crisis [J]. Investigation Economica, 2012, 71 (279): 39 – 70.

[111] Styhre A. The Financialization of Firm: Managerial and Social Implications [J]. Social Science Electronic Publishing, 2015 (125): 168 – 179.

[112] Tadesse S. Financial Architecture and Economic Performance: International Evidence [J]. Financial Development and Technology, 2002, 11 (4): 429 – 454.

[113] Titman S. Financial Markets and Investment Externalities [J]. Journal of Finance, 2013, 68 (4): 1307 – 1329.

[114] Tomaskovic D. D., Lin K. H. and Meyers N. Did Financialization Reduce Economic Growth? [J]. Socio – Economic Review, 2015, 13(5): 1 – 24.

[115] Toporowski J. Neologism as Theoretical Innovation in Economics: The

Case of "Financialisation" [R] . Working Paper, 2012: 1 -13.

[116] Tori D. , Onaran O. The Effects of Financialization on Investment: Evidence from Firm -level Data for the UK [J] . Greenwich Papers in Political Economy, 2016, 3 (6): 1 -40.

[117] Valickova P. , Havranek T. and Horvath R. Financial Development and Economic Growth: A Meta -analysis [J] . Journal of Economic Surveys, 2014, 29 (3): 1 -21.

[118] Witko C. The Politics of Financialization in the United States, 1949 - 2005 [J]. British Journal of Political Science, 2016, 46 (2): 349 - 370.

[119] Wurgler J. Financial Markets and the Allocation of Capital [J] . Journal of Financial Economics, 2000, 58 (5): 187 -214.

[120] Xiao L. , North D. Institutional Transition and the Financing of High - tech SMEs in China: A Longitudinal Perspective [J] . Venture Capital, 2012, 14 (4): 269 -287.

[121] Zaremba A. Is Financialization Killing Commodity Investment? [J] . The Journal of Alternative Investments, 2015, 18 (1): 66 -91.

后　记

本书是在我的博士后报告基础上精心修改、不断完善而成的，既是对该论题坚持不懈调研、学习、思考的结晶，也是对本人在获得应用经济学博士学位后进一步从事理论经济学博士后研究工作的阶段性总结。

本书依托于国家社会科学基金重点项目“当代垄断资本金融化研究”（项目批准号：12AJL002，结项日期：2019 年 2 月，结项情况：良好，结项证书号：20190439）中我主持的子课题，承载了该子课题的核心内容。围绕该论题，我在 2 年博士后研究工作期间发表了 10 余篇相关论文，其中 2 篇论文被人大报刊复印资料转载，2 篇论文入选了全国性学术会议优秀论文集，1 篇论文荣获《新金融》“博士后金融专题研究”优秀论文二等奖。

自 20 世纪 70 年代以来，全球资本主义变革的主要力量集中体现在金融化的加速演进过程中，世界经济发展由传统的货币经济时代跨入了信用经济时代；金融资本在很大程度上主导了产业资本，金融部门在现代经济部门中地位不断提升。2008 年的国际金融危机反映了过度金融化对宏观经济稳定运行的冲击与破坏。为此，去杠杆化、再工业化等战略成为全球各经济体的主流选择。同样地，新时代我国经济社会发展面临着新挑战、新特征与新趋势，客观上对金融化演进提出了新要求，即明确回归金融服务本源的根本任务，将推动我国经济迈向高质量发展阶段与建设现代化经济体系作为责任使命，确保现代金融与实体经济的互促共进与协调发展。

从中观层面来看，金融化支持区域产业协调发展是新时代经济转型的重大实践命题，亦是破除我国区域间发展不平衡、不充分主要矛盾的关键。然而，以往相关研究成果大多集中于宏观层面的金融化与国民经济关系问题，即使深入到区域中观层面，也未能系统全面地探究地区的制度禀赋条件，即与经济体系高效运行密切相关的体制框架、社会环境与文化特质。

事实上，中国作为一个幅员辽阔、区域不平衡特征凸显的追赶型经济体，差异性制度因素往往更具导向性。鉴于此，本书“金融化—产业发展”关系研究，立足于区域中观层面“总量—结构”两个维度贯穿全篇的总体逻辑视角，系统性地构建并阐释了“金融化—产业发展”关系的理论内涵：一是经济金融化、产业发展必须遵循现代经济运行的内在规律；二是经济金融化必须代表一国或区域产业发展的核心价值理念；三是“金融化—产业发展”关系演进必须立足于一般经验与地方特有的制度禀赋。在此基础上，运用动态实证检验方法量化影响效应与作用关系，提供科学直观的经验证据，并最终提出系统的顶层设计机制，以及经济决策的具体对策选择。本书试图为该领域研究提供一个理论基础，搭建一个整体而全面的认识框架，期望本书的出版能够做出相应的边际贡献。

感谢博士后合作导师中央财经大学经济学院齐兰教授，我的博士后报告从选题、开题，从初稿到完稿都凝聚着老师的心血与睿智，本书的出版也得到了老师的鼓励与指导。感谢我的博士生导师中央财经大学金融学院贺强教授，老师剖析问题锋芒锐利、直指要点，常引我深思，使我受益匪浅。感谢我的硕士生导师中央财经大学财经研究院陈灵教授、财政税务学院刘桓教授，他们不仅引领我进入学术殿堂，而且一如既往地给予我教导、关心与支持。

感谢评审专家中国社会科学院学部委员、工业经济研究所原所长吕政教授，中国社会科学院经济研究所胡家勇教授对我博士后出站答辩、博士后报告的充分肯定与高度评价，并提出宝贵的修改意见，进一步坚定了我成书出版的信心。

感谢经济管理出版社编校老师的辛勤付出，他们认真、负责地对书稿进行了审校。

感谢我的亲朋，尤其是叔父等长辈，不仅理解我与众不同的选择，而且常常雪中送炭，使我渡过难关。

最后，感谢我的父母给予我弥足珍贵的物质与精神支持，他们源源不断地输给我坚定不移、坚韧不拔的心灵力量。

徐云松

2019 年 12 月 3 日